DIE BREMEN

DIE
BREMEN

Fred W. Hotson

NARA-Verlag

Robert Cannon gewidmet, auch im Namen der zahlreichen Helfer,
die das Erscheinen dieses Buches nicht mehr erleben durften.

© für die deutsche Ausgabe Fred W. Hotson - NARA-Verlag
Die Originalausgabe "The Bremen" erschien 1988 im CANAV-Verlag,
Larry Millberry, Toronto, Kanada.
Herausgeber: Josef Krauthäuser

Deutsche Übersetzung: Werner Groth
Satz: Daniela Gleisberg
ISBN 3-925 671-22-6

NARA-Verlag (1996)
Postfach 1241
D-85388 Allershausen

Alle Rechte, insbesondere das Recht der Vervielfältigung und Verbreitung sowie der Übersetzung, vorbehalten. Kein Teil des Werks darf in irgendeiner Form (Druck, Fotokopie, Mikrofilm oder ein anderes Verfahren) ohne schriftliche Genehmigung des Verlages reproduziert oder unter Verwendung elektronischer Systeme verarbeitet, vervielfältigt oder verbreitet werden.

INHALT

Danksagung 6
Vorwort 9
Prolog 12
1 DIE HERAUSFORDERUNG 18
2 EIN DAUERFLUG 24
3 DAS AUSWEICHEN NACH IRLAND 31
4 ÜBER DEM ATLANTIK 42
5 DIE LANGE NACHT 52
6 LAND IN SICHT 61
7 GREENLY ISLAND 68
8 DAS RÄTSELRATEN BEGINNT 81
9 TOLLHAUS UND INTRIGEN 97
10 FITZ FLIEGT AUS 103
11 EINE NEUE ENTWICKLUNG 118
12 ENDLICH KOMMT HILFE 126
13 WEG VON GREENLY 137
14 NEW YORK 146
15 AUF TOUR 153
16 DAS US ARMY AIR CORPS GREIFT EIN 161
17 ENDE DES UNTERNEHMENS 167
18 WIEDERGEBURT DER *BREMEN* 171
Epilog 180
Anhang 192
Bibliographie 202

DANKSAGUNG

Forschung wird beschrieben als "sorgfältiges, systematisches, geduldiges Studium". Hinzu kommt die Hilfe und Mitarbeit anderer Personen und Institutionen.

Dieses Projekt wurde in vorzüglicher Weise durch die hervorragende Berichterstattung über die frühen Atlantikflüge auf den Seiten der *New York Times* und der Erlaubnis zum Benutzen ihrer Mikrofilme gefördert. Bibliotheken der folgenden Städte halfen zu unterschiedlichen Zeiten: Toronto, New York, Chicago, Quebec und Ottawa.

Einen frühzeitigen Durchbruch bei meinen *Bremen*-Nachforschungen erzielte ich in den fünfziger Jahren anläßlich eines Banketts in Baie Comeau, Quebec, als ich zwischen dem Manager der Kaianlagen, Nestor LaChance, und einem der Mühleningenieure, Maury Quinn, saß. LaChance arbeitete zur Zeit der *Bremen*-Rettungsaktion mit Duke Schiller zusammen. Quinn war 1928 ein Teenager und beobachtete die Begeisterung, die das Kommen und Gehen der Flugzeuge auf den Plains of Abraham in Quebec City hervorrief.

Ich verbrachte einen Abend mit LaChance, der mir riet, Oberst George Couture in Quebec City aufzusuchen. George war der Sohn von Louis Couture, Präsident der Canadian Transcontinental Airlines Limited, deren Flugzeuge nach Greenly Island geflogen waren. Bei dem Treffen erfuhr ich den Aufenthaltsort von Rechtsanwalt Robert Cannon, Direktor mit Zuständigkeit für die Finanzen der Fluggesellschaft im Jahre 1928, mit diesem wichtigen Mann konnte ich ebenfalls einen Abend verbringen. Er lieh mir sein Notizbuch und wir standen bis zu seinem Tode in Briefwechsel. Desmond Clarke von der Clarke Steamship Ltd. befand sich in den sechziger Jahren oftmals unter meinen Passagieren sowie viele andere die sich an das Greenly-Abenteuer mit all seinen Anekdoten gut erinnerten.

Zu dieser Liste müssen kürzlich durchgeführte Interviews mit Antoine Letemplier, Sohn des Leuchtturmwärters im Jahre 1928, und Antonio Cormier, Enkel des 1928 tätigen Telegrafenbediensteten in Blanc Sablon hinzugefügt werden.

DANKSAGUNG

Es war am 27. Oktober 1958, als ich erstmals in Bezug auf die *Bremen* an Bernt Balchen schrieb. Er war der Pilot, der mehr Kilometer als jeder andere Pilot bei der Rettungsaktion im Jahre 1928 zurücklegte und die erfolgreiche Besatzung von Greenly nach New York brachte. Wir trafen uns 1970 und sprachen lange über den Flug. Als Balchen 1973 starb, erlaubte mir seine Witwe, Audrey, Zugang zu seinen Tagebüchern und Fotografien. John W. R. Taylor, Herausgeber des Janes, gab mir wertvolle Hinweise auf Kontaktpersonen in Irland und Deutschland. Mein Dank gilt einer Anzahl dieser Kontaktpersonen in Deutschland und meinen deutschen Freunden in Toronto, die bei Übersetzungen halfen.

Wo immer ich hinging, fand ich Ermutigung und Hilfe: bei den Public Archives of Canada, Ottawa; im National Air and Space Museum, Washington und im Henry Ford Museum, Dearborn. Eine wichtige Hilfe fand ich in Washington, als der Nestor der Historiker über die Atlantikflüge, Dr. Richard K. Smith, Interesse an diesem Projekt bekundete. Wir unterhielten uns stundenlang und er stellte mir seine eigenen *Bremen*-Unterlagen zur Verfügung. Bezüglich technischer Details des Flugzeuges war Dr. Walter Rathjen vom Deutschen Museum, München, hilfsbereit, ferner Hans Kaiser von der Firma Dornier und Dr. Hans Haas von den ehemaligen Junkers-Werken.

Ich hatte den Vorzug, die technischen Aspekte des Fluges mit einigen von Kanadas führenden Experten auf diesem Gebiet zu diskutieren: Captain George Lothian, einer der Air Canada-Flugpioniere mit in der Kriegszeit erworbener Transatlantik-Flugerfahrung, Air Commodore Keith Greenway, RCAF Spezialist für Navigationsfragen in der Arktis, und Patrick McTaggart-Cowan, Chef-Meteorologe für das im Krieg existierende RAF Ferry Command.

Meine Verbindung mit der Canadian Aviation Historical Society während der letzten zwanzig Jahre erbrachte zusätzliche Unterstützung und mein besonderer Dank gilt Ken Molson von dieser Gesellschaft. Als bekannt wurde, daß ich an der Greenly-Story Interesse hatte, trat das ungeschriebene Gesetz in Aktion, daß Historiker ihren Kollegen behilflich sind, speziell in der Endphase ihrer Nachforschungen.

Die wichtige Kooperation von Norm Merrin und Brad McLellan schlug sich in den detaillierten Zeichnungen und Karten des Buches nieder. Ein weiterer Dank gilt den Brüdern Maury und Cyril Quinn für besonderes Interesse und Unterstützung. Der steinige Pfad zur Publikation des Buches wurde durch die stetige Hilfe meines Herausgebers Robin Brass und des Verlegers Larry Milberry von Canav Books geebnet.

Die nachfolgend aufgeführten Personen gaben Hinweise oder Hilfe. Leider erlebten viele, die über die lange Periode der Nachforschungen halfen, die Publikation des Buches nicht mehr. Ich entrichte ihnen meinen verspäteten Dank und schließe ihre Namen in die Liste der anderen ein: Rick Allen, Doug Anderson, Audrey Balchen, Bob Baron, Lew Berlepsch, Charles Bigoness, Mrs. Alphonse Blais, Louis T. Blais, Gustave Blouin M.P., Jim Boss, Bob Bradford, Liam Byrne (Irland),

DIE BREMEN

Robert Cannon Q.C., George Clapp, Desmond Clarke, Jarlath Conerney (Irland), George Couture, Tom Cranich (Irland), Neil Christensen, Fred de Jersey, Alexander Dumas, Tim Dubé, Carol Duthie, Elisabeth Feil, Hans Feil, George Fuller, Stuart Grant, Dr. V. Halmos, John Ham, Karl Hayes (Irland), Peter Jerden, André Joncas, Antoine Jones, Alexandre Jones, Alphonse Jones, George Jones, Terry Judge, T. Keane (Irish Meteorological Service), Nestor LaChance, Antoine Letemplier, Albert Letemplier, Randy Mason, John McCutcheon, Andrew Okney, F. G. Osborne (Superintendent of Lights, Department of Transport), Jack Phipps, R. Plehinger, Theron Reinheart, Otto Renz, Ross Richardson, Leslie Roberts, Peter Robertson, Dr. Douglas Robinson, Bob Ross, Werner Salge, Dr. Günter Schmitt (Deutschland), Patricia (Fitzmaurice) Selwyn-Jones (England), Fred Shortt, Hugh Templin, John Thomas, Georgette Vachon, Wolfgang Wagner (Deutschland), Syd Walker, Bill Wheeler, Howard Walko, Robert Wood, Archie Wright, Joss Yates, B.J. Yorke (Climate Services, DOT).

Ein besonderer Dank gilt dem "Ninety-Nines Canadian Award in Aviation" für 1986 und ihrem Zuschuß von $ 1500 für die Publikation dieses Buches in Kanada.

F.W.H.

VORWORT

In den zwanziger Jahren war es für einen jungen Menschen leicht, sich für die Luftfahrt zu begeistern, wenn man sich etwas in die Zeitungen hineinvertiefte – Flüge, die Geschichte schrieben, bildeten oftmals die Schlagzeilen und ich selbst wurde im Alter von 15 Jahren durch die Flüge von Lindbergh, Chamberlin und Byrd gefesselt. Als ich den *Toronto Daily Star* an meine Kunden in der Stadt Fergus in Ontario im April 1928 ablieferte, fühlte ich eine Anwandlung von Stolz angesichts der Tatsache, daß Kanadier an dem neuesten Atlantik-Abenteuer beteiligt waren. Das deutsche Flugzeug *Bremen* war völlig unerwartet in der Provinz Quebec nach dem ersten Flug in westlicher Richtung über den Atlantik gelandet. Kanadische Piloten, die den Versuch unternahmen, zu den gestrandeten Fliegern vorzudringen, lieferten Schlagzeilen und meine eigene Zeitung charterte sogar ein Flugzeug um zu dem Ort des Geschehens zu gelangen. Die *Bremen*-Episode wurde von einem Reporter sogar als "die größte Neuigkeits-Story aller Zeiten" bezeichnet. Es waren fruchtbare Tage für einen an der Fliegerei interessierten Teenager.

Mein Interesse an diesem Flug erwachte an dem Tag, als die *Bremen* Irland verließ für den Flug nach New York. Es folgte eine Zeit des Schweigens, bis die Meldung von der Landung neben einem Leuchtturm auf einer kaum bekannten Insel im St. Lawrence Golf kam. Die beiden Deutschen und der Irländer waren in Sicherheit, das war aber alles, was die Welt zunächst erfahren konnte. Das Hilfsflugzeug des *Toronto Daily Star* kämpfte gegen Schlechtwetter an, um Greenly Island in der Strait of Bell Isle zu erreichen. Was würde die morgige Zeitung darüber berichten?

Andere Flüge eroberten sich die Schlagzeilen in den kommenden Jahren, die Landung auf Greenly Island jedoch blieb mir eine lebendige Erinnerung. Sieben Jahre vergingen, bevor ich in der Luftfahrt tätig werden und den Piloten Romeo Vachon treffen konnte, der das erste Reporter-Team nach Greenly flog, sowie ferner C.A. "Duke" Schiller, der das Hilfsflugzeug des *Star* flog.

Schiller war in guter Stimmung an dem Abend, als wir uns im berühmten Piccadilly Club in Montreal trafen; bevor ich jedoch die Gelegenheit erhielt ihn wegen Greenly zu befragen, erschien seine Frau und geleitete ihn heimwärts. Es war Krieg und "Duke" war beauftragt, am nächsten Morgen einen Hudson-Bomber nach England zu überführen.

Das nagende Interesse an der *Bremen*-Geschichte begleitete mich während der Zeit meiner eigenen Fliegerausbildung und den drei Jahren, in denen ich mit alliierten Flugschülern im Rahmen des British Commonwealth Air Training Plan flog. Durch einen glücklichen Zufall kam ich 1944 zum RAF Ferry Command und ich mußte oft an die Besatzung der *Bremen* denken, als wir uns selbst an den Launen des Wetters über dem Atlantik messen durften. Es waren lediglich 16 Jahre seit dem ersten Ost-West-Flug vergangen, der technische Fortschritt in der Fliegerei jedoch war enorm. Ozeanflüge wurden alltäglich und die Kenntnisse über Navigationsverfahren und Wetterabläufe hatten sich vervielfacht.

Für diejenigen von uns, die die qualvollen Kriegsjahre überlebten, begann in der zweiten Hälfte der vierziger Jahre der Wiederaufbau unserer Existenzen. Es waren keine leichten Zeiten, aber in den fünfziger Jahren war ich für ein Geschäftsreiseflugzeug verantwortlich und flog Direktoren zu den Wäldern und Lachsgebieten an der Nord-Küste von Quebec. Dies war die Gegend der *Bremen*-Rettungsaktion und ich führte interessante Gespräche mit einigen der Leute, die vor 25 Jahren an dieser Aktion teilgenommen hatten.

Die Tatsache, daß die Mutterfirma des Unternehmens, bei dem ich angestellt war, die *Chicago Tribune* und *New York News* waren, gab mir die Zeit und die Möglichkeit, die Zeitungsarchive und städtischen Büchereien beider Städte durchzuarbeiten. Meine *Bremen*-Unterlagen wuchsen stetig, blieben aber ein Hobby, eine Abwechslung von täglichen Problemen bei der Vorbereitung und Durchführung der Flüge, des Bearbeitens von Budgets und dem Verwöhnen meiner wichtigen Passagiere. Erst nach Verlassen der Geschäftsfliegerei konnte ich einen aktiven Anteil an der Aufarbeitung kanadischer Luftfahrtgeschichte nehmen und veröffentlichte einige meiner Nachforschungen. Das Lesen des Buches *Unser Ozeanflug*, welches die *Bremen*-Besatzung kurz nach dem Flug schrieb, ein Besuch des Henry Ford Museums in Dearborn, Michigan, wo sich die *Bremen* befindet und die Möglichkeit, die steinigen Hügel von Greenly Island zu durchwandern, erhöhten mein Interesse immer mehr. Jetzt wurde es mehr als ein Hobby. Erinnerungen aus erster Hand an die Beteiligung Kanadas an dieser Geschichte gingen verloren. Die unbeantworteten Fragen verlangten nach einer tieferen Analyse des Fluges, als es in den unruhigen und sich überschlagenden Tagen des Jahres 1928 möglich war.

Charles Lindbergh beschrieb jede Einzelheit seines New York - Fluges in einem mit Auszeichnungen versehenen Buch, Berichte über den *Bremen*-Flug weisen viele Ungenauigkeiten auf. Keine dieser Veröffentlichungen einschließlich die der Teilnehmer bringen eine analytische Studie des Fluges, eine in Anbetracht der vielen unbeantworteten Fragen überraschende Tatsache. Luftfahrt-Historiker wunderten sich lange darüber, wo sich denn das Flugzeug während der zehn nicht dokumentierten Stunden befand, bevor es endgültig auf Greenly Island niederging. Wie jeder andere war auch ich der Ansicht, daß das Flugzeug ins Innere von Labrador flog und auf dem Rückflug auf Greenly Island stieß, aber die Flugdauer und die Beschreibung der Flüsse, Seen und Berge stimmten nicht überein. Es schien an der Zeit zu sein, abermals den Geheimnissen des rätselvollen Fluges nachzugehen.

Lange Stunden des Studiums sowie das Erstellen eines Planes durch einen praktischen und erfahrenen Piloten unter Zuhilfenahme von Sonnenaufgangs- und Sonnenuntergangs-Tabellen, Wetterkarten, der Schilderungen der von den Fliegern gesehenen Wahrzeichen des Geländes und eine Studie der in jenen Tagen gebräuchlichen Instrumente ergaben eine logische Rekonstruktion der verlorenen Stunden.

Nach vielen Jahren befand ich mich in Irland, wo der Atlantik-Teil des Fluges begann. Hier besuchte ich Dublin, um die irischen Verbindungen zu erforschen und man zeigte mir die Bronze-Plakette auf dem Flugplatz Baldonnel, zu Ehren des *Bremen*-Fluges und seiner Besatzung. Ich sah ebenfalls den in Marmor gefaßten Punkt an der Ecke des Rollfeldes, wo der Start an jenem schicksalhaften Morgen des 12. April 1928 begann. Es wurde Zeit, die Geschichte druckfertig zu machen. Die harte Arbeit der Niederschrift begann.

Fred W. Hotson

Vorwort zur deutschen Ausgabe

Es war für mich erstaunlich, daß so wenige Menschen in Deutschland über den heldenhaften Flug der *Bremen* Bescheid wissen. Auch erstaunte mich bei meinem Besuch die überaus negative Einstellung der Medien zur deutschen Fluggeschichte und die wenigen Museen und Ausstellungen die solche Geschichte vermitteln könnten.
Umsomehr bin ich dem NARA-Verlag dankbar, der sich einer deutschen Ausgabe annahm und so die Erinnerung an den ersten Atlantikflug von Ost nach West auch dem Leser im Heimatland der "*Bremen*-Besatzung" zugänglich macht.

Fred W. Hotson

PROLOG

Der transantlantische Geschäftsmann, der gerade dem Flugzeug entstiegen ist und nach einem Taxi ins Stadtzentrum Ausschau hält, hat keine Zeit, sich über die Einzelheiten seiner Reise zu wundern oder an all die Menschen zu denken, die dazu beitrugen, ihn 2000 Meilen weit über den Ozean zu befördern. Sein Flug wurde Vergangenheit im Augenblick der Landung und des Eintrags im stündlich anwachsenden Kontrollbuch in Gander, Neufundland. Das Gander Air Route Traffic Control - Zentrum, das in einem neuen großräumigen Gebäude acht Meilen vom internationalen Flughafen entfernt untergebracht ist, überwacht den Nordatlantik-Verkehr entlang der Ostküste. Über einem der Küste vorgelagerten Punkt, bekannt als "50 Grad westlicher Länge", können in den Spitzenzeiten bis zu 54 Flüge in der Stunde ankommen. In der Mitte des Jahres 1987 war das monatliche Aufkommen an Überflügen auf 44900 angewachsen und das System hatte Mühe, den Verkehrsfluß aufrecht zu erhalten. Sämtliche Flughöhen werden ständig von den herkömmlichen Jets benutzt, während hoch über dem normalen Verkehr die überschallschnelle Concorde mit einer Geschwindigkeit von 600 Knoten fliegt.

Jetzt, wo Flüge über den Ozean hinweg alltäglich geworden sind, ist es einfach zu vergessen, daß solche Flüge einmal als Narretei, ja Selbstmord angesehen wurden. Es war ein gefährliches Unterfangen mit den vor 60 und mehr Jahren vorhandenen Flugzeugen, aber viele waren gewillt, das Risiko auf sich zu nehmen. Unter ihnen befanden sich Abenteurer und Opportunisten, angelockt vom Ruhm und Glück, es gab aber auch die wissenschaftlichen Planer, die von dem Tag träumten, an dem die Ozeane nicht länger eine Barriere für den Luftverkehr sein würden.

Pläne zum Überqueren des Atlantiks im Ballon gab es mehrfach, sie datieren bis ins 19. Jahrhundert zurück. Der erste ernsthafte Versuch wurde von dem Amerikaner Walter Wellman unternommen, der gemeinsam mit fünf Teilnehmern am 15. September 1910 mit dem Luftschiff *America* in Atlantic City, New Jersey, startete. Als nach einigen Stunden beide Motoren versagten, trieb das Luftschiff 71,5 Stunden dahin bevor es gelang, neben einem vorbeikommenden Dampfer niederzugehen, so daß sich die Besatzung retten konnte. Sogar dieser gewissermaßen als Fehlschlag zu bezeichnende Versuch erzielte in seiner Zeit einen Rekord, waren die sechs glücklichen Männer doch die ersten, denen es gelang, sich 650 Kilometer weit von der Küste zu entfernen.

Im Anfang wurde der Ehrgeiz, der Erste zu sein, durch große Geldpreise beflügelt. Bereits vor dem ersten Weltkrieg offerierte Lord Northcliffe, Besitzer der Londoner *Daily Mail*, einen Preis von £ 10000 für den ersten Non-Stop-Flug über den Atlantik. Diese Herausforderung wurde 1914 von dem amerikanischen Millionär Rodman Wanamaker angenommen, der bei der Firma Curtiss ein dafür speziell konstruiertes Flugboot in Auftrag gab. Er nannte es *America*, der Kriegseintritt der USA beendete aber alle Bemühungen. Etwa zum gleichen Zeitpunkt baute die englische Firma Martinsyde einen großen Eindecker, um die Herausforderung anzunehmen, aber auch hier beendete der Kriegsausbruch alle weiteren Arbeiten.

Im Jahre 1919 suchte die US Navy nach einer Aufgabe für die vier ihr gehörenden NC (Navy Curtiss) Flugboote, die für Flüge über den Ozean entworfen worden waren, aber mit Friedensbeginn nicht mehr eingesetzt wurden. Drei dieser Flugboote versuchten einen ehrgeizigen Formationsflug von den USA via Neufundland und den Azoren auszuführen, aber nur das von Leutnant Albert C. Reid befehligte Flugboot NC-4 erreichte England. Trotz verschiedener Stops auf dem Wege dahin war es die erste Atlantiküberquerung und die Flugexpedition erbrachte wertvolle Daten hinsichtlich zukünftiger Ozeanflüge.

Mit dem Ende der Feindseligkeiten erneuerte die *Daily Mail* das Angebot eines Preises für den ersten Direktflug über den Atlantik und im Frühjahr 1919 wurden mehrere britische Flugzeuge in Neufundland für den Versuch vorbereitet. Aus einer Reihe von Gründen waren sich die konkurrierenden Piloten einig in der Wahl einer Überquerung von West nach Ost. Die über dem Nordatlantik vorherrschenden Winde betrugen im Durchschnitt 10 Knoten aus westlicher Richtung und boten somit für einen Flug in östliche Richtung die größte Hilfe. Die Wetterlagen vor der europäischen Küste waren für die Ankunft ebenfalls besser geeignet als die vor der Küste Neufundlands herrschenden, die zu 60% der Zeit in Nebel gehüllt war. Ein anderer Vorzug, insbesondere für die Engländer, war die Tatsache, daß sie bekanntem Territorium entgegenflogen. Angesichts der trostlosen Küstenlandschaft von Labrador – Neufundland war eine Ankunft in einem gut besiedelten Gebiet allemal vorzuziehen.

Zwei der konkurrierenden Besatzungen wählten den gleichen Tag für ihren Abflug von den improvisierten Startplätzen in Neufundland. Harry Hawker und K. Mackenzie-Grieve hatten am 18. Mai einen erfolgreichen Start mit ihrem speziell für diesen Zweck von Sopwith gebauten Flugzeug, der *Atlantic*. Zwei Stunden später versuchten F.P. Raynham und C.F. Morgan mit ihrer schwer beladenen Martinsyde *Raymor* zu starten. Das Flugzeug verunglückte dabei und erlitt schwere Beschädigungen, Raynham und Morgan blieben unverletzt. Die *Atlantic* mußte am nächsten Tag neben einem dänischen Schiff niedergehen.

Das Drama der Versuche, von Neufundland aus den Atlantik zu überfliegen, endete am 19. Juni mit dem Erfolg von John Alcock und Arthur Whitten Brown mit ihrer Vickers Vimy. Nach einem Flug von 16 Std, 28 min landeten sie in einem Sumpfgebiet nahe Clifden in Irland. Sie vollbrachten die Atlantik-Überquerung unter den Bedingungen des *Daily Mail*-Wettbewerbs und ihr großartiger Flug beendete für einen gewissen Zeitraum alle Transatlantikversuche. Es wurde offenkundig, daß die Flugzeuge jener Zeit kaum den Bedingungen für das Überqueren des Atlantik genügten. Die Besatzung des vierten Wettbewerb-Teilnehmers, einem riesigen Handley Page V/1500 Doppeldecker, ebenfalls auf den Namen *Atlantic* getauft, gab ihre Pläne nach dem Alcock und Whitten Brown-Flug auf.

Alle diese Flüge zeigten, daß die durch die Zeiten hindurch erprobten Methoden der Navigation auf offener See stark limitiert waren, wenn es galt, einen Luftweg am Himmel über dem Ozean zu finden. Auch Schiffe mußten zu der Methode der Koppelnavigation zurückkehren, wenn die Sonne, der Mond oder die Sterne unsichtbar blieben, aber ihre Geschwindigkeit war wesentlich geringer als die eines Flugzeugs. Das Erkennen des Abdrift-Winkels war lebenswichtig für die Navigation, wurde aber immer dann unmöglich, wenn die Piloten es am allernötigsten brauchten – in den Wolken. Heutzutage kann jede Nordatlantik-Besatzung in der Luft oder auf dem Wasser die genaue Position jederzeit mittels einer Anzahl elektronischer Hilfsmittel feststellen. 1928 mußte der Pilot ab und zu hinausschauen, um eine Hilfe bei der Navigation zu haben. Sogar über dem Ozean, wo eine Welle der anderen gleicht, sind einigermaßen zuverlässige Schätzungen möglich, solange das Wasser sichtbar ist.

Das Jahr 1919 ist außerdem erinnerungswürdig wegen der Atlantik-Doppelüberquerung durch das englische Luftschiff R-34. Es beendete die Fahrt von England nach New York und zurück ohne große Komplikationen und gab den Leichter-als-Luft-Enthusiasten einen lange Jahre währenden Auftrieb.

Der 1924 durchgeführte Rund-um-die-Welt Formationflug der US Army war die nächste große Herausforderung gegenüber dem Nordatlantik durch Schwerer-als-Luft-Maschinen. Zwei der vier Douglas World Cruiser, die in Seattle starteten, erreichten England und flogen in die USA zurück via Island, Grönland und Kanada. Am 31. August 1924 erreichten die Besatzungen Leutnant Lowell H. Smith und L.P. Arnold in der *Chicago* und Leutnant Erik H. Nelson und John Harding in der *New Orleans* die Casco Bay in Maine. Dies waren wichtige Flüge, die die wachsenden Fähigkeiten der Flugzeuge unter Beweis stellten, aber der Atlantik wurde umrundet und nicht überquert.

Der nächste Ansporn in der Atlantik-Eroberung war ein Preis für den ersten Non-Stop-Flug zwischen New York und Paris (gleich in welcher Richtung). 1919 stiftete der reiche französisch-amerikanische Hotelier Raymond Orteig einen Preis von $ 25000. Keines der vorhandenen Flugzeuge war in der Lage, diesen anspruchsvollen Plan zu verwirklichen, aber die Erneuerung des Preises 1924 regte Bewerber zur Suche nach einem geeigneten Flugzeug an. Rodman Wanamaker nahm die Herausforderung abermals an und unterstützte Kommandeur Richard E. Byrd mit einer neuen *America*. Diesmal handelte es sich um einen dreimotorigen Fokker C-2 Eindecker, der bei einem frühen Testflug beschädigt wurde. Der französische Weltkriegs-Held René Fonck gewann Sponsoren für einen Versuch im Jahre 1926, aber ihre Sikorsky S-35 verunglückte während des Starts von Roosevelt Field, Long Island, mit dem Verlust von zwei Besatzungsmitgliedern.

Zwei Amerikaner, Noel Davis und Stanton H. Wooster, die von der American Legion unterstützt wurden, starben im April 1927 in ihrem Keystone Pathfinder *American Legion* beim Versuch eines Starts mit voller Zuladung von Langley Field, Virginia. Der Wettbewerb um den Orteig-Preis intensivierte sich, es stieg aber auch die Zahl der Todesopfer. Am 8. Mai 1927 startete ein französischer Militärpilot des Weltkriegs, Charles Nungesser, mit seinem Navigator François Coli, in Paris zu einem Flug nach New York. Es war ein Start mit großer Publizität, von ihrem Pierre Levasseur-Doppeldecker *Oiseau Blanc*, einem modifizierten Marine-Aufklärungsflugzeug, hörte man nie wieder etwas.

Jetzt tauchten weitere neue Namen in dem Wettbewerb auf. Kommandeur Byrd ließ die *America* reparieren und ein millionenschwerer Schrotthändler namens Charles Levine wurde ein weiterer Mitbewerber, als er die Bellanca WB-2 *Columbia* erwarb. Clarence Chamberlin und Bert Acosta hatten mit der Maschine gerade einen Weltrekord im Dauerflug beendet und bewiesen, daß das Flugzeug in der Lage sei, den Atlantik zu überfliegen. Als der Orteig-Preis bekannt gegeben wurde, inszenierte Levine eine laute Kampagne um die Suche nach einem geeigneten Piloten und ergötzte sich an dem schlechten Ruf, den er erwarb, als er einen Kandidaten gegen den anderen ausspielte. Während einer gerichtlichen Auseinandersetzung mit einem der schikanierten Piloten, Lloyd Bertaud, stand das Flugzeug untätig herum, schließlich wurde das ganze Vorhaben aufgegeben.

Inmitten all dieses Geschehens landete von Kalifornien kommend in New York nach einem nächtlichen Zwischenaufenthalt in St. Louis ein junger unbekannter Luftpost-Pilot. Er flog einen speziell für den Orteig-Wettbewerb gebauten einsitzigen Ryan NYP-Eindecker. Am 21. Mai 1927 lernte die ganze Welt dann Charles A. Lindbergh kennen, als er mit seiner *Spirit of St. Louis* in Paris - Le Bourget landete. Sein mutiger 33 1/2 Stunden dauernder Soloflug regte die Phantasie von Millionen und den Ehrgeiz seiner Fliegerkameraden an. Auf den Flugplätzen der Welt bereiteten sich abenteuersuchende Männer und Frauen auf Taten voller ähnlichem

Ruhm und Glück vor, allerdings mit dem Tod als möglicher Alternative.

Flüge über den Atlantik erhielten eine zunehmend internationale Atmosphäre. Die Amerikaner William Brock und Edward Schlee beendeten eine perfekte Überquerung von Harbour Grace, Neufundland, aus nach London. Kommandeur Byrd schaffte endlich den Abflug mit der *America*, der Flug endete in der See vor der französischen Küste. Die wichtigsten Preise waren gewonnen worden, aber die Herausforderung, der erste zu sein auf dem schwierigen Weg hinüber blieb: von Ost nach West zu fliegen und gegen die vorherrschenden Gegenwinde anzukämpfen, die die benötigte Zeit um etwa 20% verlängern würden. In England wurden eine Reihe geheimer Pläne ausgearbeitet. In Frankreich erhielt der Gedanke, es solle einer seiner Söhne sein, der nach Amerika fliegt, weitgehende Unterstützung. In Deutschland wurde eine ähnliche Welle des Nationalstolzes durch eine schnell wachsende Luftfahrt-Industrie unterstützt.

Im Frühjahr 1927 begannen junge deutsche Luftfahrt-Enthusiasten die Möglichkeit eines Ost-West-Fluges zu diskutieren. Ihr Interesse erhielt Auftrieb, als die Amerikaner Chamberlin und Levine 100 Meilen südlich von Berlin nach einem Direktflug von Roosevelt Field, Long Island, landeten. Nachdem der Orteig-Preis vergeben war, hatte Levine sich von Bertaud losmachen können und Clarence Chamberlin für einen New York - Berlin - Flug angeheuert. Levine ließ das Publikum abermals raten, wer der Copilot sein würde und überraschte alle, als er selbst im letzten Augenblick in den rechten Sitz sprang. Sie starteten am 4. Juni zu einem unangenehmen Überflug. Die *Columbia* mußte schließlich wegen Kraftstoffmangels in der Nähe des Dorfes Mansfeldt, etwa sieben km von der Stadt Eisleben in Sachsen entfernt, niedergehen, nachdem sie 6284 Kilometer in 43 Flugstunden zurückgelegt hatten. Es war ein Langstreckenrekord und die Deutschen begrüßten die Amerikaner mit großer Gastfreundschaft. Einer der am Berliner Flughafen Tempelhof auf die Begrüßung von Chamberlin und Levine Wartenden war ein deutscher Flieger mit Namen Hermann Köhl.

In dieser Zeit war Deutschland durch interne Streitigkeiten zerrissen. Die Weimarer Republik versuchte verzweifelt, sich der Fesseln der früheren Monarchie zu entledigen und gleichzeitig mit den harten Bestimmungen des Versailler Vertrages fertig zu werden. Es waren politisch unsichere Zeiten, in der eine Anzahl unterschiedlicher Parteien um die Macht im Reichstag kämpfte, einschließlich der Nationalsozialisten unter Adolf Hitler, aber das Land erlebte einen Zeitraum bemerkenswerten Aufschwungs. Zwischen 1925 - 1928 brachte ein Zustrom ausländischer Investitionen Vollbeschäftigung und einen wirtschaftlichen Aufstieg.

Die gesamte industrialisierte Welt ritt auf der Woge eines wirtschaftlichen Booms zwischen 1927 - 1928, der viel zum Fortschritt der Luftfahrt beitrug und der, solange er anhielt, an der Eroberung des Atlantik seinen Anteil hatte. Rekord-Flüge erhielten einen nationalistischen Aspekt und jedes Land hatte seine Luftfahrt-Enthusiasten. Nirgendwo war dies deutlicher als in Deutschland.

PROLOG

Die Hamburg-Amerika-Reederei unterstützte den Versuch zum Überfliegen des Atlantiks und beauftragte die Firma Heinkel mit dem Bau eines Wasserflugzeugs in Tiefdeckerkonfiguration. Die Besatzung bestand aus dem Piloten Horst Merz, dem Funker Wilhelm Bock und dem Navigator Friedrich Rode. Der Kriegsheld Otto Könnecke und die ihn unterstützende Gruppe ließ für einen gleichartigen Versuch einen einmotorigen Doppeldecker entwickeln und Ernst Udet, ein weiterer Kriegsheld, nahm Anteil an der Erprobung eines großen zweimotorigen Flugbootes der Rohrbach Metallflugzeugbau GmbH. Unsere Geschichte berichtet von einer weiteren ehrgeizigen Gruppe von Fliegern, die bei der Junkers Flugzeugwerke AG. in Dessau ähnliche Vorbereitungen traf.

KAPITEL 1

DIE HERAUSFORDERUNG

*"... kamen wir über die höchsten Wolkenberge
und stürmten hinein in den strahlenden Sternenhimmel."*
Hermann Köhl

*"... da plötzlich verschwand die dicke Nebelwand hinter uns
und der dunkelblaue Himmel über unseren Köpfen
war besät mit höchst willkommenen Sternen."*
James Fitzmaurice

Jeder der fliegt, wird ein gewisses erregendes Gefühl in dem Augenblick verspüren, wenn das Flugzeug die Wolken durchbricht und in der erneut sichtbaren Welt dahinschwebt. Das blendende Sonnenlicht des Tages bringt als eine zusätzliche Gabe die Wärme mit sich, eine Ansammlung strahlender Sterne am nächtlichen Himmel aber hat seine eigene Schönheit. War es ein ereignisloser Flug, so findet die Besatzung dieses Gefühl angenehm und entspannend. Nach Stunden voller Anspannung und Besorgtsein jedoch kann das Erreichen des klaren Himmels eine große Freude sein.

Und so war es für die Piloten, die die eingangs angeführten Zeilen niederschrieben. Ihr Flugzeug war der deutsche Junkers-Eindecker *Bremen* und sie befanden sich über dem Atlantik – 26 Flugstunden von Irland entfernt. Davon waren sie 7 ½ Stunden durch eine stürmische Nacht voller Wolken hindurchgeflogen, ohne etwas zu sehen und hatten fast die Hoffnung aufgegeben.

Ihr Hineinfliegen in den sternenklaren Himmel nach all den nächtlichen Problemen glich einer Begnadigung angesichts des Todes. Das Schicksal entließ sie aus der einen Herausforderung aber nur, um ihnen sogleich eine neue aufzubürden. Sie hatten ihre Freiheit von den sie umklammernden Wolkenbänken erhalten, mußten nun aber ihre Position feststellen. Der Zielort der beiden Piloten und ihres mitfliegenden Kameraden war Mitchel Field, New York, aber viele Herausforderungen lagen noch vor ihnen, bevor sie die Straßen von Manhattan betreten konnten.

Die blinkenden Sterne in den frühen Morgenstunden vor Sonnenaufgang ließen den Männern am Steuer keine Zeit, über vergangene Probleme nachzudenken. Ihr Leben hing von richtigen Einschätzungen und Reaktionen während der kommenden Stunden ab. Sie mußten alles fehlerlos ausführen, um am Leben zu bleiben.

Das Gefühl nationalen Stolzes bestärkte ihren Überlebenswillen, hingen doch die Hoffnungen von zwei Nationen am Erfolg des Fluges. Der Kapitän und sein Fluggast waren Deutsche, der Copilot stammte aus Irland. Das Flugzeug und der Motor waren in Deutschland gebaut worden, eine Gruppe deutscher Geschäftsleute unterstützte sie.

Daß am Atlantik-Flug interessierte deutsche Flieger im Frühjahr 1927 sich wegen eines geeigneten Flugzeug und Motors an die Junkers Flugzeugwerke AG in Dessau wenden würden, war nur natürlich. Der bekannte Professor Hugo Junkers konzentrierte sich auf den Bau von Passagier- und Frachtflugzeugen. Er war der erste, der bereits 1915 Ganzmetallflugzeuge gebaut hatte und der nach Kriegsende trotz aller den deutschen Flugzeugherstellern unter dem Versailler Vertrag auferlegten Restriktionen mit dem technologischen Fortschritt Schritt hielt. Die Interalliierte Luftfahrt-Überwachungskommission verbot den Bau motorisierter Flugzeuge in Deutschland. Professor Junkers aber arbeitete weiter an dem Entwurf seines höchst erfolgreichen Musters F 13. Es führte am 25. Juni 1919 in Dessau seinen Erstflug durch und während in den Junkers-Werken in Dessau Kochtöpfe hergestellt wurden, kam es in Schweden und Rußland zum Lizenzbau der F 13. Der Typ besaß zukunftsweisende Konstruktionsmerkmale, die sich in späteren Modellen wiederfanden.

Nachdem am 5. Juni 1922 die Beschränkungen aufgehoben worden waren, wurde die F 13 weltweit populär und eine Anzahl von ihnen wurde nach Nordamerika verkauft. Der Erfolg führte 1926 zu der vergrößerten Frachtversion W 33 mit einer geräumigen Kabine und dem gleichen viereckigen, kantigen Rumpf.

Der Solo-Flug von Lindbergh über den Atlantik im Jahre 1927 und Chamberlin's Rekordflug in der *Columbia* hatten in Deutschland zu einem enormen Interesse an Langstreckenflügen geführt. Die verbliebene Herausforderung bezüglich des Atlantiks war der erste Direktüberflug von Europa aus nach Amerika. Cleveland, Philadelphia und Boston offerierten $ 25000 dem ersten aus Europa kommenden Flugzeug, das in ihrer Stadt landen würde, das internationale Ansehen aber, es als Erster geschafft zu haben, war von noch größerem Anreiz.

Dessau als Mittelpunkt der Bauhaus-Bewegung war in den zwanziger Jahren eine Hochburg von neuen Ideen und Innovationen in Wissenschaft, Technologie

und Gestaltung. Die Junkers-Werke ritten mit ihren Flugzeugen und Motoren auf eine Welle von Errungenschaften und von einer Atlantik-Überquerung würde ein unwahrscheinlicher Werbeeffekt ausgehen. Die Bedingungen zur Durchführung der Aufgabe waren auf beiden Seiten des Atlantiks identisch: eine erfahrene Besatzung, ein zuverlässiges Flugzeug mit einem Motor, der ununterbrochen 40 - 50 Stunden läuft und Sponsoren, die das Abenteuer unterstützen.
Die am weitesten fortgeschrittenen deutschen Pläne für einen Atlantikflug konzentrierten sich auf eine von den Junkers-Werken für Langstrecken-Versuchsflüge modifizierte W 33. Von diesen Testflügen erfuhr auch ein monokeltragender Aristokrat, der 35-jährige Ehrenfried Günther Freiherr von Hünefeld. Seit 1923 war er Leiter der Presse- und Werbebüros von Deutschlands größter Reederei, dem Norddeutschen Lloyd. Er war kein Pilot, war aber besessen von den Ruhmesaussichten, die ein internationaler Rekordflug für das Ansehen des Vaterlandes mit sich bringen würde. Mit Unterstützung seiner Firma und einer Garantie der Darmstädter Bank begab er sich, begleitet von dem Piloten Cornelius Edzard aus Bremen, nach Dessau. Sie mieteten eine W 33, um die Möglichkeiten einer Ozeanüberquerung auszuloten und nahmen großen Anteil an den Experimenten der Junkers-Werke.

Ehrenfried Günther Freiherr von Hünefeld war ein schlanker, kränklicher Mann, dessen schmächtiger Körper und hageres Aussehen von der zahlreichen Malen berichteten, die er auf dem Operationstisch gelegen war. Auf dem linken Auge war er völlig blind und er bedurfte eines Monokels, um wenigstens einigermaßen auf dem anderen Auge sehen zu können. Geboren war er am 1. Mai 1892 in Königsberg, Ostpreußen, aus gesundheitlichen Gründen konnte er nur wenig zur Schule gehen. Gemeinsam mit seinem älteren Bruder betrieb er Fechtsport, war aber wegen auftretender Probleme mit der Niere und eines schwachen Herzens gezwungen, diesen aufzugeben. Es gelang ihm, seine Bildung durch den Besuch von Vorlesungen über Philosophie und Literatur an der Universität von Berlin abzurunden. Er besaß eine starke patriotische Einstellung und nahm an den politischen Debatten des Tages aus aristokratischer Sicht teil.

Die schlechte Gesundheit verhinderte seine Teilnahme am ersten Weltkrieg als Flieger, obwohl er privat eine gewisse fliegerische Ausbildung erhalten hatte. Stattdessen wurde er Meldegänger auf einem Motorrad und stand fast ein Jahr lang im Einsatz, bevor er schwer verwundet wurde. Schrapnell-Verletzungen an den Beinen fesselten ihn für das nächste Jahr ans Bett, in dieser Zeit benutzte er sein schriftstellerisches Talent zur Herausgabe eines Krankenhaus-Blattes, genannt *Zehnte Muse*, und richtete damit die Moral der Patienten auf.

Während des Jahres 1916 war er an verschiedenen diplomatischen Missionen beteiligt, die augenscheinlich recht erfolgreich verliefen. Als er sich um eine Anstellung im Außenministerium bewarb, wurde er ohne die sonst üblichen Examina akzeptiert. Im Frühjahr diente er in Sofia und Konstantinopel, später im

DIE HERAUSFORDERUNG

Jahr wurde er Kaiserlicher Vizekonsul in Holland, woraus sich eine Freundschaft mit Kronprinz Wilhelm entwickelte. Seine Verbindung mit dem Prinzen, den er in dessen Exil in den Nachkriegsjahren besuchte, brachte ihm in der Heimat scharfe Kritik von den Gegnern der Monarchie ein. Der willensstarke Baron ließ sich dadurch nicht beeinflussen und seine freundschaftlichen Beziehungen zur Monarchie gaben für den Rest seines Lebens Anlaß zu kritischen Äußerungen. Er zog sich 1918 vom Regierungsdienst zurück und verbrachte anschließend viel Zeit mit immer wiederkehrenden Krankenhausaufenthalten. 1926 stellte sich ein Krebsleiden ein und ein Drittel des Magens mußte entfernt werden. Erneut wandte sich sein Interesse der Fliegerei, Politik und Schriftstellerei zu. In der langen Zeit der Genesung begann er sich sogar der Poesie zuzuwenden.

Von Hünefeld war vor seiner Krebsoperation Beauftragter einer finanziellen Institution in Bremen gewesen, seine Aufgabe als Werbeleiter beim Norddeutschen Lloyd jedoch gefiel ihm am besten. Sie erlaubte ihm sein Interesse an der Fliegerei und Politik weiter zu verfolgen und sein beachtliches schriftstellerisches Talent einzusetzen. In dieser Position bekam er Kontakt mit der Atlantik-Planungsgruppe in Dessau, die aufgrund der Teilnahme des Norddeutschen Lloyd einen großen Schritt vorwärts tun konnte.

Die ersten Personen, die der Baron in Dessau traf, waren Junkers-Direktor Gotthard Sachsenberg und der Lufthansa-Pilot Herman Köhl. Beide hatten sich mit dem Transatlantik-Projekt befaßt und begrüßten das wachsende Interesse an ihren Plänen. Von Hünefeld und Köhl verstanden sich gut und die Gruppe der Planer wuchs mit dem Hinzukommen der beiden Junkers-Testpiloten Johann Risticz und Fritz Loose weiter an. Der aus Ungarn stammende Risticz, der den Necknamen "der Bär" trug, und Loose, der aus der Tschechoslowakei kam, hatten am 22. Juli 1927 mit einer W 33 einen Dauerflugversuch begonnen, den sie aber wegen eines Motorschadens abbrechen mußten.

Etwa zu dieser Zeit stellte die Hearst-Presseorganisation aus den USA ihrem Europa-Korrespondenten Hubert R. Knickerbocker den Betrag von $ 33000 zur Verfügung, um an einem Atlantikflug in westliche Richtung als Passagier teilzunehmen. Das bedeutete für die Arbeit in Dessau doppelten Schub: zwei Flugzeuge, zwei angesehene Förderer - Hearst und der Norddeutsche Lloyd - und die Zusammenarbeit mit dem größten Flugzeughersteller in Deutschland. Von den beteiligten Piloten hatte Kapitän Herman Köhl in Deutschland nachweislich die meisten Erfahrungen im Nachtflug.

Hermann Köhl wurde am 15. April 1888 in Neu-Ulm geboren und gibt selbst zu, an der Schule nur wenig Interesse gehabt zu haben mit mehr oder weniger schlechten Noten in den ersten Klassen. Er war der Sohn eines Hauptmanns der Artillerie und meldete sich wie sein Vater zum Militär. Er wurde 1901 im Königlich Bayerischen Kadettenkorps in München aufgenommen und war bei Ausbruch des Ersten Weltkrieges Offizier bei den Pionieren. Im Krieg erlitt er frühzeitig eine

Verwundung und während seines Lazarettaufenthaltes betrieb er seine Versetzung zur Fliegertruppe.

Als Flugschüler hatte er das Pech, seinen ersten Soloflug mit einer Bruchlandung zu beenden, er wurde aber dennoch akzeptiert, wurde Kampfflieger und Staffelführer und erhielt den Orden "Pour le Mérite". Während eines Luftkampfes mit zwei französischen Flugzeugen 1916 zwang ihn eine Kugel im Oberschenkel hinter den eigenen Linien zur Notlandung. Sein Lazarettaufenthalt dauerte fast ein Jahr, aber 1918 war er wieder einsatzfähig und wurde Kommandeur eines Bombengeschwaders, das mit zweimotorigen AEG G IV-Flugzeugen ausgerüstet war.

Beim ersten nächtlichen Flug über Frankreich in seinem neuen Kommando setzte eine Granate einen Motor außer Betrieb. Als die beiden Piloten langsam den eigenen Linien entgegenflogen, fiel der andere Motor ebenfalls aus und sie glitten lautlos hernieder zu einer sanften Landung auf einem offenen Feld – leider auf der französischen Seite der Linien. Sie hatten Zeit, das Flugzeug zu sprengen, bevor sie in der Dunkelheit verschwinden konnten.

Die Flüchtenden kamen im Laufe der ersten beiden Tage gut voran und hofften, sich zu Fuß zu den eigenen Linien durchschlagen zu können. Der erste französische Soldat, der versuchte, sie einem Verhör zu unterziehen, fand sich flach auf dem Boden wieder nach einem heftigen Schlag von Köhl, dem es gelang, zu entkommen. Er war vier Tage allein unterwegs und befand sich in Sichtweite der eigenen Linien, als ihn seine mangelnden Sprachkenntnisse verrieten. Er wurde überwältigt und in ein weit entferntes Kriegsgefangenenlager in Clermont gebracht.

Im Verlauf des restlichen Jahres versuchten er und andere Gefangene es viermal, zu entfliehen – sie versuchten über das Dach zu entkommen, sie bauten Tunnels und schwangen sich über die Mauer. Nach jedem Versuch fand Köhl sich jedoch in seiner Zelle wieder und er kam zu der Erkenntnis, daß ein Solo-Ausbruchsversuch erfolgreicher sein würde. Diesmal schnitt er ein Loch ins Dach, wartete bis die Luft rein war und kletterte hinab in den verlassen daliegenden Hof. Anschließend ging er zielsicher durch die Straßen und setzte sich bei Einbruch der Nacht nieder, um die Richtung für den weiteren Weg zu bestimmen. Nachdem er sich am Polarstern und dem Weg des Mondes am Himmel orientiert hatte, schlug er eine östliche Richtung ein. Zwei aufregende Fahrten mit der Bahn und schnelles Überlegen an der Grenze brachten ihn an die Rhône. Von hier aus schwamm er an das schweizer Ufer in Freiheit und gelangte nach Hause. In seinem Buch "*Bremsklötze weg!*" erzählt Köhl die Geschichte in allen Einzelheiten, das Buch zeigt ihn als einen Mann von starker Willenskraft und Ausdauer.

Nach der Flucht fing Hermann Köhl für eine kurze Zeit wieder mit dem Fliegen an und erlebte eine haarsträubende Notlandung, bevor der Friedensvertrag das Fliegen in Deutschland verbot. Er war gezwungen, sein Flugzeug in einen Baum zu setzten, als der Motor plötzlich über bewohntem Gebiet aussetzte. Der Verlust des Flugzeugs war nicht weiter schlimm, da es einige Tage später sowieso hätte verschrottet werden müssen. Er ging in den unruhigen Zeiten zur Polizei, heiratete

DIE HERAUSFORDERUNG

1922 Elfriede Feyerabend in Ludwigsburg und versuchte eifrig wieder zur Fliegerei zu kommen.

1924 ergab sich die Möglichkeit, bei einer kleinen Fluggesellschaft, der Junkers-Luftverkehrs-AG, anzufangen, die einen Nachtflugdienst zwischen Berlin und Warnemünde einrichtete. Hier legte er den Grundstock für seine Vorliebe für das "Fliegen im Nebel", wie er es nannte. Als sich seine Fluggesellschaft mit einer anderen zur Luft Hansa zusammenschloß, verlor seine Arbeit im Nachtflugbetrieb die Herausforderung, die er vordem so geschätzt hatte, und er begann sich nach einer anderen Tätigkeit umzusehen. Seine engen Beziehungen zu Junkers und seine Freundschaft mit Direktor Sachsenberg führten zu seiner Beteiligung am transatlantischen Abenteuer.

Im Laufe des Frühjahrs 1927 intensivierten sich die Arbeiten an einer Langstreckenversion der W 33. Ähnlich wie bei der F 13 besaß die W 33 einen dicken, freitragenden Flügel, der sich in gefälliger Form über die ziemlich große Spannweite hin zum Flügelende verjüngte. Die Konstruktion bestand aus röhrenförmigen Duralumin-Holmen, die diagonal verspannt waren und unter der Wellblechbeplankung eine gitterförmige Struktur bildete. Der hintere Teil des Rumpfes war stark verspannt, die Kabine wurde durch eine ungewöhnliche Kombination aus Spanten und Wellblech gebildet. Der Prototyp der W 33 besaß einen offenen Doppelführerstand, spätere Ausführungen jedoch erhielten eine Verkleidung des Führerstandes, die durch ein in der Mitte angebrachtes Scharnier wegklappbar war. Das kräftige Fahrwerk wies vier auffallend stromlinienförmige Verkleidungen auf, unter denen sich die Federbeine befanden; eine andere Besonderheit waren die mit einem schmalen Profil versehenen Hochdruckreifen.

Der wassergekühlte 6-Zylinder-Reihenmotor des Musters Junkers L 5 leistete 310 PS. Verschiedene Propellermuster konnten eingebaut werden, 1927 aber war der am besten geeignete Propeller der von Junkers hergestellte Metallpropeller mit am Boden einstellbarem Blattwinkel. Die W 33 hatte ein Gesamtfluggewicht von 2500 kg und eine Reisegeschwindigkeit von 160 km/h.

KAPITEL 2

EIN DAUERFLUG

Professor Junkers selbst war die leitende Kraft in Dessau, die hinter den Vorbereitungen für den Atlantikflug stand. Er bestand auf die Ausführung eines Dauerfluges, um den L5-Motor genau zu prüfen, bevor irgendein Versuch zum Überfliegen des Ozeans unternommen würde. Die beiden für Langstreckenflüge zu testenden Flugzeuge sollten für einen Angriff auf den Dauerflug-Weltrekord herangezogen werden. Zu den Modifikationen gegenüber der Standard W 33-Frachtmaschine gehörte ein verstärktes Fahrwerk, ausgelegt für ein Startgewicht von 3692 kg. Der Frachtraum von 4,8 m^3 war mit vier Tanks aus Wellblech ausgefüllt, so daß die Gesamtkraftstoffmenge 2273 Liter betrug. Am Motor wurden kleinere Modifikationen wie spezielle Ventilführung und an den Federn vorgenommen. Das Verdichtungsverhältnis wurde von dem normalen 1: 5,5 auf 1,7 erhöht, wodurch sich die PS-Zahl auf 360 bei 1500 U/min steigern ließ. Vorkehrungen zum Kraftstoff-Schnellablaß im Notfall wurden eingebaut sowie eine Vorrichtung, um das Motor-Kühlmittel vom Cockpit aus aufzufüllen. (Siehe Anhang für Spezifikationen.)

Auffällig ist der vom Freiherrn eingebrachte Public-Relations-Aspekt hinsichtlich seiner Schiffahrtslinie, die sich in den Namen der beiden Flugzeuge manifestiert. Sie wurden nach den luxuriösen Ozeandampfern des Norddeutschen Lloyd *Bremen* und *Europa* benannt. Das Flugzeug *Bremen* trug die Zulassungsnummer D-1167, die *Europa* die Zulassung D-1197 am Rumpf und an den Flächen. Die Besatzungen der Dauerflug-Versuche waren Edzard und Risticz für die *Europa* und

Köhl und Loose auf der *Bremen*.

Diese Dauerflug-Versuche gaben Professor Junkers mit seiner Vorsicht recht: die *Bremen* mußte wegen Motorschadens nach drei Stunden eine Notlandung durchführen, die fast mit einer Katastrophe geendet hätte. Es begann mit einem fehlerhaften Magneten und als Köhl sich nach hinten in die Kabine begab, um vor der Landung die schwere Kraftstoffladung abzulassen, drangen Benzindämpfe ein und führten zu seiner Bewußtlosigkeit. Zum Glück setzte gleichzeitig der Motor aus, wodurch eine Explosion verhindert wurde. Loose vollführte mit der Maschine eine Notlandung und Köhl kam auf schnellstem Weg ins Krankenhaus.

Die *Europa* blieb in der Luft und stellte mit 52 Std, 22 min und 31 sek einen Rekord auf (und schlug den existierenden Rekord von 51 Std, 11 min und 25 sek gehalten von den Amerikanern Clarence Chamberlin und Bert Acosta in der Bellanca WB-2 *Columbia*). Die Erfahrungen dieser im Juli 1927 durchgeführten Flüge gaben den Sponsoren soviel Gewissheit, daß sie einen gemeinsamen Angriff auf den Atlantik zu planen begannen. Beide Flugzeuge sollten am gleichen Tag in Dessau zum Atlantikflug starten. Die *Europa* sollte nach New York fliegen, die *Bremen* nach Chicago – so lautete der Plan.

Eine Asphalt-Piste von 800 m Länge wurde in Dessau errichtet, um einen glatten Start zu gewährleisten und im August war alles bereit. Die *Bremen*, die den Norddeutschen Lloyd repräsentierte, hatte als Besatzung Köhl und Loose und Freiherr von Hünefeld als Passagier. Die *Europa*, unterstützt von der Hearst-Presse, sollte Edzard und Risticz als Besatzung haben sowie den Hearst-Reporter Hubert R. Knickerbocker als Passagier.

Beide Flugzeuge starteten am 14. August 1927, das Wetter über Europa aber war alles andere als ideal. Für die *Europa* begannen die Schwierigkeiten gleich nach dem Start. Heftiger Regen und starke Winde zwangen die Piloten zur Kursabweichung. Über der Nordsee wurde klar, daß der Motor nur bei Vollgas ruhig lief, beim Drosseln aber stoppte. Sie flogen nach Bremen zurück und bereiteten mit der schwer beladenen *Europa* eine nächtliche Notlandung vor. Die Landung ohne Motor im Endanflug wäre schon schwierig genug gewesen, jetzt kam hinzu, daß sie auf einem pechschwarzen Feld niederzugehen hatten. Das Fahrwerk wurde bei der harten Landung zerstört, trotzdem blieben die drei Insassen unverletzt. Die Beschädigungen des Flugzeuges aber waren schwer. Der Propeller brach an der Nabe ab, die Heckpartie brach vor dem Seitenleitwerk ab.

Köhl und Loose flogen weiter in die Nacht hinein und mußten ebenfalls mit dem unberechenbaren Wetter kämpfen. Sie überquerten England, bemerkten beim Erreichen Irlands aber, daß sie sich um fünf Stunden verspätet hatten. Hier in der Gegend von Irland wurde ihnen eine nützliche Lektion zuteil, deren Wert sie nicht sogleich erkannten.

In *"Bremsklötze weg!"* schrieb Köhl später: "Wir... gerieten aber plötzlich mitten hinein in den dicken Nebel, und mußten feststellen, daß weder Loose noch ich den Nebelflug beherrschten. Die Flügel unserer *Bremen* begannen eigenartig zu heulen und zu pfeifen, der Geschwindigkeitsmesser schlug dabei bisweilen über die Skala von 300 Stunden-Kilometer aus, der Tourenzähler sprang hin und her, der Kompaß spielte verrückt und der Höhenmesser fiel rapide... Nur meiner langjährigen Erfahrung als Nachtflieger verdanken wir es, daß wir nicht vollends abschmierten."

Seine Worte beschreiben die wenig bekannte "Todes-Spirale", die ihnen genug Stoff zum Nachdenken für den Rest des Fluges gab. Nach 23 Stunden in der Luft landeten sie ohne Probleme wieder in Dessau, müde und niedergeschlagen.

Der Verlust der *Europa* führte zu einem Überdenken des von Junker geplanten Atlantikfluges. Zwei spätere Versuche, noch vor dem Winter mit der *Bremen* den Flug durchzuführen, wurden vom Wetter vereitelt. Der Beginn des Jahres 1928 brachte für von Hünefeld eine Reihe neuer Herausforderungen bezüglich seines Traumes, der erste westwärts nach Amerika fliegende Passagier zu sein. Die Entschlossenheit der Teilnehmer blieb unverändert weiter bestehen, die öffentliche Meinung aber richtete sich jetzt gegen die Durchführung von Ozeanflügen. Die Zeitungen, die einst Lindbergh und Chamberlin bejubelten, wiesen auf die steigenden Menschenverluste hin bei den Versuchen zum Überfliegen des Atlantiks.

Die Verlustliste dieser riskanten Unternehmungen für das Jahr 1927 zeigt, daß vier Flugzeuge völlig verschwanden und zwölf Menschen in den Tod rissen. Der Tod von Nungesser und Coli wurde sowohl in Europa als auch in Amerika kritisiert. Die Kritik intensivierte sich Anfang August, als die britische Fokker F VIIa *St. Raphael* auf einem Flug von Upavon, England, nach Ottawa spurlos verschwand. Der Kapitän war der erfahrene Pilot der Imperial Airways, Frederick F. Minchin, als Copilot flog Leslie Hamilton und als Passagier beförderten sie Prinzessin Anne Löwenstein-Wertheim.

Der spätere Teil des Jahres 1927 erwies sich für eine Reihe von West-Ost-Aspiranten als katastrophal. Die von Hearst unterstützte Fokker F VII *Old Glory* ging am 6. September auf dem Atlantik nieder, drei Menschen verloren ihr Leben. Die kanadische Stinson SM-1 *Sir John Carling* verschwand spurlos und brachte Terrence Tully und James Medcalf den Tod. Am 23. Dezember gingen Frances Grayson und ihre Besatzung mit der Sikorsky S-36 *Dawn* beim Versuch, als erste Frau hinüberzufliegen, verloren. Der erste englische Versuch im Jahre 1928, westwärts den Atlantik zu überfliegen, scheiterte ebenfalls. Walter R.G. Hinchcliffe und die Honourable Elsie McKay starteten in der Stinson SM-1 *Endeavour* am 13. März mit Ziel New York, ohne je anzukommen.

All diese nachteilige Publizität schadete dem *Bremen*-Vorhaben, Freiherr von Hünefeld und Köhl aber setzten ihre eigenen Vorbereitungen fort und vermieden es unter den obwaltenden Umständen, allzu viel Aufsehen zu erregen. Der Copilot der *Bremen*, Fritz Loose, verließ beim Jahreswechsel die Gruppe und schloß sich einer anderen an, die mit einer dreimotorigen Junker G 24 einen Versuch via der Azoren unternehmen wollte.

Während der Wintermonate suchte der Freiherr neue Sponsoren für einen Versuch im Jahre 1928 zu gewinnen. Er benötigte 80000,- Mark und stellte hierfür seine eigene Lebensversicherungssumme von 10000,- Mark zur Verfügung, den Rest versuchte er durch zinslose private Darlehen aufzubringen. Er beschrieb die Schwierigkeiten der Geldbeschaffung als "enorm" und erlitt allem Anschein nach zu urteilen viele Absagen. Selbst die Firma Junkers wurde unter dem Druck der öffentlichen Meinung schwankend, Professor Junkers aber entschied zugunsten des Fluges.

Freiherr von Hünefeld erhielt letztlich Unterstützung von elf Sponsoren, acht davon aus Bremen, die zwischen 2000 und 10000 Mark liehen. Ihre Namen lauteten wie folgt: Dr. August Strube, Friederich Roselius, Carl Uhde, Eugen Wendelstadt, Senator Bömers, Herr Westerschulte, die Haake-Beck-Brauerei und Willy Kulenkampff. Aus Berlin war es Dr. Regendanz, aus Delmenhorst G. Carl Lahusen und aus Bielefeld Willy Eilers. Am 15. Februar 1928 wurde das Flugzeug, das ihnen allen Ruhm bringen sollte, auf von Hünefeld´s Namen registriert.

Hermann Köhl war in der Zwischenzeit auch nicht untätig gewesen. Er verlangte für die langen Stunden des Atlantikfluges vom Flugzeug mehr Stabilität und ließ daher an den Flächenenden sogenannte "Eselsohren" anbringen. Es handelte sich um scharf nach oben gebogene Aluminium-Flügelendstücke, ein Entwurfsmerkmal, das später bei vielen Flugzeugen aus gleichem Grund angebracht wurde. Er schaute sich nach besseren Instrumenten zur Kontrolle der *Bremen* in den Wolken um und besprach die Angelegenheit mit den Askania-Werken AG in Berlin, dem führenden deutschen Hersteller von Fluginstrumenten.

Aus den Worten von Köhl ist zu entnehmen, wie ernst ihm das Problem des Fliegens nach Instrumenten war. Seine Beschreibung des spiralförmigen Sturzes und das Eingeständnis, daß er das "Fliegen im Nebel" nicht beherrschte, ist ein Anzeichen dafür, daß ihn der Zwischenfall mit Sorge erfüllte. Er ließ die Suche nicht auf sich beruhen und unternahm Schritte, sie zu korrigieren.

1933 schrieb er: "Von der Firma Askania, die eng mit mir zusammenarbeitete, waren Instrumente entwickelt worden, die nach den Erfahrungen des ersten Ozeanflugversuches noch wesentlich verbessert wurden. Mit ihrer Hilfe wollten wir des Nebels Herr werden. Wir machten das so, daß der eine Führer aufpassen mußte, damit der Vogel nicht abrutschte, während der andere nur nach den Instrumenten steuerte. Nach wenigen Übungsstunden bereits wurde mir klar, daß es ging, und damit war in der langen Kette der Vorbereitungen auch das letzte Glied endgültig geschlossen."

Die Toppiloten der zwanziger Jahre kamen nicht von den herkömmlichen Universitäten mit ihrem festgelegten Wissenstoff. In den USA beispielsweise schrieb Howard C. Stark erst an seinem Buch über das Fliegen nach Instrumenten, das Jahre später noch als das "Stark System" bekannt war. Charles Lindbergh ist ein typisches Beispiel für die amerikanischen Postpiloten, die sich buchstäblich ihr Wissen vom Fliegen bei jedem Wetter selbst erarbeiteten. In England machte die Imperial Airways sich zum Wegbereiter verbesserter Flugverfahren, deutsche

Piloten erwarben wertvolle praktische Erfahrungen beim Fliegen auf dem sich ausdehnenden Streckennetz. Aus dieser Atmosphäre von Experiment und Selbststudium ging Hermann Köhl an die Transatlantik-Herausforderung heran.

Das spiralenförmige Stürzen oder "Todesspirale" verfolgte die frühen Ozeanflieger ähnlich wie das Trudeln des Piloten des Ersten Weltkrieges voller Geheimnisse war. Nur als diejenigen, die bei einer solchen Situation mit dem Leben davonkamen, sich ernsthaft damit zu beschäftigen begannen, nahm das alles einen wissenschaftlichen Aspekt an. Die Anzahl der frühen Todesstürze, die sich durch die Sturzspirale ereigneten, wird nie zu erfahren sein und es ist anhand von Augenzeugenberichten schwierig zwischen Trudeln und einem spiralförmigen Absturz zu unterscheiden.

Die Anzahl der gescheiterten Atlantikflüge, die auf das Konto der Todesspirale gehen, wird man nie wissen, obwohl das Problem selbst bereits beim ersten Atlantikflug auftrat. In dem Buch von Richard K. Smith über den Flug der NC-Flugboote der amerikanischen Marine mit dem Titel *The First Accross* wird es beschrieben. Die NC-1 geriet zweimal ernsthaft außer Kontrolle beim Fliegen im Nebel. Das Flugzeug fing sich jedoch jedes Mal wieder und befand sich danach auf entgegengesetztem Kurs.

Die NC-4, die in der Morgendämmerung auf ihrem Weg von Neufundland zu den Azoren ebenfalls in diesem Nebel flog, geriet gleichermaßen in Schwierigkeiten. Der Nebel war so dick, daß es unmöglich war, die Flügelspitzen zu sehen und die Anzahl der gläsernen Neigungsmesser war zum Einhalten des waagerechten Fluges zu gering. Leutnant Stone, der das Flugboot steuerte, verlor die Orientierung und, wie Smith es beschreibt, "die Tragfläche sackte ab und das große Flugzeug begann in einer Spirale herumzuschwingen." Der auf dem Nebensitz befindliche Kommandeur Read fühlte den Wind seitlich in seinem Gesicht und erkannte, daß sie in eine Spirale hineingerieten. Der Höhenmesser begann abzuspulen und die Neigungsmesser standen nicht so, wie es erforderlich gewesen wäre. Der Kompass drehte wie verrückt. Stone gelang es, die Flächen etwa 400 m über dem Meeresspiegel wieder auszurichten und wandte sich abermals dem mühsamen Stil des Instrumentenfluges des Jahres 1919 zu.

Die berühmte Vimy von Alcock und Brown war nicht für den Blindflug ausgerüstet und sie erzählten von einem haarsträubenden Kampf mit der Steuerung während einer der tödlichen spiralenförmigen Stürze. Es gelang ihnen erst beim willkommenen Anblick der Wellen einige hundert Meter unter sich, das Flugzeug erneut aufzurichten.

Clarence Chamberlin beschreibt eine aufregende Zeitspanne an Bord der *Columbia*, als er seinen nicht zum Piloten ausgebildeten Begleiter das Steuer überließ, um sich etwas auszuruhen. Auf ihrem Weg nach Deutschland hatten sie England hinter sich gelassen und flogen in einer Höhe von 6000 m über den Wolken. Chamberlin war todmüde. Die Unerfahrenheit von Levine führte zu einem spiralenförmigen Sturz von einigen tausend Metern durch die Wolken hindurch.

Chamberlin hatte große Mühe, im Kampf gegen die starken Fliehkräfte das Steuer wieder zu erreichen und konnte endlich in 1200 m Höhe das Flugzeug wieder abfangen.

Es wird nicht überraschen, daß die Aufmerksamkeit des Autors hinsichtlich der Wichtigkeit von Köhl's spiralförmigen Sturz im Jahre 1927 auf Erfahrungen aus erster Hand und einem Studium des Phänomens beruht. Es kann alten Hasen ebenso widerfahren wie dem Anfänger und der Pilot möge sich glücklich schätzen, der frühzeitig darauf vorbereitet worden ist. Ich war in der glücklichen Lage, einen Ausbilder im Instrumentenflug gehabt zu haben, der von den Spiralen und dem Weg, aus unmöglichen Flugzuständen herauszukommen, regelrecht besessen war. Er hämmerte uns die Tatsache ein, daß im Falle eines unbeabsichtigten Absacken des Flügels die Nase des Flugzeuges ebenfalls absackt und die Geschwindigkeit sich erhöht. Das Ziehen am Steuer in dieser Phase verstärkt nur die Drehungen, da das Höhenruder sich der vertikalen Stellung nähert und beginnt, die Rolle des Seitenruders zu übernehmen. Falls es nicht gelingt, die Tragfläche aufzurichten und das Flugzeug aus dem Sturz herauszunehmen, verschlimmert sich die Situation – mit katastrophalem Resultat.

In der abschließenden Analyse wird deutlich, daß Hermann Köhl's erschreckender Abstieg 1927 und seine Maßnahmen, das Problem zu meistern, ihm 1928 das Leben retteten. Es ließ sie $7^1/_2$ Stunden ununterbrochenen Fliegens nach Instrumenten in der Nacht überstehen, bei der die Wahrscheinlichkeit eines spiralartigen Sturzes nur ein ungewolltes seitliches Abrutschen weit entfernt war.

Man wundert sich nur, daß Köhl nicht ausführlicher über seine Versuche zum "Meistern des Nebels" und seine Arbeit mit den Askania-Werken berichtet. Die 1927 benutzten Instrumente werden nicht erwähnt, Fotografien des Flugzeugs zu dieser Zeit zeigen nur ein Staurohr und eine Venturidüse. Seine Vorstellung, der Copilot habe auf das seitliche Abrutschen zu achten, wird unterstrichen durch den Einbau eines Wendezeigers und eines Geschwindigkeitsanzeigers auf dem rechtseitigen Instrumentenbrett für den Flug im Jahre 1928. In ihrem Buch *"Unser Ozeanflug"* erzählen sie, wie Fitzmaurice seine Wendezeiger mit dem zusätzlichen Venturirohr verband, nachdem sie zum Fliegen in den Wolken gezwungen waren. Seine Aufgabe ab dem Zeitpunkt war es aufzupassen, wann die Nadel und die Kugel vor ihm das geringste Anzeichen eines seitlichen Abrutschens anzuzeigen begannen.

Köhl und sein Copilot testeten die Modifikationen an der *Bremen* während des Winters und Frühjahrs 1927/28, bis er zufrieden war. Köhl mietete sich ein anderes Junkers-Flugzeug dieses Typs, um damit Starts mit hoher Zuladung zu üben.

1927. Die *Bremen* wird zum Flug vorbereitet. Damals war auf der linken Kabinenseite ein Fenster, sie hatte noch keine aufgebogenen Flächenenden, ein Pitotrohr und keine Beschriftung am Heck. Der Vorteil des Startwagens am Heck wird deutlich. (Foto: durch Peter Bowers)

KAPITEL 3

DAS AUSWEICHEN NACH IRLAND

Im Februar 1928 begaben sich Köhl und von Hünefeld in Begleitung von Waldemar Klose, dem Vertreter des Norddeutschen Lloyd in Irland, ohne Aufmerksamkeit zu erregen an Bord des Dampfers *Dresden*, um ganz im Geheimen die Flugplätze in Irland zu inspizieren. Die Reederei hatte ihre offizielle Unterstützung des Fluges aufgrund der gewandelten öffentlichen Meinung zurückgezogen, hatte aber dennoch weiterhin ein erhebliches Interesse daran.

Aufgrund seiner im Vorjahr gemachten Erfahrungen sah Köhl ein, daß es ein Vergeuden wertvoller Flugstunden sein würde, über bekanntes Gebiet hinwegzufliegen, insbesondere hinsichtlich der vorherrschenden Gegenwinde bei einer Überquerung in westlicher Richtung. Irland war als Startpunkt weitaus logischer und aus diesem Grunde durchstreiften die drei Männer die grüne Insel auf der Suche nach einem geeigneten Flugplatz. Galway an der Westküste bot sich wegen seiner Nähe zum Atlantik als strategisch günstig an, eine Besichtigung des Flugplatzes Oranmore ergab aber, daß er für einen Start mit der schwer beladenen Maschine zu klein war. Der aktive Militärflugplatz in Baldonnel, etwa 19 Kilometer südwestlich von Dublin, war in jeder Beziehung besser geeignet. Die Einrichtungen und das herzliche Willkommen bei ihrem Empfang auf dem Flugplatz gaben den Ausschlag – sie würden von Baldonnel aus starten. Ihr Gastgeber während des Besuchs war der Kommandeur des Irish Army Air Corps, James C. Fitzmaurice, der bereits im Vorjahr an einem Atlantikflugversuch teilgenommen hatte.

Nach der Rückkehr nach Deutschland wurden die Vorbereitungen durch Köhl und von Hünefeld noch weitaus heimlicher betrieben. Die Zeitung *Acht-Uhr Abendblatt* behauptete in einer Ausgabe im April 1928, der geplante Atlantikflugversuch war ein nur notdürftig verhüllter Plan der Junkers-Werke und des Norddeutschen Lloyd für den Beginn eines weltumspannenden Luftverkehrs. Es wurde behauptet, die Pläne dazu seien "vor über einem Jahr bereits" ausgearbeitet worden, Beweise blieb man aber schuldig. Die Kontroverse über Atlantikflüge war so intensiv, weil jeder sich mit solchen Hintergedanken trug. Es war äußerst schwierig geworden, für die *Bremen* einen Versicherungsschutz zu erhalten.

Die Presse und regierungsamtliche Luftfahrtkreise wußten, daß von Hünefeld und Köhl einen Flug planten, konnten aber von dem zugeknöpften Freiherrn oder dem schweigsamen Köhl, der wieder bei der Lufthansa flog, keine Informationen bekommen. Der gedrungen wirkende Pilot wurde zu seinen Vorgesetzten gerufen, die versuchten, ihn von dem Flug abzubringen. Als er ausweichend antwortete, erklärten sie ihm ohne Umschweife, daß die Fluggesellschaft ihn auf gar keinen Fall unterstützen würde noch Extraurlaub gewähren könne. Es wurde ihm weiter bedeutet, daß er bei der Fluggesellschaft auch keine Lizenz zur Personenbeförderung habe und auch nicht Kapitän sei (er benutzte nach wie vor sein militärisches Patent). An die Flughafen-Direktoren ergingen klar auf die *Bremen* bezogene Anweisungen, die besagten, jedem Flugzeug, das von einem deutschen Flughafen aus einen Start mit hoher Zuladung versuchen würde, den Abflug zu untersagen.

Es war Sonntag, der 25. März und die Zeit zu einer Entscheidung war gekommen. Köhl wußte um die Überwachung seiner Versuchsflüge durch die Behörden und entschloß sich an diesem Wochenende zum Aufbruch nach Irland. Er ging davon aus, daß am Montagmorgen, wenn die Beamten sich wieder an ihre Arbeit begaben, die Überwachung nicht so stark sein würde und richtete seinen Abflug danach aus.

In den Frühstunden vor Sonnenaufgang des 26. März begab sich von Hünefeld auf dem Flughafen Tempelhof im Geheimen an Bord der *Bremen*. Köhl und sein Copilot Arthur Spindler suchten eher beiläufig das Büro der Flugleitung auf und trugen einen "Versuchsflug nach Dessau" ein. Spindler war Mechaniker und ein früherer Hauptfeldwebel in dem von Köhl kommandierten Kampfgeschwader. Diese einfache Anmeldung des Fluges erregte keinen Argwohn und um 8.20 Uhr stieg die *Bremen* zum trüben Himmel auf. Der einzige Besucher in Tempelhof an diesem kalten Morgen, der um die Bedeutung des Starts wußte, war ihr Freund Knickerbocker von der Hearst-Presse. Er notierte sich in aller Ruhe die Einzelheiten und war ein aufmerksamer Beobachter der kommenden Ereignisse.

Dem engeren Kreis von der *Bremen* war nicht bekannt, daß am Wochenende die Anordnung erteilt worden war, das Flugzeug zu beschlagnahmen, um dem Katz- und Maus-Spiel mit den Behörden ein Ende zu machen. Köhl's Entschluß, den Montagmorgen zu wählen, erwies sich als richtig. Zu dem Zeitpunkt, an dem die Anordnung offiziell bekannt gegeben wurde, befand sich die *Bremen* bereits weit weg auf ihrem Weg nach Irland. Als die Ankunft in Baldonnel gemeldet wurde, gab die Lufthansa eine Erklärung ab mit dem Inhalt, daß Kapitän Köhl entlassen worden sei. Sogar der Norddeutsche Lloyd unterrichtete die Presse in taktvoller Art, daß von dieser Seite keine offizielle Unterstützung mehr gewährt werden würde.

Nach Erhalt der Starterlaubnis in Berlin ging Köhl augenscheinlich kein weiteres Risiko ein. Bei einer späteren Untersuchung sagte der Flughafen-Bedienstete aus, die *Bremen* sei in dem Augenblick, als sie weit genug vom Hangar war, vom Grasgelände aus gestartet und sei nicht der normalen Prozedur gefolgt, zur nächst gelegenen Startbahn zu rollen.

Nachdem sie Hannover hinter sich gelassen hatten, gerieten Köhl und Spindler in dicken Nebel. Sie stiegen mit der *Bremen* auf 1600 m Höhe und konnten sich über der Nebeldecke für den Rest des Fluges relativ klaren Himmels erfreuen. Zwei Stunden später lösten sich über Holland die Wolken teilweise auf. Sie sahen ein bißchen vom Kanal und einige Schornsteine der Industriegegenden von England, die aus dem Dunst herausragten. Als die Wales überflogen, lösten sich die Wolken völlig auf und sie kamen um 16.30 Uhr bei klarem Himmel in Baldonnel an.

von Deutschland nach Irland

In Baldonnel wurden sie von zwei Junkers-Mechanikern, Alfred Waller und Paul Lengerich, erwartet, außerdem gab es hier einen Vorrat von einem speziellen Benzolgemisch, das bereits vor einem Monat aus Deutschland angeliefert worden war. Benzol, ein leicht verdampfender Kraftstoff auf Kohlenwasserstoffbasis, das eine verhältnismäßig große Bedeutung in der *Bremen*-Geschichte haben sollte, wird aus einer Kohlenbasis gewonnen, verfügt über einen niedrigen Wärmewert und hat eine langsame Verbrennungsrate. Es verträgt hohe Verdichtung ohne zu detonieren und vermischt sich gut mit Kraftstoffen auf Petrolbasis (der Kraftstoff der *Bremen* bestand den Berichten nach aus 90%igen Benzol, in das Äther eingespritzt wurde). Trotz der höheren Kosten war der Benzol-Flugkraftstoff ideal für den hochverdichteten L5-Motor, weil seine Verbrennung bei Vollgas besser kontrollierbar war und außerdem ein verbessertes Gewichts-Leistungs-Verhältnis aufwies. Ein kleiner Nachteil bestand darin, daß es manchmal schwierig war, den Motor zu starten und warmes Wasser wurde oft in den Kühler eingefüllt, um den kalten Motor vorzuwärmen.

Das gute Wetter am Tag ihrer Ankunft war ein gutes Omen, es erwies sich aber als völlig falsch. Der Boden war durch den starken Regen der Vorwoche total aufgeweicht. Eine Dampfwalze preßte Schlacke in die weichen Stellen hinein, drückte aber nur das Wasser heraus, das dann Pfützen bildete. Der Regen dauerte an und es wurde klar, daß eine Wartezeit eingelegt werden mußte.

Die Sprachbarriere erwies sich für die Deutschen als starkes Hindernis während der ersten paar Tage in Baldonnel und sie verbrachten ihre Zeit nahezu völlig isoliert. Der einzige Kommentar des Freiherrn lautete: "Niemand von uns wird vor dem Start ein Interview geben und wir bitten die irische, deutsche und Weltpresse, von unserem guten Vorsatz Kenntnis zu nehmen und die Angelegenheit mit größter Zurückhaltung zu behandeln, so daß das Urteil über Erfolg oder Mißerfolg unseres Vorhabens einfacher sein wird". Die Reporter der *Irish Times* hatten so viele Probleme mit dem Erlangen von Informationen über den bevorstehenden Flug, daß sie das Projekt als den "geheimnisvollen Atlantikflug" bezeichneten.

Der Empfang auf dem Flugplatz des Irish Army Air Corps war wie zuvor herzlich und der Enthusiasmus, an einem Atlantikflug beteiligt zu sein, zeigte sich bei allen Dienstgraden – nichts war ihnen zuviel. Die Zeitungen waren jetzt natürlich höchst alarmiert und berichteten über jede kleine Einzelheit, die sie entdecken konnten. Die Reporter mußten zugeben, daß die Sicherheitsvorkehrungen am Flugplatz streng waren und daß sie eigentlich nur in der Lage waren, Gerüchte weiterzugeben. Verschiedene Tatsachen aber sickerten doch durch und gaben ihren Vermutungen neue Nahrung.

Sieben Tage nach der Ankunft der *Bremen* berichtete die *Irish Times*, ein französischer Pilot namens Maurice Drouhin stehe mit irischen Stellen in Verhandlungen wegen der Erlaubnis, Baldonnel für einen Ost-West-Versuch benutzen zu dürfen. Der Bericht führte zu Spekulationen über ein bevorstehendes internationales Rennen und daß man sich in Baldonnel darauf vorbereite. Aus dem französischen

Plan wurde nichts. Die Ausgabe der *Times* an diesem 2. April schrieb aber darüber, daß Kommandeur Fitzmaurice selbst Mitglied der *Bremen*-Besatzung werden könne. Der deutsche Copilot und Mechaniker Arthur Spindler war am Vortag ohne Aufsehen zu erregen nach Hause zurückgefahren.

Die Spekulationen erhielten neue Nahrung am 3., als Köhl mit Fitzmaurice einen neunzigminütigen Testflug durchführte, um den Kraftstoffverbrauch zu messen. Der Kapitän hatte bei der Landung mit einem unangenehmen Seitenwind zu kämpfen und setzte heftig mit dem linken Rad auf, woraufhin ein Reifen platzte. All diese Ereignisse wurden ebenso eifrig mitgeteilt wie die Gerüchte um Spindlers Rückkehr nach Deutschland.

Einer "zuverlässigen Quelle" zufolge begann alles mit einem "Krach am Donnerstagmorgen" kurz nach ihrer Ankunft, als das Flugzeug aufgetankt wurde in der Hoffnung auf einen baldigen Abflug. Angeblich soll Spindler geäußert haben, daß er das Wetter für nicht geeignet hielte und daß der Freiherr ihm daraufhin gesagt habe, für alle Entscheidungen sei Kapitän Köhl verantwortlich. Die Gerüchte sprachen von einem heftigen Wortwechsel und daß Spindler auf der Stelle gekündigt habe.

Es regnete weiter und die Reporter spielten ihr Rätselraten bis zum 7., als von Hünefeld offiziell ankündigte, daß der 30 Jahre alte Fitzmaurice an dem Flug als Teil der Besatzung teilnehmen würde. "Der freundliche Empfang hier kann nur mit diesem Entgegenkommen vergolten werden", erklärte von Hünefeld. In späteren Veröffentlichungen sagte er zu dieser Wahl, sie sei ein "langgehütetes Geheimnis" gewesen. Einen Monat später gab Frau Fitzmaurice die Einzelheiten der Einladung in einer Verlautbarung für die Presse bekannt.

Sie erklärte: "Wir saßen am Abend beim Tee, als Herr Klose den Raum betrat, mich ernst ansah und zu mir sagte: "Ich muß mit Ihnen über eine ernste Angelegenheit sprechen, Frau Fitzmaurice. Wir würden es als eine große Ehre ansehen, wenn Fitz an dem Flug teilnehmen würde". Ich antwortete, daß ich mich dem nicht in den Weg stellen würde. Fitz machte große Augen und ließ den Tee stehen".

Waldemar Klose, Repräsentant des Norddeutschen Lloyd, war die Hauptkontaktperson der *Bremen*-Mannschaft in Irland. Die *Irish Times* berichtete über ihn, er sei mit Spindler nach Deutschland zurückgekehrt, was darauf hindeuten würde, daß die Einladung bereits einige Zeit vor der formellen Bekanntgabe ausgesprochen worden ist. Ein anderes Gerücht besagt, daß Klose zurückkehrte, um die Einwilligung der Sponsoren zur Teilnahme von Fitzmaurice zu erlangen, was ebenfalls zu der späten Ankündigung beigetragen haben könnte. Als er daheim in Deutschland hierzu befragt wurde, erklärte Klose lediglich: "Diese Angelegenheit betrifft nur mich und nicht den Norddeutschen Lloyd". Jedenfalls hatte von Hünefeld Grund genug, von einem "Geheimnis" zu sprechen.

Warum der populäre Kommandant zur Teilnahme an dem Flug ausersehen wurde, wird in Irland noch immer diskutiert. Die allgemein akzeptierte Ansicht ist, daß von Hünefeld in New York einen guten Eindruck machen wollte und daß der junge, sympathische Irländer in dieser stark von Iren bewohnten Stadt herzlich empfangen werden würde. Niemand kennt die Gedankengänge von Hünefeld's zu dieser Angelegenheit genau, Köhl aber gab später hierzu folgende Erklärung: "Ich war der erste, der zu von Hünefeld sagte: "Wir nehmen ihn mit." Spindler war, wie erinnerlich, ein Mechaniker. Durch seine Gegenwart war es einfacher, von Berlin fortzukommen, es ist aber logisch, daß für den langen Ozeanflug die Anwesenheit von zwei erfahrenen Piloten besser ist.

James Christopher Fitzmaurice wurde am 6. Januar 1898 in Dublin geboren und wuchs in der Gegend der Dubliner North Circular Road auf. Er war lediglich ein mittelmäßiger Schüler in seinen jungen Jahren, war aber bekannt für seine Streiche und Abenteuerlust. Bald bekam er den Spitznamen "Fitz", mit 15 Jahren kam er auf eine kaufmännische Schule in Waterford. Auf seiner Suche nach Abenteuern trat er den Irish National Volunteers bei und erhielt hier seine ersten Eindrücke vom soldatischen Leben. Bei Kriegsausbruch versuchte er beim 7th Leister Regiment einzutreten, seine Eltern intervenierten jedoch, weil er sich noch nicht in dem Alter für Militärdienst befand. Ein Jahr später konnte er dann bei den 17th Lancers der britischen Armee eintreten.

Noch im Alter von 17 Jahren kam er nach Frankreich, nahm aber nicht weiter an Kampfhandlungen teil. Im folgenden Jahr wurde er stellvertretender Sergeant bei den Queen's Royal West Surrey und diesmal sah er genug Kampfhandlungen. Eine Zeitlang hatte es den Eindruck, daß sein Leben unter einer schützenden Hand stand und er den feindlichen Kugeln immer ausweichen würde. Während eines Einsatzes wurde er aber durch eine Kugel im Bein schwer verwundet. Er kehrte kurzzeitig zu seinem Regiment zurück, bemühte sich aber um eine Versetzung zum Royal Flying Corps.

Der Übertritt zur Fliegerei gelang. In Eastbourne beendete er seine Grundausbildung mit gutem Ergebnis und er konnte eine nette junge Angehörige des Freiwilligenkorps mit Namen Violet Clarke davon überzeugen, Frau Fitzmaurice zu werden. Bei der Ausbildung legte er eine Bruchlandung hin und noch bevor er sich aus dem Wrack befreien konnte, waren zwei Soldaten mit einer Trage bei ihm. Durch einen glücklichen Umstand war er neben einer kanadischen Einrichtung für Genesende niedergegangen und erhielt hier seinen ersten Eindruck von der kanadischen Gastfreundschaft. Er beendete seine Ausbildung als Jagdflieger und wurde am 11. November 1918, dem Tag der Unterzeichnung des Waffenstillstands, nach Frankreich versetzt. Er war enttäuscht, in Frankreich nicht mehr zum Kampfeinsatz gekommen zu sein, bei der neu gegründeten Royal Air Force flog er aber bei der 110. Squadron die Post.

Im Dezember 1919 wurde er demobilisiert und versuchte sich im zivilen Leben als Versicherungsvertreter. Es wurde ein Mißerfolg und 1921 bat er um seine kurzfristige Verwendung bei der Royal Air Force. Er hatte sich gerade wieder etwas an das Fliegen gewöhnt, als er mit einem für Militärpiloten typischen Dilemma konfrontiert wurde. Er mußte sich zwischen der Versetzung nach Indien, wohin seine Frau und die kleine Tochter Patricia mitgehen müßten, oder der Aufgabe seines Dienstes und Rückkehr nach Irland, wo innenpolitische Probleme am Entstehen waren, entscheiden. Er wählte das Letztere.

Im Februar 1922 wurden nach der Gründung des Freistaates Irland alle Einrichtungen der Royal Air Force in Irland geschlossen und die englischen Einheiten abgezogen. Fitzmaurice wurde bei dem neugegründeten Irish Army Corps aufgenommen und war eifrig damit beschäftigt, Piloten auszubilden und die "irregulären Streitkräfte" unter Kontrolle zu halten. Diese Scharmützel waren so aufregend wie die Tage in Frankreich, ständig hatte er feindlichen Kugeln auszuweichen. Eine dieser Kugeln beschädigte auf einem Aufklärungsflug seinen Motor und er war gezwungen, auf feindlichem Gebiet niederzugehen. Auf sich selbst gestellt, mußte er den Weg zur nächstgelegenen Kaserne zurücklegen, wo er bei seinem Eintreffen den überraschten Wachen einen bemerkenswerten Anblick bot – ein Offizier in voller Fliegerbekleidung einschließlich Helm und Schutzbrille ohne Sattel auf einem Ackergaul! Er war ein sehr populärer Offizier und wurde rasch befördert. Im Oktober 1926 wurde er der Befehlshaber des Irish Army Air Corps mit Hauptquartier in Baldonnel.

Als Alcock und Brown ihren Atlantikflug in einem irischen Moorgebiet bei Clifden beendeten, interessierte sich Fitzmaurice über das übliche Maß hinausgehend für diese neue Art von Abenteuer. Er dachte ständig an einen Iren, sich selbst, als den ersten Piloten, der den Flug in der Gegenrichtung ausführen würde. In seiner neuen Position als Befehlshaber versuchte er den Erwerb eines Martinsyde-Doppeldeckers anzuregen, um seine Ambitionen voranzutreiben. Er konnte etwas Zustimmung gewinnen, das letzte Wort aber sprach die Regierung. Sie sagte Nein!

Mehr Glück dagegen hatte ein anderer britischer Aspirant, Captain Robert Henry McIntosh ("All-Weather Mack") der Imperial Airways, der einen amerikanischen Sponsor namens William B. Leeds fand. McIntosh setzte sich mit dem IAAC wegen der Benutzung von Baldonnel in Verbindung und erneuerte seine früher bereits geschlossene Bekanntschaft mit Fitzmaurice. Er bat Fitz, sein Copilot zu sein und sie verbrachten eine ziemlich lange Zeit auf dem Flugplatz des Air Corps mit Vorbereitungen für den Flug. Ihr Flugzeug war ein speziell ausgerüsteter Fokker F-VIIa-Hochdecker in den Farben braun und blau, der von einem Bristol Jupiter-Motor angetrieben wurde. Das Flugzeug erhielt den Namen *Princess Xenia* nach Leeds' Frau, einer früheren russischen Prinzessin.

Das Fokker-Flugzeug startete am 16. September in Baldonnel, das Wetter über dem östlichen Atlantik aber war schlimmer als vorausgesagt. Sie wurden mit solcher Gewalt am Himmel hin und her geschleudert, daß sie sich nach fünf Stunden der Marter zur Umkehr und einem späteren Neuversuch entschlossen. Es gelang ihnen nicht aufgrund der schlechten Wetterlage nach Baldonnel zurückzukehren, sie mußten vielmehr nach Beale Strand, einer Strandbucht bei Ballybunnion in der Nähe des Flusses Shannon ausweichen. Die Anwohner halfen ihnen dabei, das

Flugzeug vor der beginnenden Flut in Sicherheit zu bringen, leider gelangte Sand in den Motor und ein weiterer Versuch wurde nicht mehr durchgeführt.

Vor dem Hintergrund dieser Umstände gibt es Sinn, daß Fitzmaurice als Copilot bei dem deutschen Abenteuer eingeladen wurde. Er hatte bereits an einem Versuch teilgenommen, außerdem benötigte jedes Flugzeug, das Baldonnel als Ausgangsbasis benutzen wollte, die volle Kooperation der Luftwaffen-Basis. Fitz war glücklich, an dem Abenteuer teilnehmen zu dürfen und sein geliebtes Irland zu repräsentieren.

Der zuvorkommende Empfang in Irland stand in scharfem Kontrast zu der argwöhnischen Behandlung, der die Deutschen kürzlich noch in ihrem eigenen Land ausgesetzt waren. Eine der ersten Reaktionen von Fitzmaurice bestand darin, dem Freiherrn einen Glücksbringer in Form eines vierblättrigen Kleeblattes zu überreichen, das er an Bord der *Princess Xenia* getragen hatte. Von Hünefeld überreichte im Gegenzug eine kleine silberne Puppe, die ihn bei seinen zahlreichen Krankenhausaufenthalten begleitet hatte. Köhl führte immer ein kleines schwarzes Schwein als seinen Talismann bei sich. Als ein irischer Reporter ihn durch einen Übersetzter wegen seiner Entlassung zu Hause befragte, gab der stoische Kapitän eine für ihn typische Antwort: "Falls ich nicht nach Amerika komme, brauche ich den Job sowieso nicht mehr, wenn ich es aber schaffe, brauche ich ihn auch nicht mehr."

Als Fitzmaurice seinen Einweisungsflug bekam, wurde die Unterweisung den Berichten nach mit Hilfe seines deutsch-englischen Wörterbuches und der Zeichensprache bewerkstelligt. Fitz begrüßte die Leichtigkeit der Steuerung des Flugzeuges und sprach vor der Presse anerkennend über das robuste deutsche Flugzeug. Die meiste Zeit stand die *Bremen* in einem Hangar, so daß das Training des Iren vor allem darin bestand, sich selbst mit dem Führerstand des Flugzeuges vertraut zu machen.

Wie die Versicherungsagenturen im Jahre 1928 einen Transatlantikflug einschätzten, kann an der Tatsache ermessen werden, daß die Versicherungsprämie für Fitzmaurice gegenüber seinem Atlantikversuch im vorausgegangenen Jahr um 23% erhöht wurde. Nach späteren Berichten haben der Norddeutsche Lloyd und die Hamburg-Amerika-Linie die Versicherungskosten des Fluges übernommen.

Bei einem trockenen Gelände würde die bevorzugte Startrichtung einen nord-südlichen Verlauf gehabt haben. Aus zwei Gründen wurde nach mancherlei Beratungen eine südwestliche Startrichtung entsprechend 220° auf dem magnetischen Kompass gewählt. Sie konnten erstens den Start von festem Beton zwischen den beiden großen Doppelhallen beginnen und konnten zweitens eine offene Wiese an der Flugplatzbegrenzung als Überrollstrecke benutzen. Der Bauer, dem die Wiese gehörte, erhielt nach den entsprechenden Verhandlungen den Betrag von £ 75 zugesprochen. Es schien eine Menge Geld zu sein, nur um eine Mauer zu entfernen, sie hatten aber dafür 457 m zusätzliche Rollstrecke und verlängerten die gesamte

Startbahnlänge auf 1464 m. Das an das Vorfeld angrenzende Gelände wurde mit einer Walze eingeebnet und geglättet. Eine enge Vertiefung etwa 35 m von der Halle entfernt wurde mittels abgesenkter Eisenbahnschwellen eingeebnet.

Die regulären Wetterberichte des britischen Luftfahrt-Ministeriums hinsichtlich des Wetters über dem Atlantik zeigten auch in der zweiten Woche des Wartens schlechtes Wetter an. Das Osterwochenende jedoch wurde durch die Ankunft eines alten Freundes, Reginald Schinzinger aus Deutschland, etwas aufgehellt. Er war der führende Luftfahrtfachmann bei Junkers und brachte nicht nur die Neuigkeiten aus dem Berliner Hornissennest mit, sondern auch seine wohlüberlegten Ratschläge. Von der politischen Szene berichtete er, daß der dritte Reichstag der Weimarer Republik aufgelöst und eine Anzahl von Anhängern der kommunistischen Partei verhaftet wurde. Er besprach sich während langer Stunden mit Köhl und ging die ganze Länge der Startbahn ab, um eine Reihe von Markierungspunkten anzubringen. Die *Bremen* befand sich unterdessen stets aufgetankt und auf Stützen, zur Minderung des Drucks auf das Fahrgestell, aufgebockt in der Halle.

Der Freiherr litt am meisten unter der Wartezeit. Schließlich war er lediglich der Passagier. Er nahm an wichtigen Besprechungen teil, verbrachte aber die meiste Zeit abgesondert, ruhte sich aus, träumte und schrieb. Seine Gedichte zeigen ihn als Romantiker und Träumer. In dieser Zeit des Wartens begann er mit dem Erlernen der englischen Sprache und erzielte gute Fortschritte.

Der Flugplatz Baldonnel des Irish Army Air Corps in den 30er Jahren. Das Vorfeld zwischen den vier gegenüberstehenden Flugzeughallen nutzte die *Bremen* und der Pfeil zeigt die Startrichtung an. (Foto: Irish Army Air Corps, J. Conerney)

Mechaniker in Baldonnel bereiten die Bremen für den Angriff auf den Atlantik vor. (Foto: Aer Lingus)

Betankung in Baldonnel. (Aer Lingus)

Kapitel 4

ÜBER DEM ATLANTIK

Am 7. April wurde die Nachricht verbreitet, daß die Amerikaner George Haldemann und Eddie Stinson den von den Deutschen gehaltenen Dauerflug-Rekord gebrochen hatten und 53 Std, 36 min und 30 sek in der Luft geblieben waren. Daß das Wetter sich zu bessern begann, war die gute Nachricht des Tages. Am 9. begann das vor der Westküste Irlands gelegene Tiefdruckgebiet nach Norden abzuwandern und es hatte den Anschein, daß sich auf der amerikanischen Seite kein neues System zu formen begann. Die Schauertätigkeit in der Gegend um Dublin wurde von sonnigen Tagen abgelöst und die Aufmerksamkeit in Baldonnel richtete sich auf das aufgeweichte Flugfeld, das seit der Ankunft der *Bremen* Anlaß zur Sorge gegeben hatte.

Eine Entscheidung, den Start auf den 11. April um 18.00 Uhr GMT zu legen, wurde widerrufen, um die Vorhersage aus London für die Nacht abzuwarten. Die neue Abflugzeit wurde auf 5.00 Uhr GMT des 12. festgelegt, abhängig von der Vorhersage. Die Entgegennahme des Berichts fiel in die Zuständigkeit von Fitzmaurice, die beiden Deutschen gingen frühzeitig schlafen und hinterließen den Auftrag, um 3.30 Uhr geweckt zu werden. Der mitternächtliche Wetterbericht des britischen Luftfahrt-Ministeriums sagte allgemein gute Bedingungen über dem ganzen Atlantik voraus, so gut jedenfalls, wie es zu dieser Jahreszeit erwartet werden konnte.

Die Winde würden bis zur Atlantikmitte hauptsächlich aus Süden und Osten mit einer Geschwindigkeit von 8-9 Knoten von Seehöhe bis auf 5000 Fuß (1524 m) wehen. Weiter westlich würde die Richtung auf West-Nordwest drehen und bis auf 13 Knoten anwachsen. Der Himmel würde dreiviertel bis gänzlich bedeckt sein mit einer Wolkenuntergrenze von 1000 bis 2000 Fuß (304-608 m). Die Sicht würde 5 bis 10 Meilen betragen außer in gelegentlichen Schauern. Das Tiefdruckgebiet zwischen Kanada und Grönland würde kräftigere Winde erzeugen, dadurch aber Neufundland und Nova Scotia frei von Nebel halten. Der einzige unbekannte Faktor war das sich vor der östlichen Küste der Vereinigten Staaten entwickelnde Tiefdruckgebiet. Dessen Geschwindigkeit und Intensität könnten sich in den kommenden 24 Stunden verändern. Diese Vorhersage ließ die Großkreisroute als die zu bevorzugende erscheinen anstelle der mehr südlichen, entlang der Schiffahrtsstraßen führenden Strecke, wo stündlich etwa 24 Schiffe gemeldet waren, die die Wellen durchpflügten.

Um Mitternacht sprach es sich in den Barracken herum, daß der Beginn des Fluges auf den Tagesanbruch festgelegt worden sei. Die Lichter in der Halle und der Küche blieben an und gut vorbereitete Pläne nahmen Gestalt an. Die deutschen Mechaniker Weller und Lengerich waren damit beschäftigt, den letzten Kraftstoff zu tanken und die Tragflächen zum Schutz vor Vereisung mit einer dünnen Parrafinölschicht zu überziehen. Die harte Arbeit der letzten zwei Wochen neigte sich ihrem Ende zu und nach einigen weiteren anstrengenden Stunden würden sie zu Bett gehen können. Danach, so war ihr Plan, würden sie das erste Schiff nach Amerika belegen, um sich dort um die *Bremen* zu kümmern.

Am 12. April schoben fünfzig Soldaten des irischen Freistaates kurz nach 4.00 Uhr morgens die schwere *Bremen* aus dem Hangar auf das befestigte Vorfeld in Baldonnel. Zwei Doppelhallen standen sich gegenüber und hatten einen Innenraum von etwa 35 m Breite zwischen sich. Die betonierte Fläche hatte nur die Breite der Halle, wurde aber als ausreichend angesehen, dem Flugzeug beim Anrollen den ersten Schwung zu geben bevor es auf die Graspiste kam. Am Schwanzsporn war ein doppelrädriges Fahrgestell befestigt worden, das genau auf den äußersten Rand des Beton ausgerichtet worden war, die stumpfe Nase der *Bremen* zeigte über das Vorfeld ins offene Gelände. In der Morgendämmerung waren die roten Markierungen, die die Startstrecke anzeigten, kaum zu erkennen. Auf jeder Seite des Cockpits flatterte eine kleine Flagge: auf der linken Seite in den schwarz-weiß-roten des kaiserlichen Deutschlands, auf der rechten Seite in den Farben grün, weiß und gold des Irish Air Corps.

Kapitän Köhl war der erste, der in der Halbdämmerung am Flugzeug erschien, vorher hatte er in der Messe in Ruhe gefrühstückt. Er kletterte auf den Flügel und nahm um 4.55 Uhr den linken Sitz im Führerraum ein. Der Start war zwar für 5.00 Uhr angesetzt worden, mußte aber, da die Markierungen wegen des schwachen Lichts kaum zu erkennen waren, verschoben werden. Als nächster kam Freiherr von Hünefeld und begab sich in den hinteren Teil des Rumpfes, wo er die Vorräte von Tee, Kaffee, Bouillon, Sandwiches, Früchten und Schokolade verstaute – ein wesentlich luxuriöseres Menue als es Lindbergh ein Jahr zuvor auf seinem Flug von

New York nach Paris mit sich geführt hatte.

Nachdem der Motor mit heißen Wasser vorgewärmt worden war, begannen Weller und Lengerich um 5.10 Uhr den blitzenden Metallpropeller anzuwerfen. Nach einigen erfolglosen Versuchen sprang der Motor an und das Echo des rythmischen Stakkatos aus den offenen Auspuffstutzen war in der kalten Morgenluft zu vernehmen.

Fitzmaurice kletterte als letzter über die Fläche in seinen Sitz rechts im Führerraum. Er wurde von den ihm Glück wünschenden Umstehenden fast erdrückt, sprach noch einige private Worte mit seiner Frau und erhielt von Pater O'Riordan, der auch das wartende Flugzeug segnete, die Kommunion. Die Flaggen wurden eingeholt, der Führerraum geschlossen und die Erwartung der Menge, die unter militärischer Aufsicht die Hallen umlagerte, stieg an.

Das Ausbleiben des Windes an diesem Morgen war für Köhl Anlaß zu größter Sorge. Tagelang war er aus einer Richtung gekommen und alle seine Kalkulationen über den Start beruhten auf die Mithilfe einer Brise, um das schwere Übergewicht vom Boden frei zu bekommen. Nach den von Dr. Schünzinger angestellten Kalkulationen benötigte Köhl zum sicheren Abheben eine Geschwindigkeit von 70 Knoten. Gemeinsam hatten sie mittels Tonnen und farbigen Flaggen die Entfernungen abgesteckt, die beim Startvorgang die Entscheidungen erleichtern helfen sollten. Ein weißer Streifen war die letzte Markierung vor dem im heutigen Sprachgebrauch als "go, no-go" bezeichneten definitiven Entscheid. Als Kompromiß in bezug auf den ausgebliebenen Wind wurden 100 kg Kraftstoff ausgeladen.

Der Gedanke an eine Startverzögerung ging dem Kapitän durch den Kopf, aber die Umgebung begann sich mit Zuschauern zu füllen, unter ihnen Präsident Cosgrove, Verteidigungsminister Desmond Fitzgerald, dem Chef des Generalstabes der irischen Armee, General Dan Hogan sowie General O'Duffy, Chef der Zivilgarde. Köhl überdachte die Konsequenzen einer neuerlichen Startverschiebung in dieser kritischen Phase, schob die Gedanken daran beiseite und konzentrierte sich auf das Warmlaufen des Motors. Das Flugzeug stemmte sich gegen die Bremsklötze, als der Motor auf höchste Leistung gefahren wurde. Bei der Erinnerung an diese kritischen Augenblicke schrieb Köhl später: "Schnell nahm ich noch einmal die fünf Finger meiner linken Hand hervor, gab Fitzmaurice einen Stoß und zählte ihm die Verrichtungen auf, die er in den nächsten Minuten durchführen sollte. Er sah mir hochinteressiert zu und nickte sehr freundlich, wenn er verstanden hatte. Diese Zeichensprache haben wir auch später über dem Ozean mit bestem Erfolg angewendet."

Dies war typisch für die Methode, die die beiden Männer als ihre Kommunikationsmethode in den vorausgegangenen Wochen entwickelt hatten, um die Sprachschwierigkeiten zu überbrücken. Später schrieb Fitzmaurice zu diesem Problem: "Ein weiteres Hindernis für unseren Meinungsaustausch war, daß Hauptmann Köhl wenig oder gar nicht Englisch sprach. Es war wirklich ein sonderbares Gefühl, neben einem Gefährten zu sitzen, der mit mir dem Unbekannten entgegenging und nicht einmal meine Sprache verstand."

Als Köhl den Gashebel voll öffnete, mußte er ein anfängliches Ausbrechen nach links korrigieren, begann dann aber einen guten Startanlauf auf dem ebenen Beton. Der am Heck angebrachte Rollwagen nahm viel Gewicht auf und fiel erst von dem eingewachsten Schwanzsporn, als er nicht mehr länger vonnöten war. Die *Bremen* schwenkte wieder nach links, als sie die in den Boden eingelassenen Eisenbahnschwellen überrollte. Köhl brachte das Flugzeug wieder auf geraden Kurs und der lange Startverlauf begann.

Die ersten 400 m ging es gegen eine leichte Steigung an und die Beschleunigung auf dem weichen Boden war schlecht. Die Geschwindigkeit erhöhte sich dann auf dem folgenden hügelabwärts gerichteten Startweg auf etwa 100 km/h und es war außerdem immer noch das Feld vor ihnen, dessen Begrenzungen niedergelegt worden waren. Köhl wurde mit jeder Sekunde zuversichtlicher, als Fitzmaurice auf dem Nebensitz plötzlich in den Startvorgang eingriff.

Dieser Zwischenfall wurde in der Folgezeit zu einem wichtigen Bestandteil der Gesamtgeschichte des Fluges und Fitz wurde häufig gebeten, über sein Eingreifen zu berichten. "Bei einem Blick aus meiner Seite des Cockpits heraus entdeckte ich plötzlich ein dahinziehendes Schaf, gerade in der Richtung des Flugzeugs. Ich wandte mich kurz zur Seite und brüllte mit aller Kraft meiner Lungen "Schaf" und zog an der Steuersäule. Wir kamen über das Tier und setzten mit einem Schlag wieder auf."

Der Kapitän brachte das schwere Flugzeug wieder unter seine Kontrolle und mit erhobenem Heck wurde lebenswichtige Fahrt aufgenommen. Beim Erreichen der weißen Markierung sagte ihm das Gefühl, das zwischen einem Piloten und seinem Flugzeug besteht, daß die *Bremen* abheben wollte. Aber Köhl hielt die Nase des Flugzeuges bis zum letzten Augenblick gesenkt und zog es dann mit den sich drehenden Rädern ruhig über die niedrige Hecke hinweg. Ihre Uhren zeigten 5.38 Uhr Greenwich Mean Time.

Mit knapper Not waren sie in der Luft, aber noch nicht außer Gefahr. Die ansteigenden Hügel vor ihnen machten rasches Steigen oder eine Kurve notwendig, beides war aber nicht möglich, ohne das Flugzeug in Gefahr zu bringen. Im letzten Augenblick leitete Köhl eine flache Kurve ein und die Tragfläche war, als sie langsam nach rechts drehten, nur wenige Zentimeter vom Boden entfernt. Danach fiel das Land langsam zurück und er steuerte das bockende Flugzeug in ein offenes Tal hinein.

"Jauchzen und Jubeln erfüllte mich", schrieb Köhl später. Die *Bremen* gewann langsam Höhe und sie nahmen Kurs auf Galway. Ein Fairey 111F-Doppeldecker des Irish Army Air Corps mit Kapitän Oscar Heron und Leutnant Arthur Russell an Bord startete, um das Flugzeug zu begleiten, verlor es bei dem diesigen Wetter aber bei Athlone aus der Sicht. Eineinhalb Stunden später kam die *Bremen* über Galway an, aber alle Gebäude waren in Morgennebel gehüllt, typisch für das Tiefdruckgebiet, das über Irland lag, aber die Sonne begann hinter ihnen emporzusteigen und gab ihnen Wärme und Zuversicht. Erstmals übergab Köhl das Steuer an Fitzmaurice und begann sich mit der Navigation zu beschäftigen. Um 7.05 Uhr überflogen sie den in einer ruhigen See liegenden Slyne Head-Leuchtturm, einige Minuten später sichteten sie einen Dampfer, dessen Rauchfahne eine leichte südliche Brise anzeigte.

Als die *Bremen* Galway hinter sich gelassen hatte, setzte eine Zeit des Entspannens und Sich-Besinnens ein. Die *Bremen* schien im Raum zu hängen, als ob sie den Insassen nach den vorausgegangenen Strapazen Ruhe gönnen wollte. Die Voraussetzungen für den Flug waren wesentlich günstiger als bei den Versuchen des Vorjahres, als Stürme und widrige Winde sie vom ersten Augenblick nach Verlassen der Küste behinderten. Der Freiherr beschrieb es so: "Die große Überquerung begann unter den freundlichsten Voraussetzungen. Und dieser Frieden dauerte lange, wundervolle Stunden. Überall Sonnenschein und Frieden."

Es war eine jener Situationen, die den Piloten Freude machen, wenn sie sich eine Zeitlang nicht um das Wetter kümmern müssen und sich ganz auf die Durchführung des Fluges konzentrieren können. Auf der vorausliegenden Strecke waren nur einige leichte Wolken zu erkennen bei einer sich ins Unendliche erstreckenden Sicht. Während der ersten zehn Stunden schien das gute Wetter mit der *Bremen* Schritt halten zu wollen, eine erfreuliche Erleichterung nach dem Kampf beim Start. Der Zwischenfall mit dem Schaf war vergessen und Fitz nahm die Gelegenheit wahr, etwas Schlaf nachzuholen. Am Abend vorher hatte er mit seinen Kameraden Tischtennis bis spät in die Nacht hinein gespielt, damit er anschließend den letzten Wetterbericht einholen konnte. Im Verlauf dieses entspannten Dösens geschah es, daß der Motor zu spucken begann und Fehlzündungen hatte. Fitz wurde mit verständlicher Plötzlichkeit wach, der Ärger konnte aber bald durch Nachstellen der Gemischregulierung beseitigt werden. Genau um 9.00 Uhr leistete Freiherr von Hünefeld seinen ersten Beitrag zur Durchführung des Fluges, indem er heiße Brühe und belegte Brote austeilte.

Ihr Flug verlief während des ganzen Morgens in dieser entspannten Atmosphäre. Manchmal umflogen sie Regenwolken, die wie Gewölbe am Himmel standen. Jeder der Piloten beschrieb den majestätischen Anblick, als die Sonne durch die gleißenden Türme hindurch schien, die den Eindruck einer riesigen Kathedrale erweckten. Ihre einzige Sorge bestand hinsichtlich der Stärke und der Richtung des Windes, der im Verlauf solch eines langen Fluges über Wasser unweigerlich Veränderungen unterlag. Der Wind spielte eine große Rolle bei ihrer Navigation und mußte anhand der Richtung und Stärke der Wellen bestimmt werden.

Jeweils nach drei Stunden gingen sie auf geringe Höhe hinab, um anhand von Rauchbomben die Abdrift zu bestimmen. Im allgemeinen warfen sie jeweils zwei solcher Bomben ab und notierten die Richtung des Rauches im Verhältnis zu ihrem Kompass-Kurs. Nachdem die ersten Tests einen Wind aus west-südwestlicher Richtung erkennen ließen, flogen sie knapp über den Wellen weiter, um den Effekt des Gegenwindes zu verringern. Bei günstigem Wind stiegen sie auf 900 m Höhe hinauf. Fitzmaurice notierte hierzu: "Diese leichten Winde hatten wenig Einfluß auf die Navigation der *Bremen*."

Dieser Morgen über dem Ozean ist von den drei Insassen nach ihrem Flug gut dokumentiert worden. Die einzelnen Beschreibungen sind von persönlichen Reflexionen durchsetzt, anhand der Basisdaten ist es aber möglich, ein ziemlich genaues Bild vom Verlauf des Fluges zu zeichnen. Man muß sich ins Gedächtnis zurückrufen, daß die Unterhaltung in dem engen Führerraum wegen des Lärms des Motors schon schwierig war und durch die Sprachbarriere noch zusätzlich erschwert wurde. Beide Piloten zeigten ihre jeweiligen Aktionen in der für Flieger typischen Zeichensprache und Handbewegungen an. Allen Berichten nach, schüttelten sie sich öfter die Hände und lächelten sich zu, solange die Sache einen guten Verlauf nahm, als es aber später anders wurde, traten hastig hingeschriebene Notizzettel an deren Stelle.

Köhl schrieb: "So vergingen uns die Stunden. Des Steuernden Blick war auf die fernen Wolken gerichtet. Wir faßten das Steuer selbst kaum mehr an, die *Bremen* zog ganz allein über die weite Wasserwüste dahin. Der Mittag kam. Die Sonne, die hinter uns herzukriechen schien, sie kam nur langsam auf ihre Mittaghöhe, und lange Zeit verging, bis sie anfing, uns ins Gesicht zu scheinen. So war es nach Sonnenzeit Mittag geworden, aber unsere Uhren waren dieser Zeit schon um 1 3/4 Stunden vorausgeeilt. Nach unserer Schätzung hatten wir also um diese Zeit etwa den 30. Längengrad überschritten. Da wir keinen Sextanten mitgenommen hatten, konnten wir die Sonnenhöhe selbst nicht messen. Die Berechnung am Mittag genügte jedoch, uns über das Fortschreiten und die zurückgelegte Entfernung einigermaßen zu orientieren. Wir waren froh über die Feststellung, daß unsere Geschwindigkeit noch fast 170 Kilometer die Stunde betrug."

Der Besitzer/ Finanzier/ Steward verteilte abermals ein Menü wie das Vorausgegangene, hatte aber jetzt Bananen und Schokolade dazugetan. Der Flug verlief so ruhig und ordentlich, daß die Piloten abwechselnd etwas entschlummerten, um sich auf die lange vor ihnen liegende Nacht vorzubereiten. Auf seinem Flug im vorangegangenen Jahr war Köhl so von dem Problem der Übermüdung beeindruckt gewesen, daß er alles unternahm, um die Müdigkeit zu bekämpfen. Ihre Drift-Kalkulation zeigte ihnen um 16.00 Uhr GMT, einen südöstlichen Wind in Meereshöhe von 8-9 Knoten. Da dies für sie günstig war, stiegen sie auf 600 m Höhe.

Im Verlauf des Nachmittags wurde das Wetter sonniger als zuvor. Wunderschöne weiße Wolken hingen in der frischen klaren Luft. Bis zum Horizont erstreckte sich das Wasser so ruhig und friedlich, als sei es ein kleiner See irgendwo im Landesinneren. Diese ungewöhnlichen Bedingungen waren sichtlich die Ruhepause vor einem neuen Wettersystem, aber wie würde es sich zeigen? Schaumstreifen auf der Wasseroberfläche zeigten einen auf Nordwest drehenden Wind an. Bald würde es an der Zeit sein, eine neue Windmessung vorzunehmen, in der Zwischenzeit tranken sie alle einen Tee und blickten in den fernen Horizont hinein.

Das heißt alle, außer dem Freiherrn. Für ihn gab es nur wenig Platz zwischen den Tanks, um das Essen hindurchzureichen, verständigen konnte er sich mit den beiden anderen lediglich durch Notizzettel. Er hatte einen Sitz mit einem Fenster zu beiden Seiten und schaute von Zeit zu Zeit hinaus, war aber beschäftigt mit seinen Aufzeichnungen und dem Niederschreiben von Versen über seine innersten Gefühle. An die Stoffwände der Kabine hatte er religiöse Traktate befestigt und ein kleines schwarzes Kreuz, welches ihm in Galway überreicht worden war. In seiner Tasche trug er ein kleines blaues herzförmiges Medallion, daß er von seiner Mutter erhalten hatte.

"Nach dem Tee", schrieb Köhl, "sahen wir erfrischt und froh dem kommenden Abend entgegen. Wir hatten Grund, glücklich zu sein, denn der Motor brummte emsig sein Lied. Wir machten eine neue Windmessung und mußten plötzlich recht starken Nordwestwind feststellen. Deshalb verbesserten wir unseren Kurs um 15° nördlicher und gingen auf drei Meter Höhe über dem Wasser."

Es war jetzt 21.00 Uhr GMT und aufgrund ihrer Koppelnavigation waren sie der Ansicht, sich etwa auf dem 35. Längengrad zu befinden, d.h. über die Hälfte des Weges zurückgelegt zu haben. Es war ihre letzte Windmessung und der Kapitän dachte für den Rest der Nacht immer an den "recht starken Nordwestwind". Ihre Kalkulationen zeigten ihnen, daß sie gut vorankamen und ihren Kurs einhielten. Fitzmaurice sagte dazu später: "Es blieb so für den Rest des Tages bis die Sonne schneller zu werden schien und im Westen unterging. Als der Abend kam, wurde die Meeresoberfläche so ruhig wie ein Mühlteich und kurze Zeit danach flogen wir über einer sehr großen Nebelbank, die sich erstreckte, so weit das Auge reichte."

Als die Sonne hinter der Wolkenbank verschwand, ließen sie die *Bremen* auf 1800 m Höhe steigen. Sie flogen fast nur nach den Instrumenten, die Nebelbank war ihr einziger sichtbarer Anhaltspunkt. Der Kapitän beschreibt am besten selbst die nächsten Stunden des Übergangs von einem Tag mit gutem zu einer Nacht mit schlechtem Wetter.

"Der glühende Streifen, der weit bis an den Horizont von der Sonne auf dem Wasserspiegel gemalt war, war plötzlich wie abgeschnitten. Ein weißlicher Streifen, der sich am Horizont verlor, schien an seine Stelle zu treten. Hinter diesem weißlichen Milchstreifen türmten sich gigantische Wolkenberge auf, dunkel und drohend, soweit das Auge von Nord nach Süd reichte. Der ganzen Wolkenart nach handelte es sich um die Begegnung mit einem ausgedehnten Tief, das sich schneller als die Tiefs sonst hier entwickelt hatte.

"Ich war noch nie zuvor, weder am Tag, noch in der Nacht, freiwillig in solches Wetter hineingeflogen. Bei ähnlichen Verhältnissen hatten wir auf unseren Nachtstrecken in solchen Fällen kehrtgemacht oder waren vorsichtshalber zwischengelandet. Hier war Kehrtmachen nicht mehr möglich. Wir waren zu weit von der rettenden Küste Europas entfernt und wahrscheinlich unweit der Küste Neufundlands. Ich hatte wohl schon manchen Sturm bei Nacht und ohne Mondlicht durchgekämpft, aber das war doch im Vergleich zu dem, was uns hier nach 20-stündigem Flug drohte, ein Kinderspiel."

Das Wissen um die vor ihm liegende Aufgabe war für Köhl die beste Vorbereitung zu deren Überwindung. Er ließ ein zweites Venturi-Rohr wegen des vor ihm liegenden Kampfes installieren, eine Aufgabe, die Fitzmaurice in vier Minuten mittels einiger Flügelmuttern bewerkstelligte. Später erklärte Köhl, daß obwohl zwei Askania-Wendezeiger eingebaut gewesen waren, sie während der vorausgegangenen 20 Stunden nur einen benutzt hatten (um den Widerstand herabzusetzen) und daß auch nur ein Venturi-Rohr benutzt worden war. Eine Vorrichtung für ein zweites Rohr war hinter dem heißen Auspuff angebracht worden als Vorsichtsmaßnahme gegen Vereisung. Falls nämlich die empfindlichen Venturi-Rohre beim Instrumentenflug vereisten, war die Möglichkeit des Piloten stark eingeschränkt, das Flugzeug waagerecht zu halten.

Es bedarf keiner großen Einbildungskraft zu erkennen, daß der große Test ihres Könnens und der Ausrüstung noch vor ihnen lag. Köhl rief sich seine Erfahrungen beim "Fliegen im Nebel", das er so meisterlich beherrschte, ins Gedächtnis zurück. Er war stolz darauf, der erfahrendste Pilot im Nachtflugdienst in Deutschland gewesen zu sein und er fühlte sich seiner Aufgabe gewachsen.

"Ich dachte auch schon daran, jetzt mehr nach Süden auszuweichen, aber wir hatten noch immer starken Nordwind. Ich fürchtete, dadurch zu weit südlich in die Wasserwüste zu geraten und dann vielleicht nicht mehr Land erreichen zu können. Meiner Schätzung nach mußten wir 200 bis 300 Meilen vor den Neufundlandbänken sein. Die liebe gute Sonne, die uns solange auf ihrem täglichen Weg am Himmel geschienen hatte, konnten wir nicht weiter verfolgen. Sie war noch hoch am Himmel, hinter grauem Dunst verschwunden und eisige Wolkenschatten umkrallten unsere tapfere *Bremen*."

Aufgrund von Köhl's Berechnungen waren sie beim Eintritt in die Wolken etwa drei Stunden vom Festland entfernt, aber erst nach der unglaublich langen Zeit von zwölf Stunden sahen sie wieder Land unter sich.

Die Marmortafel auf dem Vorfeld des Flugplatzes Casement, Baldonnel, zeigt an, wo die *Bremen* sich zum Start in Bewegung setzte. (Foto: F.W. Hotson)

Die *Bremen* zu Beginn ihres Starts nach dem Verlassen des Vorfeldes und vor Erreichen der abgesenkten Eisenbahnschwellen. (Foto: Lufthansa)

KAPITEL 5

DIE LANGE NACHT

Mit einem Flugzeug ständig in den Wolken zu fliegen, war 1928 ein neues Verfahren und nur wenige Piloten besaßen die dafür notwendigen Instrumente oder die Erfahrung, mit ihnen umzugehen. Der menschliche Gleichgewichtssinn ist stark auf die visuellen Eindrücke angewiesen um richtig zu reagieren und dieser visuelle Eindruck ist ganz besonders vonnöten bei der Steuerung eines Flugzeugs. Wenn der Pilot den Horizont aus den Augen verliert und über keine weiteren Anhaltspunkte verfügt, setzt vollständige Desorientierung ein. Wenn jedoch andererseits ein Instrument im Cockpit dem Auge zuverlässige Informationen geben kann, ist es möglich, das normale Gleichgewicht einzuhalten und das Flugzeug geradeaus und waagerecht zu fliegen.

Der in langen Jahren von den Piloten erworbene Instinkt und ihre Reflexe mit dem Horizont vor Augen waren zu überwinden, wenn sie sich mit der neuen Kunst des Fliegens nach Instrumenten vertraut machen mußten. Die neue Art der Reaktion war nicht nur dem natürlichen Empfinden entgegengesetzt, sondern auch geistig sehr anstrengend und die meisten Luftpost-Piloten (einschließlich Lindbergh) erlernten die neue Kunst nur aus purer Notwendigkeit heraus. Das Bewegen der Steuerorgane entsprechend den Anzeigen von winzigen Nadeln erforderte gewissenhaftes Training und strikte Selbstdisziplin. In den 20iger Jahren befanden sich die Instrumente, auf denen die neue Technik beruhte, noch in ihrer Anfangsphase und waren starken Beschränkungen unterworfen.

Von all den neuen Instrumenten wurde dem Wendezeiger die größte Bedeutung zugemessen. Wie der Name andeutet, dient das Instrument dazu, das Flugzeug mit entsprechender Genauigkeit im Kurvenflug zu steuern und die bei den Kurven einzuhaltende Schräglage anzuzeigen, so daß das Flugzeug in Verbindung mit dem Geschwindigkeitsanzeiger in allen Fluglagen sicher zu steuern ist. Die Drehanzeige des Instruments basiert auf dem Prinzip des Spielzeug-Kreisels, der neugierige Kinder seit langen Jahren amüsierte. Das Schaufelrad in dem Instrumentengehäuse wird in schnelle Umdrehung versetzt und behält seine einmal eingenommene Mittellinie bei und zeigt jedes Abweichen des Flugzeuges nach links oder rechts an. Eine empfindliche Nadel zeichnet die Bewegungen auf und gibt dem Piloten Aufschluß über den Kurvenflug. Eine Venturi-Düse, die dem Luftstrom des Flugzeuges ausgesetzt ist, saugt Luft an, leitet sie in das Instrumentengehäuse und versetzt das Schaufelrad in Drehung. Das Venturi-Prinzip beruht auf einer Röhre mit sich änderndem Querschnitt, in der bei entsprechend starkem Durchströmen von Luft am engsten Punkt ein Unterdruck erzeugt wird. Durch diesen Unterdruck kommt es zur Ausbildung eines Vakuums, das mittels dünner Kupferröhrchen auf das Instrument übertragen wird. In späteren Jahren wurden die Kreiselinstrumente elektrisch oder durch motorgetriebene Vakuum-Pumpen aktiviert, die ersten Atlantikflieger aber waren vom Venturi-Prinzip abhängig.

Zeigte die Nadel des Wendezeigers die gerade Richtung an, so wurde die Querstabilität durch das Beobachten einer mit Flüssigkeit gefüllten Glasröhre und einer darin schwimmenden Kugel, ähnlich wie bei einer Wasserwaage, aufrecht erhalten. Dies war der Querneigungsanzeiger. Zusammen mit dem Wendezeiger wurde die Anzeige auf ein gemeinsames Zifferblatt übertragen. Wenn beide Anzeigen koordiniert waren, gaben sie dem Piloten die Kontrolle um zwei Achsen. Die dritte Achse wurde durch das Einhalten einer stetigen Geschwindigkeit kontrolliert, was bei den frühen Piloten zu dem Ausdruck "Nadel, Kugel und Geschwindigkeit" führte, wenn sie auf das Prinzip des Fliegens nach Instrumenten zu sprechen kamen.

Wie Ende der zwanziger Jahre den Piloten das Ablesen der Instrumente beigebracht wurde, unterschied sich je nach Hersteller und dem Herkunftsland. In den USA war der von der Firma Pioneer herausgebrachte Wendeanzeiger, wie ihn auch Charles Lindbergh in seiner *Spirit of St. Louis* benutzte, das gebräuchliche Muster. Das Instrument besaß ein Ziffernblatt mit geringem Durchmesser, die Nadel befand sich in dem oberen Teil, die Kugel im unteren Teil. In England benutzte die Firma Reid & Sigrist zwei Nadeln, die auf einer vertikalen Linie auf einer großen Skala angeordnet waren, das Instrument wurde als "Skid and Slip-Indicator" bezeichnet. Das in der *Bremen* eingebaute deutsche Instrument besaß ebenfalls eine große Skala mit der Kugel im oberen Teil und der Wendenadel darunter. Alle diese verschiedenen Muster arbeiteten nach dem gleichen Prinzip und vermittelten dem Piloten die gleichen Informationen. Alle wurden durch eine außen am Flugzeug angeordnete Venturi-Röhre aktiviert.

Spätere Piloten verfügten über zwei außerordentlich wertvolle Instrumente, nämlich den künstlichen Horizont und den Kreiselkompass. 1928 befanden sich beide Instrumente jedoch erst im Experimentalstadium und weder in der *Bremen*, noch der *Columbia* oder der *Spirit of St. Louis* kamen sie zur Anwendung.

Der alte Orter-Kompaß wurde bei den frühen Flugzeugen benutzt, um den Kurs relativ zur magnetischen Nordweisung zu ermitteln. Die *Bremen* verfügte über zwei dieser Kompasse, die von der Firma Askania stammten. Einer war in Höhe des linken Ellenbogens des Kapitäns, der andere rechts vom Copiloten angeordnet. Ein weiteres interessantes Instrument zur Kursfestlegung war der wenig bekannte Askania-"Fernkompaß". Dieses hochentwickelte deutsche Instrument arbeitete ähnlich dem Kreiselkompaß von heute, bei dem der Mutterkompaß im Heck untergebracht, die Anzeigen wurden über Druckleitungen ins Cockpit übertragen.

Das Instrument arbeitete entweder mit dem Venturi-Rohr oder einer Saugpumpe, die Luft an den magnetischen Teil des Geräts heranführte. Ein Druckregler und eine komplizierte Serie von Röhren übermittelte die Signale zu einer Links-Rechts-Anzeige im Cockpit. Ein Kontrollregler am Instrumentenbrett, der in Grade eingeteilt war, war mittels eines langen flexiblen Kabels mit dem Mutterkompaß verbunden. Wie auf der Abbildung erkennbar, wählte der Pilot den einzuschlagenden Kurs mit dem Kursgeber und flog seine Maschine nach der vor ihm auf dem Instrumentenbrett sichtbaren Nadelanzeige.

Das Prinzip des Fernkompaß ähnelte in vieler Hinsicht dem Erdinduktionskompaß, der zu jener Zeit in den USA erprobt wurde. Lindbergh verfügte über einen solchen Erdinduktionkompaß, der aber unzuverlässig war, und der von Chamberlin benutzte war sogar völlig nutzlos. Zuverlässige Navigationsinstrumente befanden sich, wie das Befliegen des Atlantiks selbst, erst im Versuchsstadium.

Um 1928 war das Koppeln eine hochentwickelte Kunst der besten Piloten geworden, die jedes Hilfsmittel benutzten, das ihnen zur Verfügung stand, um in die gewünschte Richtung zu fliegen. Die Bemerkung von Fitzmaurice bezüglich des Fliegens "am Tage mit der Sonne und bei Nacht nach den Sternen" war hierfür typisch, nur war diese Methode erst dann brauchbar, wann diese Hilfsmittel von außerhalb zur Verfügung standen. Wenn aber Wolken diese sichtbaren Hilfen verdeckten, war eine neue Fähigkeit vonnöten, die so verschieden war wie Tag und Nacht – das Fliegen nach Instrumenten. Der Grad der Fähigkeit zum Instrumentenflug unterschied sich von Pilot zu Pilot: einige spotteten bei dem Gedanken, ihre alten Angewohnheiten zu ändern, andere dagegen praktizierten die neue Kunst mit einer an Fanatismus grenzenden Besessenheit. Zum Glück für den Platz der *Bremen* in der Luftfahrtgeschichte zählte Köhl zu den letzteren.

In den Stunden, in denen der Horizont für die Piloten der *Bremen* sichtbar war, waren die Blindfluginstrumente für die Durchführung des Fluges von untergeordneter Bedeutung. Bei dem ruhigen Teil des Fluges zeigten ihre präzisen Ortskompasse die genaue Richtung an. Je nach Bedarf wurden Abdriftkorrekturen vorgenommen, visuelle Bezugspunkte außerhalb des Flugzeugs - die See, der Himmel und der Horizont - halfen, den Kurs und die Lage um alle Achsen einzuhalten.

Bei einer Studie des Verlaufs der Navigation der *Bremen* unter Bedingungen des Tageslichts zeigt es sich, daß routinemäßige Navigationsmethoden angewendet wurden, die heute als Sichtflugregeln bezeichnet würden. Es war fast wie nach dem Lehrbuch mit der Sonne als Wegweiser, einer Serie von Abdriftmessungen und regelmäßigen Gegenchecken mit dem Magnetkompaß. Als nach zwanzig Stunden dichte Wolken und Regen aufkamen, begann für sie die andere Seite des Fliegens: nur mit den Instrumenten des Führerraums als Wegweiser und absolut keiner Möglichkeit, ihre Position in bezug auf die Welt unter sich ihren weiteren Kurs zu bestimmen. Es gab kein Funkgerät und auch keinen Sextanten zum Schießen der Sterne.

Es muß in diesem Zusammenhang daran erinnert werden, daß Köhl der verantwortliche Flugzeugführer und darüber hinaus derjenige mit Blindflugerfahrung war. Nur er hatte genaueste Kenntnis der Handhabung des Junkers-Flugzeuges unter den Bedingungen des Instrumentenfluges. Und die wichtigsten Blindfluginstrumente befanden sich auf seiner Seite des Instrumentenbrettes. Jeder Pilot hatte eine Geschwindigkeitsanzeige, einen magnetischen Kompaß und einen Wendezeiger, aber Köhl verfügte über zwei Extrainstrumente – eines für Steigen und Sinken sowie den Links-Rechts-Anzeiger des Askania-Fernkompasses. Zusätzlich besaß er direkt vor den Augen einen Neigungsmesser als wertvolles Zusatzinstrument. Die einzigen zusätzlichen Instrumente, die Fitzmaurice in guter Sichtweite hatte, waren Temperatur- und Kraftstoffanzeiger. Solange die Sicht nach außen gleich Null war, würde es kein routinemäßiges Abwechseln bei der Steuerung geben. Die Rolle von Fitzmaurice bestand in verstärkter Wachsamkeit im Führerraum und im Beobachten seiner Instrumente, insbesondere dem Wendezeiger. Eine weitere halbstündlich zu erledigende Aufgabe bestand darin, an dem Nippel des Teccalaumit-Schmierstoffbehälters zu drehen, mit dem die Wasserpumpe geschmiert wurde. Ferner war er mit dem Umpumpen des Kraftstoffs mit der Taumelscheibenpumpe am Fuße der Steuersäule beschäftigt.

Sobald Köhl sich in den dichten Wolken befand, ging er vorsichtig niedriger, um den Sichtkontakt mit der See wieder herzustellen. Es war nicht ganz ungefährlich, aber sie hatten solange während des Fluges sich knapp über den Wellen befunden, daß sie sich dort fast wohler fühlten. Es war zwar noch immer Tageslicht, als er aber endlich die tobenden Wellen sah, fühlte er sich weder geborgen noch sicher. Sie befanden sich im Zentrum des Sturms, der Regen prasselte auf sie nieder und unter den Wolken hatten sie kaum Spielraum zum manövrieren. "Wie wir so nah über den hochgehenden Wellen dahinflogen, erhielten wir eine Anzahl Stöße, die unseren Metall-Eindecker bald in die erbarmungslose See gestürzt hätten", schrieb Fitzmaurice. So konnte es nicht lange weitergehen und sie stiegen wieder auf 600 m Höhe. Der Wind war immer noch stark, aber die Reste des Tageslichts erleichterte das anstrengende Fliegen nach den Instrumenten.

Köhl beschrieb die Situation so: "Stundenlang tobte so der Sturm um uns, und wie man sich an alles gewöhnt, so gewöhnte ich mich auch an diese Art des Fliegens. Die Hauptsache bestand nunmehr nur noch im Kompaßkurs halten. Der Kompaß schwankte und rüttelt unter den furchtbaren Böen, aber er zeigte an. Es war jetzt nicht leicht, die Richtung zu halten und oftmals wurden wir bis zu 30° aus dem Kurs geworfen. Solange es noch hell war, haben wir es irgendwie geschafft."

Das von Köhl erwähnte Phänomen war eines, mit dem sich die Piloten der Frühzeit abplagen mußten, als nur der normale Kompaß für das Kurshalten zur Verfügung stand. Zu diesem Problem gehört die "Nordmißweisung", eine magnetische Reaktion, die in einer vorhersagbaren, aber ärgerlichen Weise auftritt. Beim Einschlagen auf einen nördlichen Kurs beginnt die Kompaßnadel in die ent-gegengesetzte Richtung zu schwingen und verzögert bei der Anzeige. Beim Eindrehen auf Südkurs zeigt sie verfrüht an. Beim Hochnehmen der Nase des Flugzeugs schwenkt der Kompaß nach Süden, beim Absenken der Nase nach Norden. Nur wenn das Flugzeug sich in ruhigem Flug befindet und die Tragflächen perfekt eben liegen, kann der Kompaß akkurat abgelesen werden. Die *Bremen* war aber nach den Beschreibungen selten in dieser günstigen Position bei ihrem Kampf mit den Elementen.

Bei den meisten risikoreichen Abenteuern spielt das Unvorhergesehene eine bedeutende Rolle für den Ausgang. Das Schaf auf der Startbahn hätte ein plötzliches Ende des Fluges bewirken können. Wahrscheinlich war es das den Iren nachgesagte Glück, daß Fitzmaurice die Hauptfigur in dem nächsten widrigen Zwischenfall werden ließ – ein Zwischenfall, der den Ausgang des Fluges stark beeinflußte. Es begann damit, daß er Öl auf dem Boden des Führerraums bemerkte. Er macht Köhl darauf aufmerksam und ein schneller Blick auf die Kontrollgläser des Reserveöltanks zeigte eine wahrscheinliche Störung beim Umpumpen an. Fitzmaurice wollte es genauer wissen und beschreibt seine Verrenkungen im schwindenden Abendlicht: "Ich öffnete das Kabinendach und stand auf meinem Sitz im Luftzug, dann zwängte ich meinen Körper durch den Zwischenraum der beiden großen Kraftstofftanks im hinteren Teil des Führerraums und bewegte mich soweit voran, daß ich meinen Kopf unter das Steuerrad auf meiner Seite zwängen konnte und ich mich unterhalb des Instrumentenbretts und des Hauptölbehälters befand.*

Ich sah im Schein der Taschenlampe, daß alles mit Öl bedeckt war. Aus meiner fürchterlich verkrampften Stellung heraus konnte ich aber nirgends ein Leck entdecken und nahm deshalb logischerweise an, daß es weiter vorn sein müsse, zwischen dem Tank und dem Motor. Ich arbeitete mich umständlich auf meinen Sitz zurück und kritzelte eine Notiz an Köhl, daß ich das Leck nicht finden könne. Ich

---

* Der Autor versuchte Gleiches im Cockpit der Bremen und obwohl er verkrampfte gelang es ihm doch, sich in den 33 cm breiten Spalt zwischen den beiden Kabinentanks zu zwängen.

schlug deshalb eine Kursänderung nach Nordwesten vor, um so rasch wie möglich über Land zu kommen, falls der Motor aussetzen würde."

Köhl beschrieb die Situation als übel und überlegte seine nächsten Schritte. "Ich hatte eigentlich die Absicht gehabt, beim Einbruch der völligen Dunkelheit meinen Kurs mehr südlich zu verlegen und auch die ganze Nacht über dem Ozean zu bleiben, um dann bei Anbruch des nächsten Tages wiederrum nordwestlicher vorzustoßen, bis ich die Küste erreicht hätte. Diese Absicht war nun durchkreuzt. Wir hatten zwar im Reserveöltank wohl noch viele Kilo Öl, aber bei dem eben beobachteten schnellen Ölverbrauch im Schauglas konnte es höchstens noch für wenige Stunden reichen. Mit Herzklopfen hörten wir auf das Motorlaufgeräusch und drehten auf einen nordwestlichen Kurs, um so bald wie möglich Land zu erreichen."

Zusätzlich zu den 15° Kurskorrektur, die sie vorgenommen hatten, um mit ihrer letzten Abdrift-Messung übereinzustimmen, erwies sich diese Entscheidung Köhls als überlebenswichtig. Die beiden Piloten beobachteten den Ölfluß bis zur Dunkelheit und langsam merkten sie, daß sie sich unnötig sorgten. In seinem Buch *"Bremsklötze weg!"* erklärt Köhl hierzu: "Nach bangen Stunden erst merke ich, daß wir uns getäuscht hatten. Das Reserveöl war durch das Schauglas nur sehr langsam in den Haupttank geflossen. Wir hatten bei unseren Versuchsflügen das Auffüllen des Haupttanks aus dem Reservetank niemals praktisch erprobt und verdankten nun dieser Unterlassungssünde bittere und qualvolle Stunden."

Das Meßgerät zeigte lediglich den Durchfluß vom Reservebehälter an, gab aber keine Anzeige über das im Tank vorhandene Öl. Das Öl, das Fitzmaurice auf dem Boden entdeckte, war während der vielen Stunden durch ein kleines Leck am Tachometerkabel ausgetreten.

Unglücklicherweise wurde in späteren Zeitungsberichten diesem Zwischenfall mit dem Öl zu viel Platz eingeräumt, wodurch es zu weiteren Ungenauigkeiten in den weiteren Schilderungen des Fluges kam. Edward Jablonski schreibt in seinem Buch *"Atlantic Fever"*, es sei eine Kraftstoffleitung geplatzt und erzählt detailliert, wie sie mit Hilfe von Isolierband repariert wurde. In seinem Buch *"Famous Firsts Across the Atlantic"* vergrößert Frank J. Delear den Irrtum noch mit der Feststellung, daß die geplatzte Leitung "die Kabine mit tödlichen Benzinschwaden füllte" und mit Klebeband abgedichtet wurde.

Das Durcheinander während der "bangen Stunden" vergrößerte lediglich den Irrtum hinsichtlich des eingeschlagenen Kurses, der sich unter den angespannten Bedingungen des Instrumentenfluges eingeschlichen hatte. Mit Einsetzen der völligen Dunkelheit wurde es noch schlimmer. Später schrieb der Freiherr: "Als das Tageslicht schwand, hatten wir wenig Hoffnung, daß die Sonne noch einmal für uns aufgehen würde."

Köhl beschreibt es wie folgt: "Als es Nacht wurde trat aber noch etwas Unangenehmes ein: Die elektrische Beleuchtung des Kompaßes fing an so schwach zu werden, so daß der Kompaß nicht mehr genügend beleuchtet war, und deshalb wurde das Kompaß-Kurs-Fliegen unendlich schwierig. Wir mußten unsere

Taschenlampen zu Hilfe nehmen. Von Zeit zu Zeit leuchtete ich den Kompaß an, und leider Gottes mußte ich dabei immer wieder feststellen, daß wir durch den Sturm aus dem Kurs geworfen waren. Es war nicht so einfach, immer wieder auf den richtigen Kurs zu kommen, und ein dauerndes Aufleuchten der Taschenlampe begann nun die Nacht über."

Es war einige Zeit vergangen, seitdem sie geschätzt hatten, nur etwa 300-400 Meilen von Neufundland entfernt zu sein und sie hofften bald die Küste oder einen Leuchtturm entdecken zu können. Wegen der dichten Wolkendecke war es aber unmöglich und sie stiegen sicherheitshalber auf 900 m Höhe. Ihre Uhren zeigten Mitternacht nach Greenwich-Zeit an und sie wußten, daß sie dem Festland nahe waren – aber wo? Erschöpfung setzte ein und Köhl erkannte die damit verbundene Gefahr: er rief nach Kaffee, da er wußte, daß er sie alle erfrischen würde und es möglich machte ihre Gedanken zu ordnen.

Das Aufbrühen des Kaffees unterbrach die Vorgänge im Cockpit so weit, daß Köhl, nachdem er die Taschenlampe mal wieder auf den Kompaß gerichtet hatte, feststellen mußte, daß das Flugzeug umgedreht hatte. Er brachte die *Bremen* wieder auf westlichen Kurs und kontrollierte dabei die Geschwindigkeit und die Höhe. Die brennenden Fragen aber blieben: Wohin trieben sie? Aus welcher Richtung kam der Wind? Wie stark war der Wind?

"Fünf Stunden nichts als Nacht", schrieb Köhl, "noch nicht einmal den Nebel sah ich. Meine Taschenlampe blitzte immer wieder auf und beleuchtete den Kompaß. Die Augen waren müde und schmerzten. Aber frohe Hoffnung erfüllte mich: wir hatten ja noch für viele Stunden Benzin und konnten ein Verfliegen am Morgen wieder ausgleichen. Wir stiegen langsam und ich beobachtete sorgsam das Thermometer. Es war gefallen, wir hatten zwei Grad über Null. Also würde ein Vereisen nicht eintreten. Wir hofften jetzt über Land zu sein, aber im Wolkenmeer war kein Licht zu sehen."

Köhl's Vorsicht in Bezug auf die Außentemperatur war Ausdruck der begründeten Sorge eines erfahrenen Piloten und am Ende erfolgreich. Er erwähnt keine Probleme mit Eisansatz am Flugzeug während des Kampfes mit dem Wetter.

Die Zeit kam zum Umschalten der Tanks und des Feststellens ihres Kraftstoffverbrauchs. Soweit es sich unter den Umständen feststellen ließ, hatte sich ihr Verbrauch erhöht. Es schien, als ob die Haupttanks drei Stunden früher als normalerweise leer geworden waren. Köhl schrieb dazu: "Als wir fertig waren mit dem Umschalten, da lag die *Bremen* mal wieder in der Kurve und der Kompaß rotierte. Mit dem "Askania" ließ sie sich aber langsam wieder auf Kurs bringen. Ich bediente das Seitensteuer nach meiner besonderen Art, trat links, trat rechts, und so fort, und bald waren wir wieder auf Kurs. Die Höhe halten war nicht einfach, aber auch dies gelang. Die Uhr schritt tapfer vorwärts, in einigen Stunden würde es tagen."

Bei dem Kontrollvorgang, wie ihn Kapitän Köhl beschreibt, zeigte es sich, daß er sich für die Kurskorrekturen besonders des Seitenruders bediente. Diese kleinen Korrekturen "mal rechts, mal links reintreten" dienten dazu die Kugel in dem großen gläsernen Neigungsanzeiger in der Mitte zu halten und sie halfen auch beim Waagerechthalten der Tragflächen. Köhl wußte, daß er nicht wie im Vorjahr in einen spiralförmigen Sturzflug kommen würde solange er die Tragflächen gerade halten konnte.

Als die Kompaßnadeln im Dunkeln wegen ihres Drehens unbrauchbar waren, versuchte Köhl seinen Kurs mit dem Askania-Fernkompaß zu stabilisieren: Auf dem mittleren Strich bewegte sich ein Pfeil. Wenn dieser einen halben Millimeter nach links ausschlug, mußte ich rechts reintreten, damit er nach der anderen Seite wieder genau so weit ausschlug. Oder umgekehrt... und so die ganze Nacht hindurch. "Die aufgebogenen Flügelenden, die er im Winter angebracht hatte, zeigten jetzt, da er soviel Querstabilität wie möglich benötigte, ihre Wirkung. Ferner erwies es sich als Vorteil in dem Kampf um Leben und Tod, daß die Blindfluginstrumente vor ihm in Augenhöhe zusammengefaßt angeordnet waren. In späteren Berichten beschrieb Köhl, wie die großen Anzeigenziffern direkt vor seinen Augen dazu beitrugen, den Kurs einzuhalten, eine Praxis, die von Langstrecken-Piloten, die an vieles zu denken hatten, oftmals ebenfalls angewendet wurde.

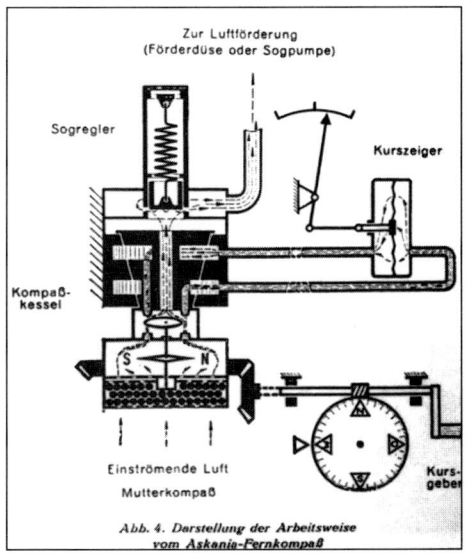

Eine Zeichnung aus dem Askania Handbuch zum Fernkompaß zeigt den Mechanismus dieses Gerätes.

Am Instrumentenbrett von Köhl oben die Fahrtanzeige und in der Mitte der Wendeanzeiger. Unten die Anzeige des Fernkompasses. Der Variometer ist rechts und unter allem ein großer Neigungsmesser. (Foto: F. W. Hotson)

KAPITEL 6

LAND IN SICHT

In der Seefahrt bedeutete Land in Sicht, daß "von einem Schiff auf hoher See aus Festland zu sehen war", aber mit dem Beginn der Atlantikfliegerei wurde diese Bedeutung erweitert. Lindbergh war freudig überrascht auf seinem Weg nach Paris im Jahre 1927, als er nur wenige Meilen von seinem vorausberechneten Kurs entfernt, Land sichten konnte. Den Flug hatte er unterwegs immer wieder nach Instrumenten durchgeführt und am Nachmittag erblickte er die Küste von Irland. Die Ankunft über Land an vorausberechneter Stelle war in den Tagen vor der Einführung der Funkfeuer wichtig – einige markante Stellen mußten gesehen und identifiziert werden, um eine genaue Navigation zu gewährleisten.

Köhl flog bereits vor Einsetzen der Dunkelheit und während der ganzen Nacht nach Instrumenten. Das Unwetter, das die *Bremen*-Flieger durchqueren mußten, hatte sich besonders während der Abendstunden in mancherlei Hinsicht gegen sie ausgewirkt. Die Turbulenz trug zu dem Irrtum bei der Navigation bei, die aus unbekannten Richtungen kommenden Winde trieben mit dem Flugzeug ihr eigenes Spiel. Ihre geringe Reisegeschwindigkeit war ein weiterer Nachteil. Jedes mit etwa 100 Meilen Geschwindigkeit in der Stunde dahinfliegendes Flugzeug hat große Nachteile, wenn die Stärke des Windes etwa die Hälfte der Eigengeschwindigkeit erreicht. Starke Winde werden nur geschätzt, wenn sie direkt von hinten kommen.

Das Wetterbüro von Halifax, Nova Scotia, meldete am 12. April Orkanböen aus östlicher Richtung vom St. Lawrence-Golf bis zur Bay of Fundy. Um 14.30 Uhr wurde aus Nova Scotia Regen gemeldet. Vielleicht wird die Wettersituation dieser fraglichen Zeit am besten in einem Zeitungsartikel aus Halifax vom 12. April beschrieben:

„Sturm-Bedingungen, die nördlich und östlich entlang der Atlantikküste von Cape Hatteras in den letzten 48 Stunden gemeldet wurden, könnten auf die deutsch-irischen Flieger über dem westlichen Atlantik treffen, falls die *Bremen* ihren westlichen Kurs beibehält. Sturmwarnungen von Boston bis Eastport, Maine, wurden am 11. um 21.30 Uhr ausgegeben mit kräftigen Winden, die teilweise Orkanstärke erreichen können."

Eine Studie des Tiefdruckgebiets und des Weges, den es entlang der Küste nahm, zeigt, daß es über dem Festland blieb und sich auf dem Weg über New Brunswick langsam auflöste. Die sich entwickelnde Wettersituation brachte einen Nebeneffekt mit sich, der erheblichen Einfluß auf den Kurs der *Bremen* hatte. Die zusammenfassenden Wetterberichte für April 1928 vom United States Weather Bureau sind erstaunlich komplett und zeigen das Aufspalten des Tiefs in zwei Teile am Morgen des 13. April und seine Ausbreitung über den St. Lawrence Golf. Das Resultat war eine starke Südströmung über Labrador und ein Hochdruckkeil, der von der Küste weg in Richtung Grönland geschoben wurde. (Siehe Wetterkarte im Anhang.)

Köhl schrieb: „Plötzlich wurde es etwas lichter im Wolkennebel... Ich gab vorsichtig Gas. Die *Bremen* kletterte, und auf einmal glaubten wir beide, voraus Lichter zu sehen. Sterne, viele Sterne waren es, und sie flimmerten wie Leuchtturmlichter. Immer wieder verschwanden sie oder wir im Wolkenmeer. Die Lichtblicke wurden aber immer länger und bald hatten wir über uns den Sternenhimmel." Sie befanden sich jetzt im Einflußreich des Hochdruckkeils zwischen Labrador und Grönland und flogen in gutes Wetter hinein. Zusätzlich zu den Sternen über ihnen kam der geisterhafte Anblick von Sternen unter ihnen. Sie gewannen den Eindruck, in einer „Schüssel voller Sterne zu schweben" und es dauerte einige Zeit bis sie mit ihren übermüdeten Sinnen gewahr wurden, daß es sich um Reflexionen auf den dünnen Dunstschleiern handelte.

Köhl übergab das Steuer sofort an Fitzmaurice und konzentrierte seine ganze Aufmerksamkeit auf das Feststellen ihrer Position. Es war immer noch wolkig unter ihnen und ein Blick auf den Polarstern ließ beide Piloten glauben, der Kompaß spiele verrückt. Fitzmaurice glaubte an einen Irrtum von 40°, der sie in die Richtung auf den Nordpol gebracht hätte. Die beste Beschreibung seiner Navigation drückte er später mit folgenden Worten aus: „Der Polarstern war an unserem rechten Ohr."

Köhl wunderte sich nicht lange über das, was schiefgegangen war und ging sofort anhand des Polarsterns auf einen südwestlichen Kurs. Vielleicht erinnerte er sich kurz an die Episode nach seiner Flucht aus dem Gefangenenlager, wie er in der Nacht in einem Acker saß und seine nächsten Schritte anhand des Polarsterns überlegte. Er schlief fünf Minuten lang, dann kam Fitzmaurice mit einem kurzen Nickerchen an die Reihe.

Endlich lösten sich die Wolken auf und fremdartige Gebilde begannen unter ihnen zu erscheinen. Aus 2000 m Höhe sahen sie wie Eisberge aus, aber nachdem sie niedriger gegangen waren und einige weiße Leuchtfackeln abgeworfen hatten, erkannten sie, daß sie sich über Labrador befanden. Sie stiegen abermals und warteten auf die Dämmerung, die "jeden Moment eintreten" würde, wie Fitzmaurice sagte.

Köhl beschrieb es mit folgenden Worten: "Endlich wurde es am Horizont hell. Der Tag brach an und ein mit Schnee und Eis bedecktes Land lag unter uns. Wir sahen jetzt hohe Berge um uns, denen wir ausweichen mußten und bei denen wir Böen von ungeheurer Heftigkeit erhielten. Einmal, vor einem hohen Berge, flogen wir mit dem Kopf ordentlich gegen die Decke des Flugzeugs. Über 1500 Meter hohe Bergspitzen mußten wir wegziehen. Nirgends eine menschliche Ansiedlung."

Mit der Beschreibung der Berge und Angabe über ihre Höhe gab Köhl einen ersten Hinweis, an welcher Stelle die *Bremen* Amerika erreicht haben könnte, wenn er sich auch zu diesem Zeitpunkt über seinen Standort nicht im Klaren war. Wie beim Sichten des Polarsternes hatte er es auch hier mit harten Tatsachen zu tun, und die Mitteilung, daß er beim Fliegen durch eine Bergkette von 1500 Meter Höhe mit dem Kopf gegen die Kabinendecke stieß, enthält einen wichtigen Hinweis. Der Freiherr schrieb in seiner farbigen Ausdrucksweise: „Berge, steil, kahl oder weiß beschneit."

Die einzige Bergkette in Labrador oder Quebec, auf die die Beschreibung von Köhl paßt und die die angegebene Höhe erreicht, ist die Torngate-Kette an der Küste von Labrador. Mount Cirque, der höchste Berg in Labrador, ist 1595 m hoch, sein Nachbar, Mont d' Iberville in Quebec, ist 1588 m hoch. Der Flug durch diese Berge beeindruckte die drei Flieger tief und die von ihnen beschriebene Turbulenz läßt auf einen sehr starken Wind schließen. Bald stellten sie fest, daß er aus südlicher Richtung wehte und seit einiger Zeit ihren Flug beeinflußt hatte.

Als die *Bremen* in den sternklaren Himmel hineinflog, muß es etwa 200 Meilen von Point Burwell entfernt gewesen sein, 2414 Kilometer nördlich von New York. Fitzmaurice schrieb, sie erreichten Land "zwei Stunden, nachdem sie die Sterne wieder gesehen" hatten. Der von Köhl sofort eingenommene Südwestkurs führte sie dann wohl in die Torngate-Berge, hoch an der nördlichen Baumgrenze von Labrador.

Das Sichten der Berge bei Tagesanbruch hilft ebenfalls bei der Bestimmung der Zeit. Die Tageslichtkarte für die geographische Breite von 60° Nord am 13. April gibt den Zeitpunkt des Eintritts des Tageslichts mit 4.50 Uhr Ortszeit bzw. 8.50 Uhr GMT an. Diese Angabe unterstützt die Berechnungen über ihre Zeit in der Luft und gibt einen Hinweis auf den Fortgang des Fluges an diesem Morgen.

Köhl beschrieb es folgendermaßen: "Die Sonne kam mit ihrer ganzen Helligkeit und fand mich wieder frisch und munter. Unter uns Land, von Tälern durchschnitten. In unserer Höhe schien es, als ob wir auf der Stelle stünden. Wir hatten starken Südwestwind, das Vorwärtskommen war schwer. (Die letzte Windmessung über der See am Mittag des 12. hatte einen starken Nordwestwind gezeigt. D.V.) Wir überflogen ein tiefes Flußtal, das in südlicher Richtung verlief, und wir gingen tiefer und flogen in dieses Tal ein und drehten nach Süden ab. In zehn Meter Höhe ging's nun im Tale dahin, das uns an langgestreckte Seen brachte."

Ohne es zu wissen, beschrieb Köhl den George River, der auf 59° geografischer Breite ziemlich breit dahinfließt und auf etwa 200 Meilen in Nord-Süd-Richtung verläuft. Der George River mündet in der Ungava Bay, seinen Ursprung hat er in einer Serie "langgestreckter Seen" wie den Lac aux Goelands und Lac Resolution in Quebec. Die *Bremen* flog mehr als zwei Stunden nach Süden entlang des Flusses gegen einen starken Wind und die Hoffnung, an den Ufern Zeichen von Besiedelung zu finden, mußte bald aufgegeben werden. Es war offensichtlich, daß sie sich weit im Landesinneren befanden, hatten sie doch die Atlantikküste überhaupt nicht gesehen. Südkurs schien also der einzig richtige zu sein, aber jetzt änderten sie ihren Kurs etwas mehr gegen Osten hin.

Etwa gegen 14.00 Uhr GMT überflogen sie die Seengebiete und Köhl erneuerte seinen Optimismus durch einen Juchzer angesichts solch eines herrlichen Morgens mit seinem Sonnenschein und der prächtigen Szenerie. Er schrieb: "Weit unten im Südosten kam ein großer See. Dort unten mußten Menschen wohnen. Wir kamen hin, aber kein Haus, kein Weg, nichts verriet die Anwesenheit von Menschen."

Diese Aussage entbehrt nicht einer gewissen Ironie, denn tatsächlich befanden sich da unten Menschen und sie sahen auch die *Bremen*, aber dieser interessante Aspekt wurde der Öffentlichkeit erst vier Monate später zugänglich, und da war es keine Neuigkeit mehr. Es wurde beobachtet, wie die *Bremen* die Greenfell Station am North West River am Ufer des Lake Melville überflog, etwa 20 Meilen vom heutigen Flughafen Goose Bay entfernt. Auf der entlegenen Station gab es ein Funkgerät, aber es war seit Monaten nicht funktionsfähig. Aus diesem Grund hatten die Angestellten der Mission nichts von dem geplanten Flug erfahren und der Anblick des silbergrauen Eindeckers, der niedrig aus der Richtung des Grand Lake kam, überraschte sie völlig.

Das erste Versorgungsschiff des Jahres erreichte den einsamen Außenposten erst im Juli, erst dann erfuhren sie von dem Funker des Schiffes, Frederick Dearlove, über den Flug der *Bremen*. Er sandte eine Nachricht über das Sichten des Flugzeuges an das Hauptbüro der Mission in St. Anthony, Neufundland, auf der sich der Geschäftsführer der Mission, Alfred Whiteman, zu einer Besichtigung aufhielt. Erst nach der Rückkehr von Whiteman nach New York im Herbst erfuhr die Öffentlichkeit von dieser Sache. Eine kurze Meldung darüber erschien am 11. Oktober in der *New York Times* – versteckt, unten auf der Seite 24.

Der nächste von Köhl exakt beschriebene Punkt bestand aus einer Reihe von "Bergen und Plateaus", die nur als die Mealy-Kette identifiziert werden können, eine Reihe mittelhoher Bergketten zwischen 600 - 900 m Höhe. Die Piloten wußten immer noch nicht, wo sie sich befanden und trotz des guten Wetters begannen sie sich wegen des Kraftstoffvorrats Sorge zu machen. Es gab keine Möglichkeit in ihrer mißlichen Lage, alle Tanks bis auf den letzten Liter auszuloten. Ihre Kalkulationen während der Nacht deuteten auf einen über dem Durchschnitt liegenden Verbrauch hin. Jetzt glaubten sie lediglich noch für 2 Std, 20 min Flugzeit Kraftstoff zu haben. Köhl unterrichtete hierüber von Hünefeld und zog die Zusatzluft auf und die Gasdrossel zu, um soviel wie möglich vom Kraftstoff zu sparen.

Die Sonne verschwand im Dunst und sie stiegen auf 2200 m Höhe, um einen besseren Blick zu haben. Es wurde immer schwieriger für sie, mit ihren übermüdeten Augen besondere Merkmale des Landes zu erkennen. Ihre betäubten Sinne neigten zu Halluzinationen, die ihnen Ansiedlungen und sogar voll in Betrieb befindliche Flughäfen vorgaukelten. Einmal glaubten sie eine Ansiedlung gesehen zu haben und flogen zurück, bis sie bemerkten, daß es sich nur um einen Schatten in den Bergen handelte. Ihre Situation wurde verzweifelter, aber der hartnäckige Köhl zeigte sein professionelles Können, das sie soweit gebracht hatte – die Situation erinnerte ihn an die letzten Tage seiner Flucht aus Frankreich, als die Dinge für ihn völlig hoffnungslos schienen. "Im Süden lag unsere Rettung", sagte er später. "Es blieb uns aber nur übrig, Kurs zu halten und ja nicht zu kreuzen." Sinnlos umherzufliegen in dieser kritischen Situation wäre tödlich gewesen.

Das Gelände ging in ein felsiges Plateau über mit unzähligen Seen. Schneetreiben verschlechterte die Sicht und sie gingen noch höher, um einen besseren Überblick zu haben. Vor ihnen erstreckte sich eine große Wasserfläche, die nur der St. Lawrence Golf sein konnte. Die *Bremen* näherte sich jetzt dem Zentrum des Tiefdruckgebiets und die örtlichen Einflüsse des Golfs führten zur Ausbildung neuer Wetterkonditionen. Als sie die Küste erreichten, an der der St. Paul-River in den St. Lawrence einmündet, glaubte Fitzmaurice auf der anderen Seite des Wassers Land zu sehen. Er meinte, sie sollten hinüberfliegen, aber Köhl entschied gegen ein direktes Überfliegen des Wassers mit ihren zur Neige gehenden Kraftstoffreserven und er flog stattdessen in östlicher Richtung der Küste entlang.

Sie befanden sich jetzt über 36 Stunden in der Luft und überanstrengten ihre Augen in einem Maße, daß sie sich nicht mehr sicher waren über das, was sie sahen. Fitzmaurice berichtete über die nächsten Minuten des Fluges später in der *New York Times*:

"Plötzlich hob sich der Vorhang aus Schnee und wir entdeckten an der entfernten Küstenlinie etwas, das wir als ein großes, im Eis festgefrorenes Schiff ansahen. Diesmal sagte uns der Blick durch das Fernglas, daß es keine Halluzination war! Wir waren überzeugt, ein Schiff vor uns zu haben.

"Was für eine überwältigende Erleichterung! Es war der erste Anblick menschlicher Besiedelung seit wir dem Leuchtturm von Slyne Head in Irland unseren Abschiedsgruß zugewinkt hatten. Mit gedrosseltem Motor glitten wir nieder, um es in Augenschein zu nehmen und durchquerten die Turbulenzen des Sturms, als wir plötzlich auf einer kleinen Insel die Umrisse eines stattlichen Leuchtturms entdeckten. Nachdem wir den Leuchtturm einmal umkreist hatten, bemerkten wir, daß der Lärm unseres Motors ein Rudel von Hunden mobilisiert hatte. Sonst sahen wir kein Lebenszeichen. Beim zweiten Überfliegen waren die Einwohner durch das Motorengeräusch auf uns aufmerksam geworden und vier Personen kamen aus dem Leuchtturmanwesen hervor.

"Die Insel war mit Schnee und Eis bedeckt. Hier und da sahen wir in der Bucht Abschnitte mit klarem Eis, auf dem es möglich sein durfte zu landen. Da wir mit den Konditionen nicht vertraut waren, entschieden wir uns für die Oberfläche der Lagune, die überfroren war. Zur Feststellung der Windrichtung feuerten wir ein Rauchsignal ab, nahmen unsere Landeposition ein und flogen in den mit 50 Meilen pro Stunde aus Osten entgegenkommenden Sturm hinein. Köhl drückte das Flugzeug zur Landung auf dem Eis herunter.

Was wir nicht wissen konnten zu diesem Zeitpunkt, war die Tatsache, daß Frühlingswetter einige Tage vorher die Eisoberfläche zum Schmelzen gebracht hatte und mehrere Zentimeter hohes Wasser über dem darunter liegenden dickeren Eis standen. Dann hatte wieder Frostwetter eingesetzt und die Oberfläche war überfroren und vermittelte aus diesem Grund den Anschein, für eine sichere Landung geeignet zu sein.

Auf diesem dünnen Eis machte Kapitän Köhl eine perfekte Dreipunktlandung. Glücklicherweise bremste der Gegenwind unsere Geschwindigkeit so weit ab, daß sie praktisch unbedeutend war, als sich das Gewicht der *Bremen* auf das Eis zu verlagern begann. Plötzlich brach das Eis unter uns und die Maschine kippte auf die Nase. Köhl und ich wurden nach vorne geschleudert, der Freiherr dagegen, der in der Kabine nach vorn kommen wollte, wurde zu Boden geworfen. Köhl hatte eine häßliche Schnittwunde an der Stirn, von Hünefeld und ich blieben unverletzt."

Nach dem zweiten Umkreisen des Leuchtturms und dem Abfeuern der Rauchpatrone war Köhl zugegebenermaßen überrascht über den starken östlichen Wind. Er war den ganzen Morgen gegen eine starke Südströmung angeflogen, dies aber bedeutete eine ziemliche Veränderung. Sein Kommentar zu der Entscheidung zu landen zeigt, wie er in *"Bremsklötze weg!"* schreibt, wie sehr ihn der Entschluß entlastete. "Wir wußten nicht, ob wir noch für eine Stunde Betriebsstoff hatten. Jetzt wollten wir aber nichts mehr riskieren. Ich gab noch zweimal Gas, um über eine Mauerbrüstung und einen Weg hinwegzukommen, und dann waren wir auf dem Eis." Die Mauer erwies sich als eine natürliche Felsformation auf der westlichen Seite der Insel und der Weg war ein Pfad von der kleinen Bucht zum Leuchtturm, der sich hügelabwärts bis zum Gebäude für die Nebelwarnanlage hinzog.

Die Geschichten über die Landung, die im Laufe der Jahre erschienen sind, gehören zu den ungenauesten Aspekten der *Bremen*-Saga. Bis auf den heutigen Tag wird berichtet, daß das Flugzeug "den Umfassungswall des Wasserreservoirs" rammte oder "gegen Felsbrocken" stieß. Zwei Bücher berichten, daß "die Räder abgerissen wurden" und in einem anderen steht, daß "der Propeller zu kleinen Splittern reduziert wurde." (Als ob ein Junkers-Metallpropeller splittern könnte!)

Sicherlich war die Ankunft in Nordamerika nicht sehr elegant, aber die Insassen waren in Sicherheit und das Flugzeug war intakt. Die Spitze des einen Propellerblattes war etwas verbogen, aber das war auch schon der ganze Schaden an der *Bremen*, deren Schwanz sechs Meter hoch in die Luft ragte. Fitzmaurice sagte in aller Deutlichkeit, der Propeller war verbogen, "aber das war alles." Anhand des geringen Schadens konnte nicht von einer Bruchlandung gesprochen werden und das Flugzeug war kein Wrack. Köhl stieg als erster aus und der Wind blies ihn über das spiegelglatte Eis. Fitzmaurice stieg ohne Probleme aus, als aber der Freiherr durch die hintere Luke kletterte, fiel er vornüber in das eisige Wasser, wo die Räder eingebrochen waren. Er war völlig durchnäßt, nach einem zweiten Fall schnitt er sich an den scharfen Eiskanten am Handgelenk, als er sich wieder aufzurichten versuchte. Die verduzten Leute aus dem Leuchtturm benötigten sicherlich eine Zeitlang, bis sie begriffen, was sich vor ihnen abspielte.

Greenly Island und der Leuchtturm wie er 1905 vom St. Lawrence Golf zu sehen ist. Das Gebäude an der Küstenlinie beherbergt die Ausrüstung der Nebelwarnanlage. (Public Archives Canada)

Kapitel 7

GREENLY ISLAND

Das Schicksal hatte die *Bremen* nach Greenly Island geführt, einem winzigen kanadischen Besitz in der Provinz Quebec. Greenly liegt nahe an den Schiffahrtswegen in der Strait von Belle Isle und ist typisch für die Inseln, die dort an der Nordküste des St. Lawrence Stroms verstreut sind. Die Insel liegt nur zwei Meilen südlich des Festlandes der Provinz Quebec und drei Meilen sind es bis zur Westgrenze von Labrador. Sie ist ungefähr eine Meile lang und aus der Luft gleicht sie einer unregelmäßigen Acht, die in der Mitte durch einen Sandhügel zusammengedrückt wird. Später wurde diese vom Wind umwehte blanke Felsmasse mit verkümmertem Bewuchs von dem Reporter Charles Murphy einmal eine „häßliche Insel" genannt. In der Seefahrt erlangte sie einen gewissen Ruf durch ihren Leuchtturm und ihre gefährlichen Untiefen.

In die frühe Geschichte Kanadas geht Greenly Island durch einen Besuch von Jacques Cartier am 9. August 1534 ein. Er benötigte sechs Tage, um die Buchten und Schlupfwinkel zu erkunden. Dabei fesselte ihn besonders die einem Kap, das später Long Point genannt wurde, vorgelagerten Inseln. Die größte von ihnen taufte er Bouays, sie wurde später zur Île au Bois, und Ouaisseleau, die man später Greenly Island nannte. Er war begeistert von den großen Schwärmen von Papageientauchern, welche die kleinere der beiden Inseln in der Bucht bevölkerten. Sie glichen so sehr Papageien, daß er die Insel Île aux Perroquets nannte und so heißt sie heute noch. Jacques Cartier soll diese Gegend am 15. Juli 1535 noch einmal besucht haben.

Wenn auch Greenly 1928 für die durch die Luft gekommenen Besucher eine willkommene Zuflucht bot, so war die Insel in ihrer langen Geschichte den Schiffen keinesfalls wohlgesonnen. Die kanadische Regierung hatte gute Gründe, dort 1877 einen Leuchtturm zu errichten. Trotzdem sank am 16. September 1889 vor ihrer felsigen Küste *HMS Lilley*, wobei acht Menschen ums Leben kamen. Sechs Jahre danach, im September, lief *HMS Mariposa* auf Grund, ohne daß Menschen-leben zu beklagen waren. Ende August 1922 geriet dann der britische Kreuzer *Raleigh* bei Forteau auf eine Untiefe und beim Versuch an Land zu gelangen, fanden zehn Matrosen den Tod. Es gibt Gerüchte, daß ranghohe Offiziere einen Zwischen-stop hätten einlegen wollen, wegen der ausgezeichneten Lachsfischerei. Das ist aber nur eine der Geschichten, die sich um dieses geschichtsträchtige Gebiet ranken. Das Klavier der Raleigh ist noch da. Garnicht weit entfernt von der Stelle, wo man es geborgen hat. Die Bewohner kennen noch die Stelle, wo unter der Wasserober-fläche das Schiffwrack liegt. Irgendwann hatten die Gebrüder Job, Kaufleute aus Neufundland, in den Sommermonaten auf der Insel einen Fischverarbeitungsbetrieb.

Johnny Letemplier war 1928 der Leuchtturmwärter, der diese Station der kanadischen Regierung betrieb, und sein Neffe Albert war sein Assistent. Sie waren Nachkommen von Louis Letemplier der im Jahr 1845 aus Gaspé in die Gegend gekommen war. Johnny und seine Frau Caroline wohnen zusammen mit Albert und seiner Frau Mary, welche die sechs Kinder des Leuchtturmwärters unterrichtete. Das waren Adeline, Antoine, Albert, Benedick, Margaret und Stanley. Die alten Letempliers waren 1919 nach Greenly gezogen.

Im Laufe der Jahre wurden die Gebäude und die Ausrüstung des Leuchtturms ständig verbessert, aber, wie überall auf solchen Stationen, war es ein langweiliges Leben in Einsamkeit. Das Fachwerkgebäude mit seinem 26 Meter Turm erhob sich hoch über den westlichen Kamm der Insel und in ihm war die Wohnung der Familie des Leuchtturmwärters von der eine Wendeltreppe hinauf zum Leuchtfeuer führte. Die Eingangstür lag an der Westseite und Laufbretter lagen auf den Wegen, die von einer Veranda mit Geländer aus in verschiedene Richtungen führten. 1928 wurde das Leuchtfeuer durch angehängte Gewichte gedreht, wie bei Großvaters Uhr, und die jeden Tag in schwerer Arbeit hochgezogen werden mußten. Während der Schiffahrtssaison war die riesige Petroleumlampe jeden Morgen zu reinigen und Brennstoff mußte nachgefüllt werden. Das Nebelhorn und seine Dieselmotoren standen in einem großen Schuppen am Ufer, möglichst weit weg von der Wohnung. Während der langen Nebelperioden mußten die Kompressoren für das Nebelhorn mit Süßwasser gekühlt werden, was auf der Insel als Kostbarkeit galt. Der felsige Grund mit seiner spärlichen Vegetation war ein gutes Sammelbecken für Regenwasser und das Wasser floß in einen Teich, einen Steinwurf weit vom Leuchtturm entfernt. Eine niedrige, gebogene Staumauer aus Natursteinen hielt das Wasser zurück und ließ es durch ein Rohr bergab in große Vorratstanks fließen.

Dieses bescheidene Wasserreservoir, von Fitzmaurice Lagune genannt, spielte in der Geschichte der *Bremen* eine wichtige Rolle. Es ist auch nach 60 Jahren noch unversehrt und, obwohl es nicht mehr der Wasserbevoratung dient, ist es ein beziehungsreiches Denkmal der Geschichte des Ortes und des Beginns des transatlantischen Luftverkehrs.

Als die drei Flieger 1928 unerwartet in dem Reservoir von Greenly Island niedergingen, war die Insel durch das winterliche Eis noch mit der Gemeinde Long Point (auch als Blanc Sablon und später als Lourdes de Blanc Sablon bekannt) verbunden. Nebelhorn und Leuchtfeuer waren wegen des Winters schon lange nicht mehr in Betrieb. Das am nächsten liegende Schiff war der Eisbrecher der Regierung *CGS Montcalm*, der 161 km entfernt im Eis gefangen war. Der Regen in der Nacht des 11. April war gefroren und wurde zu einer Fläche aus blankem Eis, bis hin zum Festland. Sie wäre eine ausgezeichnete Landebahn gewesen, hätte Köhl die Verhältnisse gekannt.

Die Familie Letemplier liebte das glatte Eis, erleichterte es doch das Fortkommen in den Wintermonaten. Besucher aus Long Point oder Bradore, einem kleinen Ort nördlich von Long Point, brachten etwas Abwechslung in ihre Einsamkeit. Es gab zahlreiche Hundeschlitten-Gespanne ringsum und die Fahrt auf glänzendem Eis, etwas mehr als drei Kilometer zum Festland und zurück, war nicht nur schnell, sie machte auch viel Spaß.

Alphonse Blais aus Bradore, Vertreter der Clarke Steamship Company, war an diesem Freitag, dem 13. April, vom Festland herübergekommen. Er unterhielt sich mit Johnny Letemplier und seinem Neffen Albert. Caroline, die Frau von John, lief hin und her und räumte den Mittagstisch ab. Ihre Kinder waren aus der Küche gegangen, nur der elfjährige Antoine war am Fenster und beobachtete die im Schnee herumtollenden Schlittenhunde.

Starker Wind trieb den Schnee über das Eis und es bildeten sich verrückte Muster rings um den Turm des Leuchtturmwärterhauses. Die Uhr in der Küche stand auf zwei, als das Einerlei der Familie jäh unterbrochen wurde. "Da, ein Fisch am Himmel", rief Antoine. Die kleineren Kinder drängten zum Fenster, die Erwachsenen und Antoine liefen nach draußen, um zum ersten Mal in ihrem Leben ein Flugzeug landen zu sehen.

Bis dahin war die von Stürmen gepeitschte Insel Greenly an der westlichen Grenze der atlantischen Zeitzone nur Kartographen bekannt, den Seeleuten auf dem St. Lawrence, sowie den Bewohnern. Innerhalb von Stunden sollte sie nun in aller Welt bekannt werden. In der Aufregung scheint niemand, nicht einmal die Besatzung des Flugzeugs, die Landezeit einigermaßen genau festgehalten zu haben. So kam es dann später in allen Berichten zu einem großen Durcheinander. Sowohl Köhl wie von Hünefeld sagten eindeutig aus, daß man 36 $\frac{1}{2}$ Stunde in der Luft gewesen sei. Das ergibt eine Ankunftszeit von 18.08 GMT, oder 13.08 Eastern Standard Time oder 14.08 Atlantischer Zeit.

Die Männer und Jungen aus dem Leuchtturm boten den Fliegern ihre Hilfe an.

Albert Letemplier brachte von Hünefeld in das Haus, wo er sich abtrocknen konnte. Die Sorge galt zunächst der *Bremen*, weil sie, mit dem Heck nach oben zeigend, dem starken Wind ausgesetzt war. Köhl wollte vermeiden, daß der Rumpf plötzlich auf das Eis herabsank, wobei er hätte beschädigt werden können. Die Letempliers besorgten Stricke und es gelang, diese um den Hecksporn zu schlingen. Zwei Männer balancierten vorsichtig auf der Motorverkleidung und man ließ das Heck vorsichtig auf das Eis herab.

Inzwischen kamen noch mehr Leute vom Festland und so wie die Anzahl von Hunden und Schlitten stieg, stieg auch die Zahl der Helfer. Köhl war bemüht, das Flugzeug auf festen Grund zu stellen. Aber wie so oft, führten Mangel an Verständigung und Anleitung zur Katastrophe. Alle hatten den guten Willen zu helfen. Man darf aber nicht vergessen, daß die beiden, die Anweisungen geben mußten, nach allem was sie durchgemacht hatten, nicht gerade in allerbester Verfassung waren. Köhl berichtete von seiner Enttäuschung über die Arbeit bei bitterkaltem Wind.

"Die Einwohner eilten herbei. Mit ihrer Hilfe versuchten wir die *Bremen* aus dem Wasser zu ziehen. Fitzmaurice sollte für uns Dolmetscherdienst leisten, aber die Leute verstanden ihn genau so wenig wie uns. Folglich kam es zu Mißverständnissen. Die Leute packten das Flugzeug an den falschen Stellen und eine Fahrwerksstrebe wurde abgerissen. Ich wahr wütend, aber wir waren zu erschöpft, um vernünftige Arbeit zu leisten. Nach zwei Stunden erfolgloser Bemühungen stieg ich bis zu den Knien in das eisige Wasser, um die Kühlflüssigkeit abzulassen. Mit starken Seilen zurrten wir die Bremen auf nordamerikanischem Boden fest."

Albert Letemplier hat 55 Jahre später, als er die Ereignisse dem Autor beschrieb, erklärt, was damals falsch gelaufen war. „Hätten sie das Flugzeug so wie es hineingeraten war herausgezogen", sagte er, „dann wäre alles glatt gegangen. Sie zogen aber seitwärts und beschädigten das Fahrwerk." Wie stark das Flugzeug dabei gedreht worden ist, kann man auf den ersten Fotos erkennen, die von der

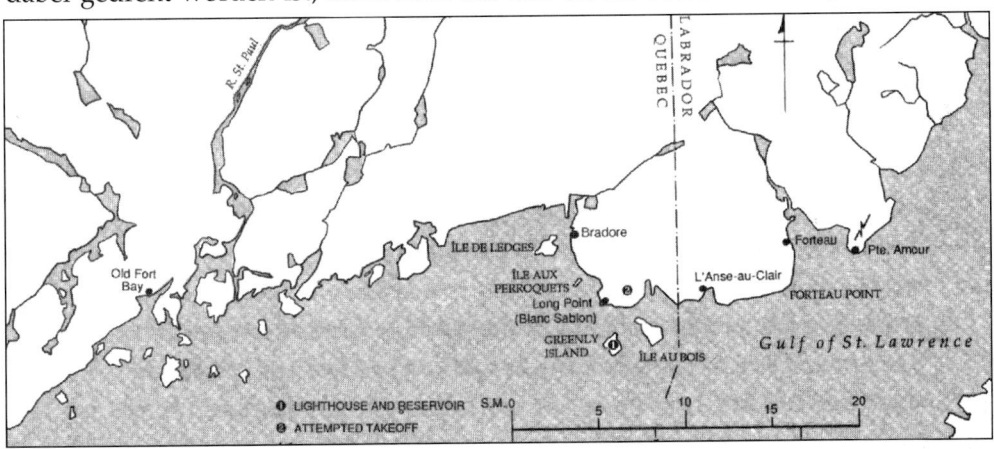

Die Umgebung von Greenly Island　　　　　　　　Nächste Seite: Greenly Island

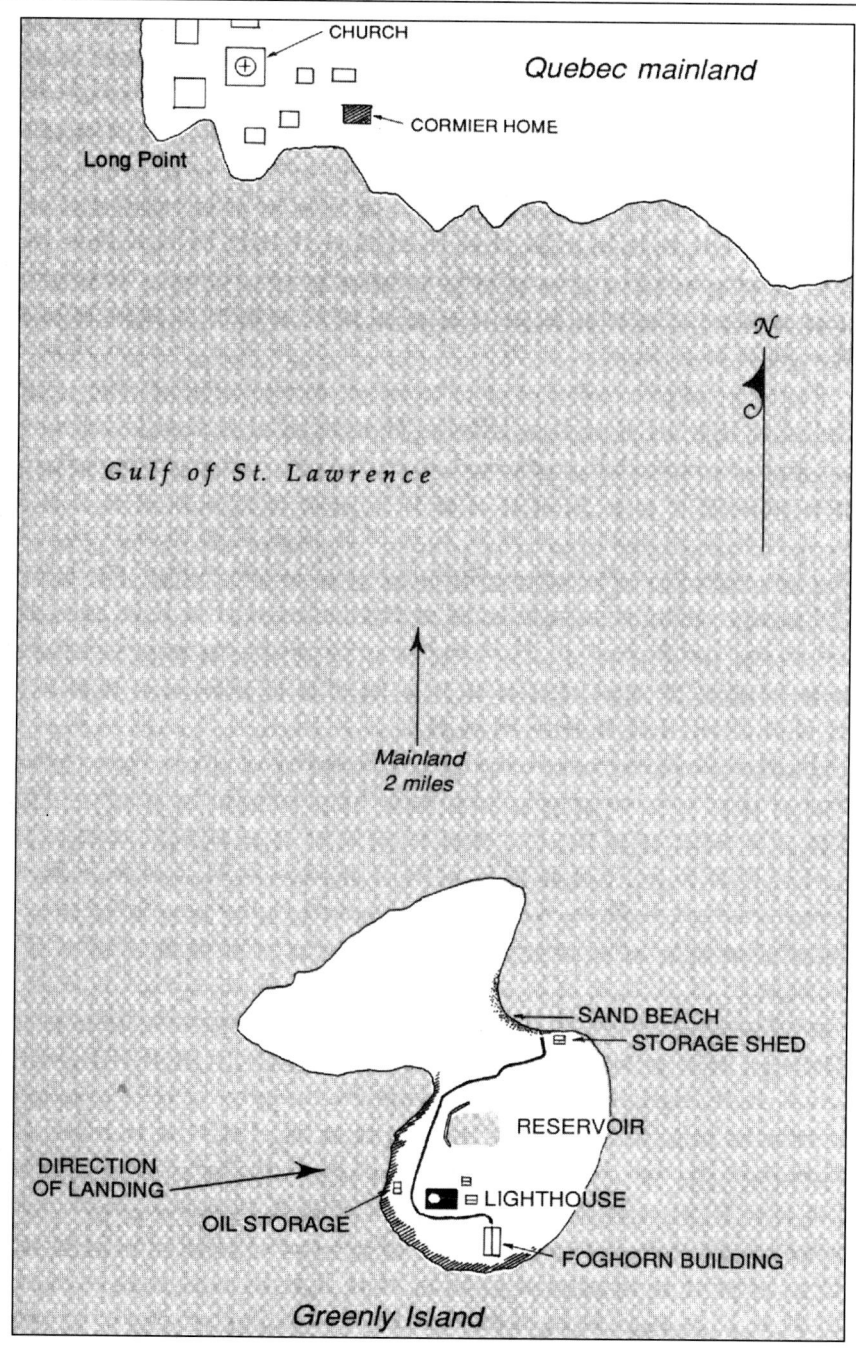

Bremen im Reservoir gemacht worden sind. Obwohl sie wegen der starken Winde nach Osten gelandet war, zeigen die ersten Bilder des beschädigten Flugzeugs, ein nach Norden gerichtetes Heck. Um alles noch schwieriger zu machen, fror das Wasser über Nacht und ließ den linken Reifen platzen.

Der Tag war aber noch nicht vorüber und auch nicht das Drama von ihrer Ankunft in Kanada. Fitzmaurice erinnerte sich an das, was dann kam. Er fühlte sich unter den einfachen Leuten von Greenly, die sowohl mit dem Englischen, wie auch mit ihrem traditionellen Französischen gewandt umzugehen wußten, zu Hause. Deutsch verstanden sie allerdings kein Wort.

"Als wir sicher waren, daß unser wackeres kleines Flugzeug so gut wie möglich für die Nacht versorgt war, empfing uns Madame Letemplier mit jener charmanten Gastfreundschaft, die Franzosen, besonders aber Franco-Kanadiern eigen ist. Unsere Lammfellstiefel und die Socken waren so gefroren, daß sie zwei Eistorten glichen. Wir zogen sie aus und bekamen Strümpfe und Indianerschuhe.

"Unser erster Gedanke war, unseren Angehörigen Telegramme zu senden, um ihnen unsere sichere Ankunft auf dem Nordamerikanischen Kontinent mitzuteilen. Wir hatten gehört, daß in Blanc Sablon eine Telegrafenstation sei. Der Mitarbeiter des Leuchtturmwärters bot sich freundlicherweise an, diesen Auftrag für uns zu erledigen. Wir waren froh bei dem Gedanken, daß die Welt bald erfahren würde, daß wir in Sicherheit waren. Wir wußten, daß wir längst überfällig waren und daß man sich um uns bereits Sorgen machen würde.

Madame Letemplier lud uns nun zum Tee ein und wir setzten uns zu unserer ersten wirklichen Mahlzeit hin seit gestern, als wir um 4.30 Uhr morgens gefrühstückt hatten. Seitdem hatte es nur belegte Brote gegeben. Es ist unbeschreiblich, wie wunderbar es uns geschmeckt hat, diese Kartoffeln mit daruntergemischtem Corned Beef.

Eine außergewöhnliche Müdigkeit hatte uns befallen und man brachte uns in unser Schlafzimmer. Hier standen zwei Betten. Eins für den Freiherrn und Köhl, das andere für mich. Wir legten die Kleider ab, fielen in die Betten und schliefen sofort ein."

Bis zum späten Nachmittag hatte sich die Aufregung etwas gelegt. Die zuerst in Greenly angekommenen Besucher waren zum Festland zurückgekehrt aber neue kamen, um die *Bremen* zu bestaunen, wie sie da so mißlich in dem Reservoir lag, den Motor mit Sackleinen abgedeckt. Drinnen im Haus des Leuchtturmwärters schliefen die Besatzungsmitglieder unterdessen tief in den fremden Betten.

Die ganze Aufmerksamkeit richtete sich jetzt auf Alfred Cormier, in Long Point, der das örtliche Telegrafenamt in seinem Haus mitten im Ort betrieb. Er war einer der ersten Besucher auf der Insel gewesen und für die Nachricht nach draußen verantwortlich. Zu dieser Zeit war die Kommunikation in den besiedelten Gebieten Nordamerikas bereits gut entwickelt. In der Abgeschiedenheit am St. Lawrence Golf waren sie jedoch nur spärlich vorhanden.

Die kanadische Marconi Company hatte 1904 ihre erste Küstenstation eingerichtet. Man benutzte Röhrensender, die ihre Signale auf Gleichwelle aussandten. Die Stationen gehörten der kanadischen Regierung, wurden aber von Marconi betrieben. Bis 1910 war die Zahl der Stationen auf 29 angewachsen; von diesen spielten Point Amour, Clarke City, Father Point, Harrington und Louisburg bei der Rettungsaktion für die *Bremen* eine Rolle. Bis in die zwanziger Jahre wurden Kabel für die Übermittlung der Morsezeichen zwischen den Stationen benutzt. Telefone waren in der Stadt Quebec gebräuchlich, aber in den Ortschaften an der Nordküste von Quebec bediente man sich der Telegrafie zur Nachrichtenübermittlung. 1927 kam man mit der Radio Corporation of America überein, Nachrichten auch nach USA zu senden.

In jenen Tagen gab es eine einzige Leitung entlang der gesamten Nordküste. Sie verband die Ortschaften, war aber gewöhnlich in den Wintermonaten nicht betriebsbereit. Die Leitung nach Westen war außer Betrieb, als sich Cormier hinsetzte, um die erste Nachricht von der Landung zu übermitteln. Es gelang ihm aber auf der Landstrecke mit der Marconi-Station VCL in Point Amour, Labrador, in Verbindung zu treten. Sie lag knapp 30 Kilometer östlich von Long Point. Bei sich zuhause hämmerte er nun eifrig die ersten Meldungen in die Taste, daß die *Bremen* gelandet war. Dann nahm er sich der Nachrichten an, die ihm von Hünefeld gegeben hatte.

Der Funker in Point Amour wußte sehr wohl, daß er eine heiße Nachricht in seinen Händen hielt. W. F. Barnett war der allererste Kontakt im Telegrafennetz. Über St. John, Neufundland, und Louisburg, Nova Scotia, liefen seine Nachrichten über das Netz der kanadischen Regierungsleitungen. Die Verbindung nach Amerika kam über die Station WCC der Radio Corporation of America zustande, die in Chatham, Massachusetts, lag und die Nachrichten nach New York weiterleitete.

Die erste Nachricht, die nach draußen in die Welt gelangte lautete: "Deutsches Flugzeug auf Greenly Island, Südostwind, neblig."

Superintendent James J. Collins nahm sie um 18.30 Uhr EST in St. John auf. Eine weitere ging kurz danach bei der kanadischen Regierungsstation Saint John, New Brunswick, ein: "Deutsches Flugzeug *Bremen* Greenly Island gelandet, Mittag, leicht beschädigt, Besatzung wohlauf."

Das erste Telegramm von von Hünefeld ging an Heinz Schüngel, dem Direktor der Norddeutschen Lloyd in USA,: "Haben sichere Zwischenlandung auf Greenly Island, Strait of Belle Isle gemacht; erforderlich wegen Treibstoffmangel infolge Sturm, Gegenwind und Nebel. Presse verständigen."

Die drei Greenly Island Besucher waren am nächsten Morgen früh auf den Beinen. Erst beim Frühstück erklärte man ihnen ihren geografischen Standort genau. Langsam wuchs die Erkenntnis, daß man sich auf einen langen Aufenthalt vorbereiten mußte. So begann man die Umgebung zu erkunden. Köhl untersuchte unterdessen das Ausmaß des Fahrwerksschadens. Fitz und der Freiherr unternahmen ihre erste Fahrt mit dem Hundeschlitten zum Festland. Ihre Anwesenheit in Long Point erregte großes Aufsehen, wo sie sich im Haus Cormier um die Telegramme kümmerten. Sie liehen sich in der Stadt Winden und gingen in die nahegelegene Kirche, um zu einem stillen Gebet niederzuknien.

Unter den vielen Bewohnern der Gegend, die sich nach Greenly aufgemacht hatten um die *Bremen* zu sehen, wurden drei aus Neufundland kaum beachtet. Es waren dies Charles Spurrel und Arthur Rose, die früher Reservisten der Königlichen Marine waren und Arthurs Bruder Albert, der im Königlichen Neufundland Regiment gedient hatte. Sie hatten die gefährliche Überfahrt über die Meerenge von Flowers Grove, Neufundland, in einem kleinen Fischerboot gewagt. Durch offenes Wasser und über Eisbarrieren erreichten sie Greenly Island am Abend des 14. April.

Als die Nacht hereinbrach, ruhte die *Bremen* auf zwei Dreibeinen und ihre Besatzung wurde sich der Entlegenheit ihrer neuen Umgebung bewußt. Sie erfuhren, daß die ganze Nordküste von Quebec von der Umwelt abgeschnitten war, sobald die Schiffahrt wegen des Winters eingestellt werden mußte. Fortbewegungmittel waren Schneeschuhe und Hundeschlitten. Erst wenn es April wurde, fieberte man der Wiederaufnahme von Kontakten mit der Welt draußen entgegen.

Am Sonntag hatte der Kapitän Köhl Geburtstag und weil überhaupt nichts sie zur Eile trieb, blieben sie plaudernd in ihrem winzigen Schlafzimmer. Es war das erste Mal seitdem sie zusammengefunden hatten, daß sie ungezwungen miteinander reden konnten und sie kamen auf den Krieg zu sprechen. Jeder von ihnen hatte im Krieg in einem Lazarett gelegen und sie hatten nun Zeit sich bei einem freundschaftlichen Gespräch gegenseitig die Narben ihrer Verwundungen zu zeigen.

Obwohl Köhl Berlin unter einem Berg von bürokratischen Ablehnungen verlassen hatte, wurde er plötzlich zum Helden, als die Nachricht von seiner sicheren Ankunft in Amerika Deutschland erreichte. Als er seinen 40. Geburtstag in der ruhigen Abgeschiedenheit von Greenly Island verbrachte, wurde in Berlin sogar zu einer riesigen Parade und einem Vorbeiflug von 100 Flugzeugen, aus Anlaß des Ereignisses gerüstet. Regen und Wolken verhinderten die Luftparade, aber nichts hielt die Lufthansa davon ab, ihr neuestes Verkehrsflugzeug auf den Namen *Hermann Köhl* zu taufen.

Für die *Bremen* konnte man bis zum Eintreffen der Hilfe kaum etwas tun. Sie war aus dem Wasser heraus und stand auf Dreibeinen, vorsichtshalber mit einer Anzahl von Brettern und leeren Benzinfässern abgestützt. Es kamen immer noch Besucher, um das Flugzeug zu bestaunen. Die Sonntagsruhe war für die Flieger eine willkommene Abwechslung nach den beiden hektischen Tagen. Um die Mittagszeit hörte man, daß ein Rettungsflugzeug nach Greenly unterwegs sein sollte.

Um 16.00 Uhr kam Gretta Mae Ferris, die Krankenschwester aus Grenfell, zu Besuch. Sie stammte aus New Brunswick und arbeitete im Forteau-Krankenhaus an der Küste von Labrador. Mit dem Hundeschlitten hatte sie 15 Meilen bis zur Insel zurückgelegt und versorgte die aufgeschlagene Stirn von Köhl und die Schnittwunde am Handgelenk des Freiherrn. Soweit bekannt ist, macht sie auch die ersten Fotos von Fliegern vor der gestrandeten *Bremen*. Sie hatte Spaß an den zwei Stunden lockerer Unterhaltung mit den Dreien. Top-Reporter hätten nur wenige Zeit später für eine solche Gelegenheit Tausende gezahlt.

Die unternehmensfreudige Gretta, die gelegentlich auch für "Grenfall Happenings" schrieb, brachte aus erster Hand ein Interview mit den Fliegern zu Papier, das in allen Zeitungen erschien. Nach ihrer Beschreibung war das Landefeld 30 x 61 m groß und sie kommentiere: "es wäre schlimm ausgegangen, wenn das Flugzeug gegen die Staumauer des Reservoirs gestoßen wäre." Sie zitierte auch die Bemerkung des Barons, daß er eine Pistole mit sich führte um bei einer Landung in der nördlichen Wildnis sich vor Pein und Todesangst zu bewahren. Diese Feststellung führte zu lebhaften Kommentaren in der Presse und zu einer fetten Schlagzeile im Quebec *Chronicle Telegraph*. Es gab eine gute Meldung ab, wurde aber dann später von Fitzmaurice heruntergespielt. Dennoch hält sich die Pistolenlegende bis heute in den Geschichten, die man sich in Blanc Sablon erzählt.

Millionen verfolgten die Landung der *Bremen* in der Presse und täglich tauchten neue Namen in den Berichten auf. Einer davon war in allen Zeitungen, W.F. Barrett aus Point Amour, Neufundland. Er war in eine Rolle geraten, die man heute als Pressezentrum bezeichnen würde. Die Leser stellten ihn sich vor als einsamen Vorposten vor seiner Morsetaste, der Nachrichten von und nach draußen weitergab.

Für den Vizepräsidenten und Manager von RCA, wo man alle Nachrichten auffing, hatte dieser Name allerdings eine besondere Bedeutung. Er schickte sofort ein Telegramm nach Point Amour: "Erbitte telegrafisch Antwort, ob Sie jener Barrett sind, der in der Station Belle Isle 1911 mit Jack Daw gearbeitet hat, als ich Funker des Robbenfängers Beothic war und Sie mit einem Arzt besuchte. - David Sarnoff."

Die Antwort kam: "Grüße Sie. Ja, ich bin diese Niete. Ich hoffe, Sie sind gesund und es geht Ihnen gut. Erfreut von Ihnen zu hören. Nochmals Dank für die 1911 geleistete Hilfe. Freundliche Grüße. - W.F. Barrett, Point Amour."

Der damals natürlich viel jüngere Sarnoff war einer der ersten Funker auf den Robbenfängern. Seine Aufgabe war es, die Verbindung mit den Stationen an Land aufrecht zu erhalten. Viele seiner Rufe zum Land galten medizinischen Fragen und er hatte stets versucht, ärztlichen Rat weiterzuleiten. Ein solcher Anruf war von Jack Daw vom Festland und betraf seinen Mitarbeiter Barrett. Er hatte einen vereiterten Zahn und erhebliche Schmerzen. Die täglichen Ratschläge schienen dem Patienten nicht zu helfen. Sein Gesicht schwoll an bis er nicht mehr essen konnte und eine Blutvergiftung dazukam. Der Kapitän des Schiffes änderte seinen Kurs und fuhr möglichst dicht an das Land heran. Sarnoff und der Arzt liefen grausame zwei Meilen über Eis und Klippen und fanden Barrett in sehr schlechter Verfassung. Der Arzt zog ihm drei Zähne und der Patient war bald wieder wohlauf. Das erneute Zusammentreffen über tausend Meilen auf den Funkwellen war für die New Yorker Zeitungen eine interessante Story am Rande.

Der Leuchtturm auf Greenly 1928, als die Besatzung der *Bremen* dort wohnte. (Foto: Public Archives Canada)

Leuchtturmwärter Johnny Letemplier und seine Frau Caroline.

So sah das Gebäude mit der Nebelwarnanlage in Greenly 1922 aus. Innen befanden sich Kompressoren, die Dieselmotoren und die Wassertanks. Bei einem Besuch 1977 fand der Autor in der Werkstatt noch die Schmiede in der die Luftschraube der *Bremen* gerichtet worden war. (Foto: Public Archives Canada)

Erste Versuche, die *Bremen* aus dem Reservoir zu heben. Köhl hat einen Verband am Kopf, den er sich bei der Landung angeschlagen hatte. (Foto: Public Archives Canada)

Eine typische Marconi Kurzwellen-Station, wie sie in den 20er Jahren an der Nordküste von Quebec im Gebrauch war. (Foto: Canadian Marconi Company)

Zwei Bilder von den Dreibeinen am Tag nach der Landung. Das obere Bild zeigt die Nähe des Leuchtturms. Das zweite Bild zeigt, wie gering die Beschädigung der Luftschraube war. (Foto: A.Cheesman durch K.M. Molson)

Kapitel 8

DAS RÄTSELRATEN BEGINNT

Von dem Augenblick an, als die *Bremen* auf dem Weg nach New York gemeldet wurde, stieg das öffentliche Interesse mächtig an und glich der Aufregung beim Flug von Lindbergh. Das Interesse wurde zum Teil durch das tragische Ende anderer Piloten genährt, die erst kurz zuvor die Ost-West-Überquerung versucht hatten. Anrufe beim Flughafen New York begannen am Donnerstag abend. Am nächsten Morgen strömten Menschenmengen zum Mitchel Field. Zwischen 8.30 Uhr und 22.00 Uhr erhielt die *New York Times* 11 663 Anrufe wegen des Fluges. Drei Reporter der New Yorker Radiostation WOR waren während der Nacht des 12. auf dem Flugplatz. Sie begannen am Morgen mit stündlichen Berichten und steigerten sich bis 13.00 Uhr auf Berichte alle Viertelstunde. Die Station WJZ war ebenfalls von Anrufern belagert und strahlte regelmäßig Bullentins von Associated Press aus.

Falsche Behauptungen das Flugzeug gesehen zu haben, steigerten die Verwirrung und zeigten, wie gern Reporter bereit waren, ihre Berichte mit einer ordentlichen Portion Vorstellungskraft zu würzen. Die Küstenwache meldete ein Flugzeug auf der Höhe von Popham Beach, an der Mündung des Kennebeck Flusses, "in großer Höhe". Eine Nachricht aus Canso, Nova Scotia, daß über Minas Basin um 11.15 Uhr ein Flugzeug gesichtet worden sei, führte am 13. April im *Toronto Daily Star* zu der Schlagzeile, daß die *Bremen* sicher über dem nordamerikanischen Kontinent angekommen sei.

Der Bürgermeister von New York, James Walker, gesellte sich am späten Nachmittag des 13. zu der Menge auf Mitchel Field und mischte sich bis zum Abendessen unter das Empfangskomitee. Die *Bremen* war mittlerweile offiziell überfällig. "His Worship" ließ die Menge mit der Nachricht, die auf einer Eingebung beruhte, daß die drei nach einer erfolgreichen Überquerung wahrscheinlich irgendwo nördlich in Kanada gelandet seien.

Mitchel Field war als Ziel des Fluges angegeben worden. Es war einer der drei Flugplätze von New York, die zusammengedrängt mitten auf Long Island lagen, wo sich Clinten und Country Road kreuzen. Curtiss und Roosevelt, die beiden anderen Plätze, grenzten an die Country Road, während Mitchel direkt im Süden auf der Höhe von Steward lag. Der Grasplatz war nach dem früheren Bürgermeister von New York, John Purroy Mitchel benannt, der im Ersten Weltkrieg bei der fliegerischen Ausbildung ums Leben gekommen war. Es wird erzählt, daß er auf einer Fliegerschule der Armee in Louisiana aus einer Thomas "Morse Scout" gefallen sei. Bei der Unfalluntersuchung stellte es sich heraus, daß Major Mitchel eine Abneigung gegen das Anlegen von Anschnallgurten hatte.

Der neue Militärflugplatz auf Long Island benötigte damals einen Namen und die Wahl hat in späteren Jahren noch für viel Bestürzung gesorgt. Das Volk aber bringt diesen historischen Fleck auf Long Island immer noch mit dem berühmteren General Billy Mitchell in Verbindung, dem streitlustigen Vorkämpfer der Luftwaffe.

Auch auf dem Times Square warteten Hunderte und beobachteten die regelmäßigen Nachrichten, die in Leuchtschrift am Dach des Gebäudes der *Times* entlang liefen, Busse standen bereit, um Fahrgäste zum Mitchel Field zu bringen, wo gutes Flugwetter herrschte. Nach den Berichten von einer unmittelbar bevorstehenden Landung war es leicht, Fahrgäste anzulocken. Riesiger Beifall erhob sich, als die Landung auf Greenly bekanntgegeben wurde. Die erste Nachricht von einer sicheren Landung erreichte Mitchel Field um 19.40 Uhr am Freitag dem Dreizehnten. Es sollen 25 000 gewesen sein, denen man um 20.20 Uhr dies mitteilte. Danach schloß man den Flugplatz.

Auch in Irland und Deutschland verursachten die angeblich gesichteten Flugzeuge Verwirrung. Sie trat wegen des Zeitunterschiedes noch konzentrierter auf. Der Nachricht, das Flugzeug sei um 10.30 Uhr EST am 13. auf der Höhe von Nova Scotia gesichtet worden, folgte ein ähnlicher Bericht drei Stunden später aus Maine. Beide wurden jedoch dementiert. In Berlin beschrieb Reuters eine Landung in den Vereinigten Staaten und die Meldung gelangte um 22.00 Uhr in die Zeitungen von Dublin.

Am Abend des 13. verfolgte in Berlin der Deutschlandsender die Kurzwellensendungen aus Schenectady. Es gab aber nur Behauptungen und Gegendarstellungen. München war den Tag über durch eine direkte Telefonleitung mit dem Deutschlandsender verbunden. Als dann der Sender am 14. um 1.00 Uhr sein Programm beendete, machten die Bayern auf eigene Faust weiter. Sie baten ihre Lehrerin für den Englischunterricht, Frau Bassermann, während der ganzen

DAS RÄTSELRATEN BEGINNT

Nacht die Sendungen aus den Vereinigten Staaten zu verfolgen. Um 3.00 Uhr erfuhr sie auf dem 22 Meterband, das Transatlantikflugzeug sei gelandet und die Besatzung befinde sich in Sicherheit. Daß die Nachricht vor der offiziellen Bestätigung in Berlin (um 8.45 Uhr) in München vorgelegen hatte, erfüllte die Bayern mit gehöriger Schadenfreude.

Die Offiziere in Baldonnel blieben die ganze Nacht auf und verfolgten die Radioberichte. Auch Violet Fitzmaurice und Elfriede Köhl. Endlich bekamen die Ehefrauen die amtliche Nachricht von der sicheren Ankunft ihrer Männer in Kanada. Der Präsident von Irland, Cosgrove, er hatte den Start am 12. im Morgengrauen beobachtet, wurde aus dem Bett geholt als die Nachricht von der Landung eingegangen war und er schickte sofort ein Glückwunschtelegramm.

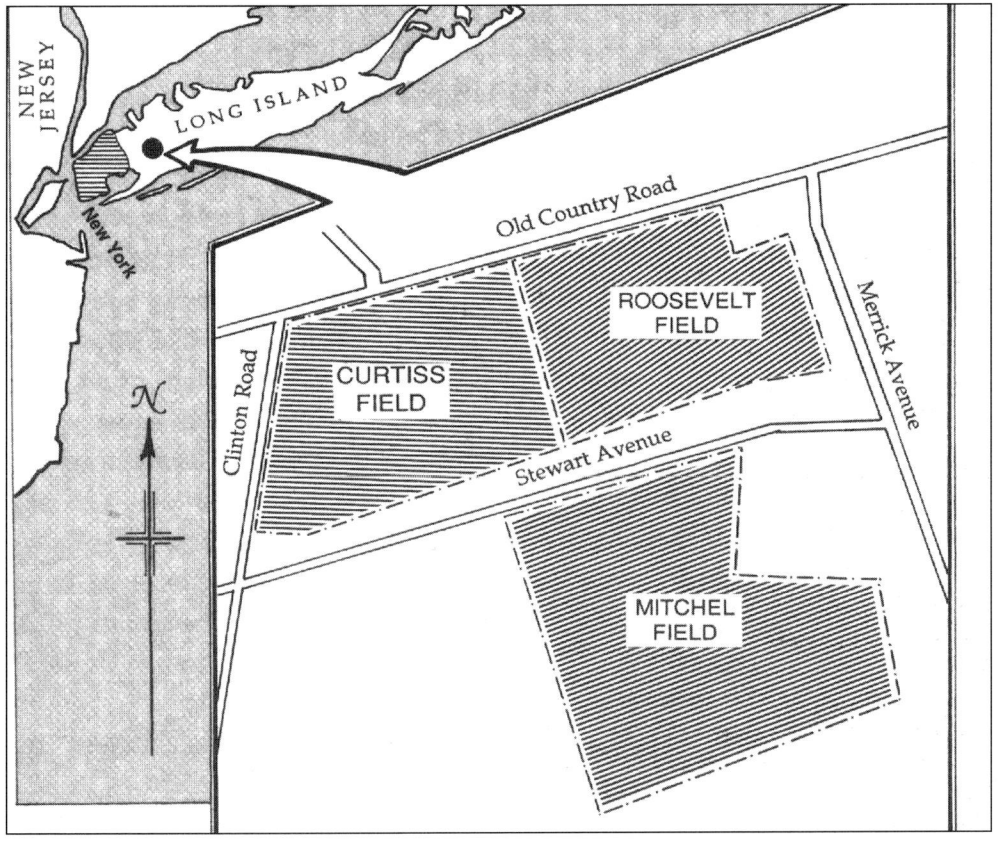

Die Flugplätze von Long Island

DIE BREMEN

Nach einem Tag voller Spannung mit Berichten, man habe das Flugzeug gesehen und nachfolgenden Dementis, schien nun alle Welt die stündlichen Nachrich-ten zu verfolgen – sogar Ottawa und das kanadische Parlament. Die Parlamentarier wurden von der Spannung erfaßt, besonders bei der Nachricht von der Landung in Kanada. In der Abendsitzung des Unterhauses unterbrach der Ehrenwerte J.L. Ralston, Minister für Verteidigung, den Ablauf, um die offizielle Bestätigung zu verlesen.

"Es gibt so viele Gerüchte", sagte Oberst Ralston, "daß man zögert, etwas zu diesen furchtlosen Fliegern zu sagen, aber diese Nachricht ist anscheinend offiziell 'Flugzeug mußte im Schneesturm auf Greenly Island landen, meldet die Funksta-tion Point Amour offiziell. Leuchtturm auf der Insel und deren Wärter nimmt sich der Flieger an.'

Es ist interessant, daß Greenly Island in den Straits von Belle Island liegt, also gerade noch innerhalb der Grenzen von Kanada. Somit sind diese Flieger auf kanadischen Territorium gelandet. (Zu dieser Zeit war Neufundland noch nicht der Konförderation beigetreten). Es gab Hochrufe und man trommelte mit den Fingern auf den Tischen Beifall zum Zeichen der Erleichterung und als offizielle Zustimmung. Der Premierminister schickte sofort die folgende Glückwunschadresse:

> An Kapitän Hermann Köhl, Point Amour, Marconi Funkstation Labrador. Im Namen der Regierung und des kanadischen Volkes möchte ich Sie und Ihre Kameraden, Freiherrn von Hünefeld und Major Fitzmaurice beglückwünschen zu Ihrer sicheren Ankunft in Kanada und zur Vollendung der ersten Atlantiküberquerung im Flugzeug von Ost nach West.
> Ihre Leistung ist Ausdruck eines deutlichen und bedeutenden Fortschritts in der Entwick-lung der Luftfahrt zur Überwindung der Weltmeere und zur Verwirklichung enger Beziehungen und Freundschaft zwischen den Nationen der Welt.
>
> W.L. Mackenzie King
> Premierminister

Auch der Arbeitsminister im Kabinett King, der in Irland geborene Peter Heenan, sandte Glückwünsche. Aus Irland kam die Nachricht, daß Fitzmaurice mit Wirkung vom 13. April 1928 zum Major befördert worden sei. (Im gleichen Jahr wurde er am 24. August zum Oberst befördert). Während des ganzen Sonnabends und Sonntags erreichten eine Fülle von Glückwünschen das Haus Cormier zur Weiterleitung nach Greenly – vom Präsidenten der Vereinigten Staaten, dem Präsidenten des Freistaates Irland und vom Reichspräsidenten von Hindenburg aus Deutschland. Sogar der Kaiser schickte aus seinem Exil in Doorn Glückwünsche. Von der Stadt Bremen aber kam nichts. Als im Senat der Stadt Bremen beantragt wurde eine Adresse an Kapitän Köhl und Freiherrn von Hünefeld zu richten, widersprachen die Sozialisten. Es war wohl bekanntgeworden, daß der Freiherr in Baldonnel anstelle der Farben der Republik, schwarz-rot-gold, die alte kaiserliche Flagge gehisst hatte. Erregt über das Symbol des Imperialismus, hielt sich die Volkspartei zurück. Der Antrag wurde mit der Mehrheit der Sozialisten, Kommunisten und Demokraten abgelehnt.

Die Transatlantikflüge des vergangenen Jahres waren zu einem Renner in der Berichterstattung geworden, ähnlich wie die ersten bemannten Raumflüge eine Generation später. Wie immer, gab es einen wilden Konkurrenzkampf, mit einer Story zuerst beim Leser zu sein, die Erstmeldung zu verbreiten und den anderen Zeitungen voraus zu sein. Schon als die Bremen Irland verließ, wurden von den großen Presse-Konsortien Flugzeuge gechartert, die in Boston und New York bereitstanden. Auch in Philadelphia stand ein Flugzeug mit einem Reporterteam bereit für den Fall, daß die Piloten überraschend dort landen würden. Die *Philadelphia Bulletin* hatte nämlich früher schon einen Preis von 25 000 Dollar ausgelobt für den ersten Flug von Europa nach Philadelphia.

Die Meldung von der sicheren Landung der *Bremen* auf Greenly verließ Point Amour als ganz gewöhnliche Nachricht. Sie breitete sich aber dann wie ein Lauffeuer aus. Irgendwann wäre wohl die Nachricht auch auf dem normalen Verteilerweg in das erwartungsfrohe New York gelangt. Aber es ging alles viel rascher. Der 19jährige Stuart Davis, Funkamateur in Manchester, New Hampshire, fing in der ersten Sendung aus Louisburg, Nova Scotia, die Nachricht auf und verbreitete als erster die Meldung von der sicheren Landung an die Presse. In diesem für Funkamateure so spannenden Spiel hatte Davis seinen Empfänger zufällig auf die Frequenz von Louisburg eingestellt, als die erste Meldung nach Chatham, Massachusetts, abgesetzt wurde. Um 19.15 Uhr lag die Nachricht in allen Redaktionen an der Ostküste vor und sie war eine Herausforderung, der sich kein echter Journalist verweigern konnte.

Irgendwo in einem abgelegenen Leuchtturm im Norden gab es die Nachricht des Jahres. Wem wohl würden Ruhm und Beifall zufallen, als erster bei den gestrandeten Fliegern zu sein? Es gab keinerlei Zweifel, daß die neuen Helden in größter Eile gerettet würden, obwohl sie außer Gefahr waren und in diesem Augenblick friedlich in bequemen Betten schliefen. Der Kampf um Nachrichten, der alle vorhergegangenen Überquerungsversuche des Atlantiks begleitet hatte, lebte wieder auf und es begann eine Schlacht um Schlagzeilen, ausgetragen mit zügellosem finanziellem Aufwand hin bis zu Faustschlägen. Die Herausgeber der Zeitungen alarmierten ihre besten Reporter, sich in größter Eile und um jeden Preis zum Landeplatz zu begeben.

Die Tochter von Dr. Junkers, Herta, war in New York und wollte der gestrandeten Gruppe helfen. Als ausgebildete Flugzeugführerin und Aerodynamikerin war sie seit 1925 in den USA als stellvertretende Leiterin der Finanzabteilung der amerikanischen Tochterfirma von Junkers. Die Firma hatte auf dem Curtiss Field eine Junkers F 13 für Vorführzwecke stehen und man beabsichtigte, diese direkt zur Rettung nach Greenly fliegen zu lassen.

Diese F 13 (Zulassung NC 87) hatte bereits ihre eigene Geschichte und es sollte ihr noch eine lange und interessante Karriere bevorstehen. Sie hatte in Dessau die

Werknummer 663 erhalten und stand 1923-24 in Diensten der Deruluft-Luftverkehrsgesellschaft zwischen Deutschland und Rußland. Nach einer Notlandung in Rußland wurde sie im Werk vollständig neu aufgebaut und zur Luftfahrtschau 1924 nach Dayton in die USA gebracht. Sie wurde 1925 in der Ford Air Tour von Fred Melchior geflogen, einem früheren Piloten der schwedischen Luftwaffe und einer europäischen Luftverkehrsgesellschaft, der für Junkers in Amerika arbeitete. Am 1. Januar 1926 machte das Flugzeug in der Dunkelheit eine Notlandung, bei der das Fahrwerk und der Flächenholm schwer beschädigt wurden. Dieses Mal wurde sie mit Original-Ersatzteilen aus Deutschland repariert. Zu Beginn des Jahres 1928 war sie auf die Metal Aircraft Express Corporation zugelassen, einer Tochterfirma der Junkers Corporation of America, die sich mit dem Verkauf und der Vorführung befaßte. 1930 dann kam sie nach Kanada und trug die Registrierung CF-AMX.

Der *Toronto Daily Star* beglückwünschte die Flieger in einem Leitartikel, mahnte aber auch zur Vorsicht bei den Rettungsaktionen, insbesondere bei einem Flug mit der F 13 nach Greenly: "Es ist ein weiter Weg von New York nach Greenly und zurück. Diese Männer haben bereits genug geleistet. Sie und ihr Flugzeug sollten den Rest ihrer Reise von der Insel herunter bequem zurücklegen können. Das größte Kunststück haben sie vollbracht; es besteht keine Eile nun Beifallsstürme zu entfachen."

Diese Vorsicht war jedoch nicht allgemein verbreitet. In Curtiss Field, Long Island, und Hartford, Connecticut, bemühte man sich um Flugzeuge auf Skiern und Piloten, die waghalsig genug waren, den Flug an die Grenze von Labrador zu versuchen.

Am Abend des 13. läutete um 20 Uhr das Telefon in der Wohnung von Louis Couture in Quebec, dem Präsidenten der Canadian Transcontinental Airways Limited. Transcontinental, mit diesem hochtrabenden Namen, hatte gerade Postflüge zu den entlegenen Plätzen entlang der Nordküste von Quebec bis nach Sept Îles aufgenommen. Die beiden neuen Fairchild FC-2W Eindecker, wie auch die beiden erfahrenen Flugzeugführer Romeo Vachon und C.A. "Duke" Schiller, erfreuten sich bei den im Winter dort Verbliebenen einer gewissen Bekanntheit. CTAL hatte Ende 1927 die Regierungsgenehmigung erhalten, Post zu befördern und eine Anzahl von Flügen nach Sept Îles und Anticosti Island durchgeführt. Sie flogen von ihrer Winterbasis Lac Ste. Agnes aus, 16 Meilen nördlich vom Badeort La Malbaie (Murray Bay), 80 Meilen östlich der Stadt Quebec. La Malbaie war im Sommer ein beliebtes Seebad der Wohlhabenden. Kanadische Finanzleute trafen sich mit reichen Amerikanern in Point-au-Pic in deren Sommerhäusern oder dem luxuriösen Manoir Richelieu. Das Gebiet war mit den Orten weiter westlich durch die Canadian National Railway gut zu erreichen und bewährte sich als ideale Winterbasis für die flügge werdende Luftverkehrsgesellschaft.

Nur wenige Leute kannten die Canadian Transcontinental und ihre Tätigkeiten, aber es dauerte nicht lang, bis die Zeitungen herausgefunden hatten, daß dies logischerweise die geeignete Firma für einen Flug nach Greenly war. Eine der ersten Anfragen kam vom *Toronto Daily Star*. Eine weitere von der Pacific and Atlantic Photos Inc. in New York. Deren Starfotograf Edward N. Jackson fuhr an diesem Abend um 21.30 Uhr mit dem Zug in Montreal los und wollte schnellstmöglich nach La Malbaie. Leslie Roberts, er war kurz zuvor als Hearst Pressevertreter nach Montreal gekommen, bestellte telefonisch bei Couture einen Platz in dem ersten Flugzeug für Presseleute nach Greenly.

Couture begriff sehr rasch die ganze Bedeutung der Anfragen, die ihn telefonisch erreichten. Er war viele Jahre verantwortlich für die Schiffahrts- und Bergungsgesellschaft North Shore tätig gewesen und kannte deshalb die Gegend sehr genau. Der Winter ging seinem Ende entgegen und es waren Schwierigkeiten bei der Treibstoffversorgung für seine Flugzeuge auf dem 2 172 km langen Hin- und Rückflug nach Greenly zu erwarten. Zufällig befand sich eines der Fairchild-Flugzeuge gerade in einer größeren Wartung und kam für eine Charterung nicht in Betracht. Er buchte vier Sitze für Pressevertreter in der flugbereiten Maschine und verbrachte den Rest der Nacht damit, wegen der Treibstoffversorgung Telegramme an die Ortschaften an der Küste zu versenden.

Die Nachricht von der Landung auf Greenly begeisterte jeden einzelnen bei CTAL. Obwohl die Fairchild G-CAIQ von Schiller noch längst nicht fertig war und keinen Kompaß hatte, könnte man sie möglicherweise doch auf eigene Faust für einen Flug nach Greenly klarbekommen. Die Mechaniker wollten es jedenfalls versuchen. Es wäre zwar kaum möglich zahlende Fluggäste an Bord zu nehmen, aber für einen Flug mit Firmenangehörigen würde es wohl genügen. Am nächsten Morgen war eine Ladung Post nach Sept Îles zu bringen und die Chance als erste in Greenly zu sein, weckte ihre unternehmerischen Instinkte. Es regte Duke Schiller überhaupt nicht auf, daß kein Kompaß im Flugzeug war und keine Karten der Strait of Belle Isle; er sah die Herausforderung und liebte es in der Öffentlichkeit zu stehen.

Es wäre untertrieben zu sagen, daß diese neue Entwicklung auf dem Flugplatz Lac Ste. Agnes Begeisterung hervorgerufen hätte. Die Postflüge hatten Vorrang. Hier bot sich aber eine Gelegenheit zur Werbung und die hatte man bitter nötig. Der Chefpilot Romeo Vachon hielt sich zur Ankunft der Reporter mit dem zweiten Flugzeug bereit.

Joseph Pierre Romeo Vachon war ein gebürtiger Quebecker und hatte in Ste. Marie de Beauce 1898 das Licht der Welt erblickt. Die Brüder der Christlichen Schule gaben ihm Unterricht und er trat 1918 in die Royal Canadian Naval Reserve ein. Er war in Camp Borden, Ontario, stationiert bis er nach einem Jahr dann im zivilen Leben bei der gerade gegründeten Laurentide Air Service in Lac à la Tortue bei Grand'Mère, Quebec, Mechaniker wurde. Hier wurde er schließlich auch Pilot und bekam seine Ausbildung in Laurentide und an der amerikanischen

Flugzeugführerschule in Dayton, Ohio. Die Laurentide Paper Company war einer der ersten forstwirtschaftlichen Betriebe in Kanada, die Flugzeuge zur Überwachung der Wälder und zur Verhütung von Waldbränden einsetzten.

Als Laurentide Air Service 1925 den Betrieb einstellte, wurde Vachon angeboten, für die neugegründete Ontario Provincial Air Service zu fliegen. Hier konnte der franco-kanadische Pilot nochmals zwei Jahre wertvolle Erfahrungen im Fliegen von Flugbooten sammeln. Als erster Flugzeugführer war er aufgefordert worden, beim Aufbau der Canadian Transcontinental Airways Limited in Quebec mitzuarbeiten. Er wurde von dem technischen Direktor Dr. Louis Cuisinier beim Aufbau des Stützpunktes Lac Ste. Agnes unterstützt und setzte die beiden ersten Fairchilds im regelmäßigen Flugdienst ein. Er begann mit dem Abwurf von Post an Fallschirmen über den abgelegenen Ortschaften entlang der Nordküste und flog die erste offizielle Luftpost am 25. Dezember 1927 von La Malbaie nach Sept Îles.

Zu dieser Zeit sprach ihn sein Kollege aus OPAS-Zeiten, Duke Schiller, wegen einer Anstellung an. Wie der für die Finanzen zuständige Robert Cannon berichtet, saß Duke schon im nächsten Zug nach La Malbaie. Die G-CAIP war das Flugzeug von Vachon, Schiller übernahm die G-CAIQ.

Clarence Alvin Schiller eilte in der kanadischen Luftfahrt der Ruf voraus ein "Typ" zu sein. Er war in den USA geboren. Seine kanadischen Eltern wohnten 1900 in Onawa, Iowa, kehrten aber nach Kanada zurück, als ihr Sohn sechs Jahre alt war. Etwa zu dieser Zeit bekam Duke von Jim Morley, einem im Ruhestand lebenden Seemann, der zusammen mit dem Großvater von Duke ein Lebensmittelgeschäft hatte, seinen berühmt gewordenen Spitznamen. Morley war ein lustiger Mann, der unglaubliche Geschichten zu erzählen wußte und für jeden einen freundlichen Gruß bereit hatte. Der Junge trieb sich im Laden herum und Morley hatte die Angewohnheit, jedem Jungen einen Spitznamen zu geben. Er hatte bald herausgefunden, daß Clarence Alvin seine beiden Taufnamen haßte und meinte: "Nun, dann werden wir Dich "Duke von Clarence" nennen, wobei Duke in der englischen Sprache "Herzog" bedeutet. Dieser Name kam damals in den Tagesnachrichten vor. Der Spitzname blieb und das Clarence Alvin mußte nur noch für die Initialen herhalten. Weil sein Vater fast taub war, entwickelte der Junge eine laute Stimme, die ihm dann die weiteren Spitznamen "Nebelhorn" und "Whispering Duke", also "Flüsternder Herzog", eintrug.

Duke Schiller war 28 Jahre alt, als die *Bremen* landete. Trotz seiner beachtlichen fliegerischen Erfahrung litt er immer noch an der Enttäuschung, daß sein älterer Bruder in den Krieg zog, während er um ein Jahr die Gelegenheit verpaßt hatte, bei den Kämpfen am Himmel von Frankreich dabeizusein. Duke hatte bei Vernon Castle in Texas fliegen gelernt und am berühmten Luftrennen Toronto-New York 1919 teilgenommen. Für Aero LTD. und Aeromarine Airways hatte er Flugboote geflogen. Er war auch einmal Privatpilot des Königs der Rennboote, Gar Wood.

Zwischen 1924 und 1927 machte er sich durch Patrouillenflüge über den

Wäldern für die Ontario Provincial Air Service einen Namen. Durch zahlreiche Rettungsflüge erschien sein Name in den Tageszeitungen. Als Philip Wood, der Bruder von Gar Wood, einen Stinson SM-1 Eindecker, die *Royal Windsor*, für einen Versuch zur Überquerung des Atlantiks meldete, bat er Duke das Flugzeug zu steuern, worauf er dann wieder in die Schlagzeilen geriet. Die *Royal Windsor* lag zusammen mit einer gleichen Stinson, der *Sir John Carling* im Wettbewerb und beide wurden durch das Wetter bei ihrem inoffiziellen Rennen über den Atlantik aufgehalten.

Die *Sir John Carling* traf zuerst in Harbour Grace auf Neufundland ein und startete zur Atlantiküberquerung. Als Schiller und Wood ankamen, waren ihre Mitbewerber längst überfällig und man gab sie verloren. Duke ging auf einen Suchflug, da in der gleichen Woche schon ein anderes Flugzeug über dem Atlantik verschwunden war. Die Begeisterung von Wood wurde erheblich gedämpft und man überredete sie, den Versuch aufzugeben.

Kurz danach meldeten Schiller und Wood ihre Langstrecken-Stinson für ein transkontinentales Luftrennen von New York nach Spokane im Staat Washington. Nach 36 Stunden lagen sie in Führung, mußten aber wegen einer gebrochenen Ölleitung in Billings, Montana, landen. Kurz nach dem Luftrennen nach Spokane bewarb sich dann Duke um eine Anstellung bei Canadian Transcontinental.

Am 13. arbeiteten die Mechaniker die ganze Nacht hindurch, um die Fairchild von Schiller klarzumachen. Um 10 Uhr am nächsten Morgen war er zum Start nach Greenly bereit. Mit ihm waren der Technische Direktor Dr. Louis Cuisinier und ihr Mechaniker-Ass, Eugéne "Ami" Thibeault, sowie ein Sack Post für Sept Îles. Schiller war kaum in der Luft, als der *Toronto Daily Star* wieder anrief und man dort höchst erstaunt tat, daß die Fairchild der Transcontinental bereits auf dem Weg nach Greenly war. Der Verleger des Telegraph, David B. Rogers, handelte sofort Exklusivrechte an Berichten über den Flug aus und machte Schiller zu seinem Berichterstatter. Es war ein genialer Streich, um den *Star* beim Rennen um die Nachrichten an die Spitze zu bringen. Es spielte überhaupt keine Rolle, wie nahe man der North American News Alliance stand. Es war eine Ehre damit anzugeben, die Fairchild als Flugzeug des *Star* bezeichnen zu dürfen und einen Reporter des Star vor Ort zu haben. Als die Vorbereitungen abgeschlossen waren, verschickte das Blatt aus Toronto eilig Nachricht an alle voraussichtlichen Zwischenlandeplätze, wies seinen Reporter auf seine Pflichten hin und forderte Berichte an.

Schlechtes Wetter zwang zu einer Übernachtung in Sept Îles und dort erfuhr Duke schon sehr bald von seiner Ernennung zum Reporter. Er setzte ein erstes Telegramm auf, das am Samstag, dem 14. April, im *Star* unter fetten Schlagzeilen erschien:

"Nachdem die ganze Nacht in Ste. Agnes an unserem Fairchild-Flugzeug gearbeitet worden war, flogen wir um 10.45 Uhr heute morgen los. Wir haben beschlossen von hier aus Greenly Island im Direktflug zu erreichen und bauen einen zusätzlichen Tank ein. Das Flugzeug kam gut durch das schlechte Wetter und wir bereiten uns für einen Start morgen bei Tageslicht vor. Wenn alles klappt, sind wir um 10.00 Uhr in Greenly. Das Wetter klärt sich auf und verspricht morgen gut zu sein."

Das Wetter in Sept Îles war am Morgen des 15. nicht viel besser, als am Tag zuvor. Leslie Roberts erzählte später von seiner Begegnung mit der Dame, die Schiller und seine beiden Begleiter über Nacht aufgenommen hatte. Er sprach auch mit dem Fahrer, der sie an diesem Sonntagmorgen nach einem herzhaften Frühstück mit Speck und Eiern zu ihrem Flugzeug gefahren hatte. Duke muß sich in guter Form befunden haben, denn er rannte neben dem Schlitten her und alle drei hatten es eilig, als sie beim Flugzeug angekommen waren. Sie ließen den Wasp-Motor warmlaufen, stiegen an Bord und verschwanden mit Ostkurs im Schneetreiben.

Von Zeit zu Zeit wurde der Schneefall dichter und machte es schwierig, der Küste des St. Lawrence zu folgen. Hinter Havre Ste. Pierre wurde die Wolkenuntergrenze immer niedriger und zwang Schiller zu einer halbstündigen Flugunterbrechung, bis das Wetter wieder besser wurde. Seine Fairchild hatte immer noch nicht ihren Kompaß wieder und der kleine Taschenkompaß, den er mithatte, war kaum eine Hilfe. Sichtflug war angesagt und man mußte die Küstenlinie im Auge behalten. Der Reporter-Pilot schaffte die letzten 75 Meilen nach Natashquan und schickte von dort sein zweites Telegramm:

"Sonntag, 15. April. Wir sind hier vor unserem letzten Flugabschnitt nach Greenly und nehmen ihn sofort in Angriff. Unerwarteter Gegenwind trieb unseren Kraftstoffverbrauch in die Höhe und wir mußten hier tanken. Das Wetter war bisher furchtbar. Dichter Nebel, Schnee und Graupelregen. Nordöstliche und östliche Winde, der Nebel hebt sich aber, gerade als ich dies schreibe."

Eine Hundeschlittenmannschaft half ihnen beim Tanken und um 17.30 Uhr waren sie über Greenly Island. Sie entdeckten die *Bremen* im Rückhaltebecken, mißverstanden aber das Winken der Männer unter ihnen so, daß sie zwei Meilen entfernt auf dem Festland in Long Point landen sollten. Als sie von ihrem Fehler erfahren hatten, starteten sie wieder und flogen zu der Gruppe auf der Insel. Die Krankenschwester Gretta Ferris hatte gerade ihren Besuch bei der Besatzung der *Bremen* beendet, als Schiller über sie hinwegflog. Bald waren sie nun alle auf der Insel beisammen und ihre Freude war groß. Cuisinier brachte aus dem Heck der Fairchild vier Flaschen Bier hervor; ein ideales Geburtstagsgeschenk für den Bayern Köhl. Gretta hatte ihre Arbeit beendet und war entzückt, als der Freiherr ihr beim Abschied die Hand küßte.

Der dritte Bericht von Schiller an die *Toronto Daily Star* nach der Ankunft in Greenly zeigt, daß es sich um mehr als einen gewöhnlichen Flug Mitte April gehandelt hatte:

"Montag, 16. April. Die letzten 600 Meilen waren ein Flug ins Unbekannte. Wir hatten nicht das Geringste an Kartenmaterial oder Unterlagen. Unser Flugzeug hatte keinen Kompaß. Wir sind der Küste entlanggeflogen, um die Richtung zu halten und um im Notfall eine sichere Landung machen zu können."

DAS RÄTSELRATEN BEGINNT

Während es in Lac Ste. Agnes immer lebhafter zuging, entwickelten andere eigene Ideen, wie man die Atlantik-Flieger retten – oder aber wenigstens zu einer Fotografie von ihnen kommen könnte. Der Beitrag der kanadischen Regierung bestand darin, den Eisbrecher *Montcalm*, er befand sich auf einer Fahrt zwischen Anticosti und Labrador, seinen Kurs ändern zu lassen, um sich nach Greenly zu begeben, falls es das Eis zulasse. Richard Carrol, ein Reporter aus Nova Scotia, reiste mit einem Fotografen und der Anweisung aus Sydney, Nova Scotia, ab, sich auf der *Montcalm* nach Greenly zu begeben, falls sie rechtzeitig eintreffen würde.

Der Wunsch mit gecharterten Flugzeugen nach Greenly zu gelangen, breitete sich rasch in alle Richtungen aus. Bill Parsons aus Harbour Grace hatte für die Associated Press über alle Versuche zu Atlantiküberquerungen aus Neufundland berichtet und erhielt spät in der Freitagnacht einen Anruf, sich nach Greenly zu begeben. Die Jahreszeit machte dies aber unmöglich. Ein Anruf ging beim Jack V. Elliot Flying Service in Hamilton, Ontario, ein. Ein Flugzeug sollte einen Berichterstatter und einen Fotografen in Montreal an Bord nehmen. Captain Len Tripp und ein Flugschüler, Gath Edward, starteten mit einer Swallow mit OX-5-Motor unter wenig günstigen Bedingungen. Viele Jahre später, als er bereits im Ruhestand war, berichtete Kapitän Edward von der Air Canada über seinen kurzen Einsatz während der Rettungsaktion für die *Bremen*:

"Wir starteten an einem regnerischen, kalten Aprilmorgen in Hamilton in Richtung Montreal. Wir kamen aber nur in die Nähe von Erindale, Ontario, als der Motor aussetzte. Tripp machte eine gute Notlandung auf der Farm von Walter Royle an der Grenze der Bezirke Halton und Peel. Das Flugzeug überschlug sich auf dem schlammigen Feld und blieb auf dem Rücken liegen. Damit war unser Einsatz zu Ende."

Ein weiteres kanadisches Charterflugzeug kam von der General Airways in Rouyn, Quebec, deren Präsident, A. Roy Brown, Fitzmaurice noch vom Krieg her kannte. Die Zeitungen in Ottawa berichteten von dem Abflug des bekannten kanadischen Piloten C.S. "Jack" Daldwell zusammen mit G.M. Brawley und einem Zeitungskorrespondenten.

In New York rief der Präsident von Pathé News, Ray Hall, Canadian Transcontinental Airways wegen eines Charters an und mußte erfahren, daß die beiden Fairchild bereits gebucht waren. Hall war wütend, rief alle seine Fotografen an, damit nur ja der Name Pathé hochgehalten werde. Einer von ihnen erinnerte sich, von einem Flugzeugvermieter in Concord, New Hampshire, gelesen zu haben. Er hieß Robert S. Fogg und besaß eine neue Waco 10 mit Wright-Motor namens *New Hampshire*. Sie war mit Skiern ausgerüstet und stand für Charterungen zur Verfügung. Zu diesem Zeitpunkt hatten aber auch Paramount, Fox und Acme den jungen Piloten wegen des gleichen Auftrags angesprochen und dieser befand sich nun in der glücklichen Lage, den Preis aushandeln zu können. Hall hatte die Nase vorn und willigte ein, $ 5000 für einen erfolgreichen Flug nach Greenly zu zahlen oder $ 150 für jede Flugstunde, falls das Ziel nicht erreicht werde. Bevor Fogg seine

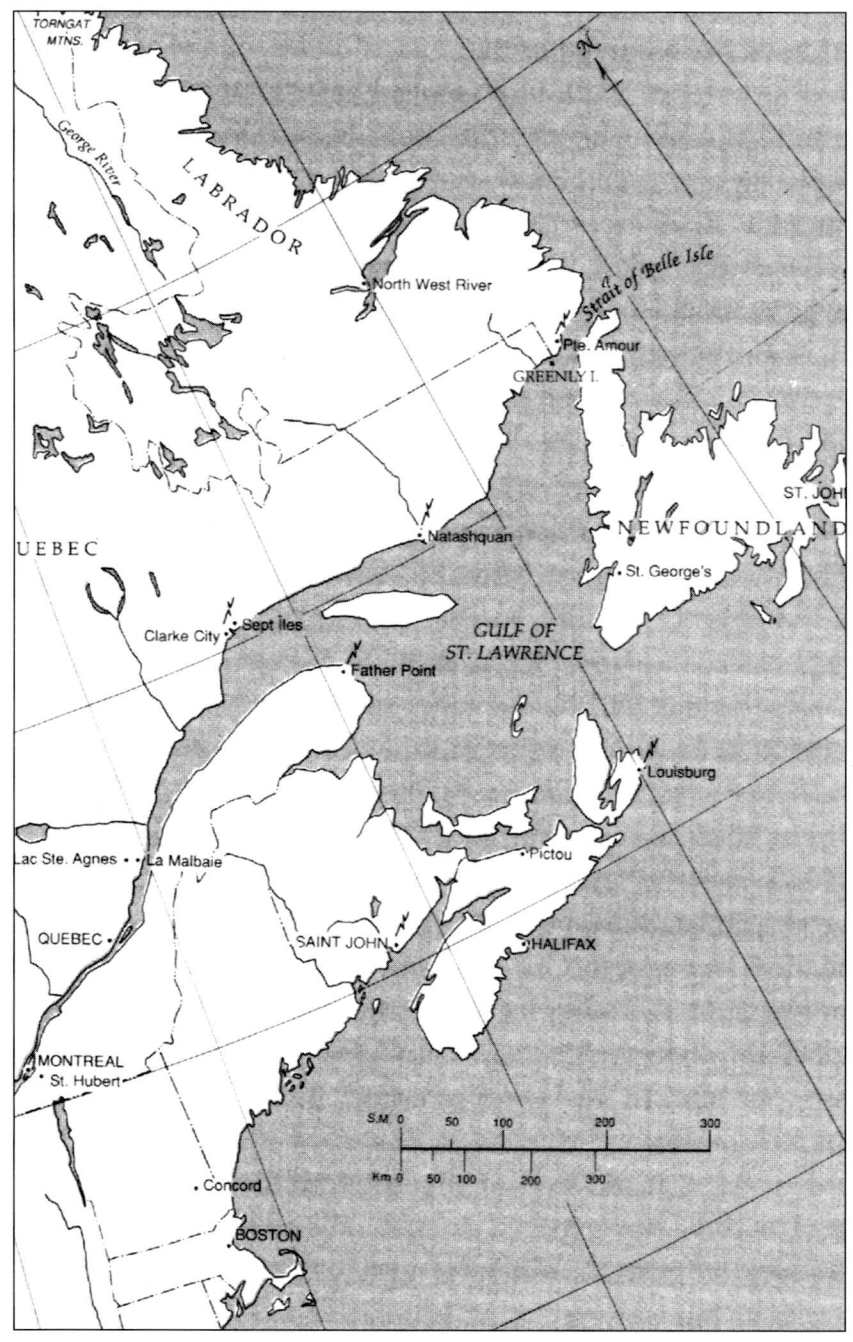

grüne Waco für den Flug in den Norden hergerichtet hatte, kam ein Flugzeug aus New York und brachte den Fotografen Tom Hogan, der ihn begleiten sollte. Im Morgengrauen des nächsten Tages waren sie auf dem Weg nach Quebec.

DIE BREMEN

Die erste Seite von der *New York Times* vom 14. April. Nur zwei Artikel befassen sich nicht mit dem Flug der *Bremen*. (Abdruck mit Genehmigung der *New York Times*)

Die Fairchild von Romeo Vachon vor dem Gebäude der Canadian Transcontinental Airlines in Lac Ste. Agnes. (Foto: K. M. Molson-Sammlung)

Ein Foto des *Toronto Star* zeigt Dr. L. Cuisinier (links) und Duke Schiller, die als erste die gestrandete *Bremen* erreicht haben. (*Toronto Star*)

Ein ausgezeichnetes Foto aus der Sammlung von Robert Cannon zeigt die auf Benzinfässern aufgebockte *Bremen* vor der Instandsetzung. Dr. Cuisinier steht vor dem Flugzeug, Mechaniker Thibeault in dem Cockpit.

Kapitel 9

TOLLHAUS UND INTRIGEN

Eine der bedeutendsten Ansammlungen von Flugzeugen und Presseleuten in Ost-Kanada war in Lac Ste. Agnes im Entstehen. Der neue Flugplatz war weit über seine Aufnahmefähigkeit hinaus mit Menschen und Flugzeugen belegt. Das Wetter im Frühjahr brachte für Flugzeuge auf Skiern schwierige Bedingungen und sie waren geradezu gefährlich für solche mit Radfahrwerken. Canadian Transcontinental Airways hatte eigene Tank- und Wartungsdienste mit großer Umsicht vorbereitet, aber sie waren sehr bald durch fremde Flugzeuge überlastet und es kamen immer noch mehr.

Bei den Einwohnern, die gerade einen langweiligen Winter hinter sich gebracht hatten, lag plötzlich der Geruch von rasch zu verdienendem Geld in der Luft. Jeder Bauer, der das Glück hatte ein Pferd oder einen Schlitten sein eigen zu nennen, wurde plötzlich zum Taxiunternehmer. Der Fahrpreis zum oder vom See lag zwischen $ 8 und $ 14 je Fahrt, oder was die Nachfrage gerade hergab. Der Besucher bewältigte die ersten vier Meilen der zweistündigen Fahrt von Malbaie zunächst im Wagen und stieg dann in einen pferdebespannten Schlitten um. Die Kutscher nahmen immer nur zwei Fahrgäste mit und die Fahrt auf den im Frühjahr aufgeweichten Wegen war alles andere als angenehm. Mancher Reporter zog den Schlaf auf dem Boden eines Bauernhauses einer Rückfahrt nach La Malbaie vor.

Bis zum Sonntag waren die Fluggäste der zweiten CTAL Fairchild in Ste. Agnes eingetroffen, aber der Wetterbericht von der Küste war ungünstig. Der Chefpilot Romeo Vachon startete mit der G-CAIP zwar um 10.00 Uhr, mußte aber wegen

Nebel und Schneetreiben nach einer Stunde umkehren. Unter seinen Passagieren befanden sich auch zwei Fotografen, Roy Fernstom von Associated Press und Edward N. Jackson von Pacific and Atlantic Photos. Auf den beiden anderen Sitzen saßen die Reporter Leslie Roberts von Hearst und James Stanton von der Quebec *Chronicle Telegraph*.

Etwa zur Mittagszeit dieses Tages landete mit leerem Kraftstofftank in Ste. Agnes die von einem Curtiss-Motor angetriebene Fairchild FC-2C mit der amerikanischen Zulassung NC-32. Der bekannte amerikanische Pilot Art Caperton saß am Knüppel und mit ihm waren Phil Levine, ein Fotograf von P&A und Bob Donohue von der *New York Times*. Der Schnee war mittags weich und die Fairchild sank mitten auf dem See bis zu den Radnaben ein. Während ein Pferd noch das Flugzeug zu einer Behelfsrampe zog, wurde schon eiligst eine Nachricht an die Fairchild Aerial Surveys in Grand'Mère abgesetzt, in der um schnellsten Versand von einem Satz Skier mit dem nächsten Zug nach La Malbaie gebeten wurde.

Noch mehr Flugzeuge kamen am Montag an, darunter auch die *New Hampshire*, die im Morgengrauen in Concord gestartet war. Robert Fogg und Tom Hogan landeten zunächst auf einem Platz bei Charlesbourg, drei Meilen außerhalb der Stadt Quebec und erledigten die Zollformalitäten. Caleb J. Marston aus Concord, ihr Mechaniker, stieß zu ihnen. Er hatte im Nachtzug die Skier für die Waco mitgebracht. Die Fahrwerksräder wurden in Rekordzeit gegen die Skier ausgewechselt und bald waren sie wieder unterwegs.

Bei ihrer Ankunft in Ste. Agnes wurden Fogg und Hogan von ihren Reporter-Rivalen und anderen Flugzeugbesatzungen gleichermaßen kühl empfangen. La Malbaie hatte im Sommer ein ständig besetztes Zollamt und so war es einfach, Direktflüge aus den USA abzufertigen. Als nun die *New Hampshire* von Quebec und nicht unmittelbar aus den Vereinigten Staaten angekommen war, schöpften einige der Konkurrenten Verdacht und sahen eine gute Möglichkeit, Schwierigkeiten zu machen. Hogan machte die Bekanntschaft eines freundlichen Berichterstatters, der ihnen so viel von dem Klatsch vor Ort erzählte, daß sie gleich gut informiert waren. Dann verweigerte man ihnen aber Kraftstoff und verdächtigte sie des Zollvergehens. Sie wußten, daß sie nun äußerst vorsichtig sein mußten.

Am gleichen Morgen um 10.30 Uhr startete Romeo Vachon mit seinem Fluggast von gestern, kam aber nur bis nach Sept Îles, wo ihn das Wetter zur Landung zwang. Der Flug hatte 3 1/2 Stunden gedauert und der Reporter Roberts beschrieb einen schrecklichen Flug im Schneesturm, der die Augen blendete. Sie wurden von Bürgermeister C.J. Romerill begrüßt, einem guten Freund von Vachon, der für sie eine Unterkunft für die Nacht besorgte. Die Reporter durchforsteten den Ort auf der Suche nach Neuigkeiten und stellten fest, daß die Nachrichten-Landverbindung aus Sept Îles heraus unterbrochen war. Sie stellten weiterhin fest, daß ihre Telegramme mit dem Hundeschlitten nach Clarke City gebracht werden konnten, zur drahtlosen Weiterleitung nach Father Point an der Südküste über das drahtlose Telegraphienetz der regierungseigenen Marconi.

Die Besucher strömten weiterhin nach La Malbaie, wo die winzigen Gasthäuser, die eigentlich nur im Sommer geöffnet waren, bald aufmachten, um den Zustrom zu bewältigen. Auf dem Höhepunkt waren es 60 Reporter, die sich entweder am See aufhielten oder die Telegrafenstation bevölkerten und für verständliche Konfusion sorgten. Der *Toronto Daily Star* hatte einen besonderen journalistischen Treffer gelandet, denn sein Flugzeug kam zuerst dort an, wo die *Bremen* gelandet war. Seit dem 17. waren das Reporterass des *Star*, Frederick Griffin, mit dem Stabsfotografen Tom Wilson in La Malbaie vor Ort und erwarteten die Ankunft von Schiller.

Herta Junkers hatte mit ihrem 19-jährigen Bruder Erhard New York am Sonntag in der F 13 verlassen, die von Fred Melchior gesteuert wurde. Sie landeten auf dem St. Hubert-Flugplatz, der im vergangenen November südlich von Montreal eröffnet worden war. Sie waren erst das fünfzehnte Flugzeug, das auf dem neuen Platz landete und wurden von Flying Officer A.F.C. Luke von der kanadischen Luftwaffe und Ludwig Kempff, dem deutschen Generalkonsul, begrüßt.

Herta blieb über Nacht in Montreal und fuhr am nächsten Morgen mit dem Zug weiter nach Quebec. Dort traf sie Wilfried Edge, den Sekretär der Canadian Transcontinental. Sie eilte zum Bahnhof zurück und fuhr in vier Stunden weiter nach La Malbaie zu einer Konferenz mit dem Präsidenten der CTAL, Louis Couture.

Melchior war in Montreal geblieben, um sich um die Versorgung der *Bremen* mit Benzol zu kümmern. Er berichtete den Reportern, daß die Curtiss Aeroplane & Motor Company in Long Island sich rund um die Uhr um eine neue Luftschraube bemühe. Er wies nachdrücklich darauf hin, daß man den Propeller der F 13 nach Greenly schicken müßte, wenn man nicht rechtzeitig erfolgreich sei. Später am Tag kam dann ein Telegramm von Herta aus Malbaie an, in dem Fred und Erhard zur Rückkehr nach New York aufgefordert wurden.

Zwischenzeitlich wurde der Zustand der *Bremen* auf Greenly Island in einer Zusammenkunft besprochen, an der am Abend des 15., einem Sonntag, ein internationales Gremium deutscher, irischer, französischer und kanadischer Experten teilnahm. Es war eine Geburtstagsparty, die Köhl wohl nie mehr vergessen würde. Die verstümmelten Nachrichten der beiden vergangenen Tage hatte alle verunsichert. Kannte man draußen in der Welt wirklich das Ausmaß des Schadens? Wußte man was notwendig war, um den Flug fortsetzen zu können? Waren Skier erforderlich? Wie stand es um die Kraftstoffversorgung? Offenbar war die Drahtverbindung nach der ersten Nachricht ausgefallen und dies hatte zu großer Verwirrung geführt. Man beschloß einen aus der Gruppe nach Ste. Agnes zu schicken, um mit Herta Junkers und dem Norddeutschen Lloyd Kontakt aufzunehmen. In dieser Nacht teilte Schiller ein Bett mit Fitzmaurice; es wußte aber keiner, wo Cuisinier und Thibeault schliefen. Am nächsten Morgen wurde Fitzmaurice bestimmt, mit Schiller auszufliegen. Der Freiherr formulierte das so: "Es war nur zu natürlich, daß Fitz auserkoren wurde. Er war der einzige von uns, der wirklich

Englisch sprechen konnte."

Ein anderer Beschluß bei der Zusammenkunft war, Cuisinier und Thibeault auf Greenly zu lassen, um die Reparatur der *Bremen* durchzuführen und den Einbau der Ersatzteile vorzubereiten. Der Morgen verging mit den Vorbereitungen des Rückflugs und mit Fotoaufnahmen von der mißlichen Lage der *Bremen*. Cuisinier scheint der Fotograf gewesen zu sein, denn er ist auf keinem der ersten Bilder selbst zu sehen. Die 2 1/4 x 4 1/4 Zoll großen Negative, mit seiner persönlichen Kamera gemacht, sollten noch eine wichtige Rolle in dem Nachrichtengewirr spielen, das sich stündlich verstärkte. Er hatte kaum Zeit die wertvollen Filmrollen aus der Kamera zu nehmen und sie dem "Reporter" Schiller zu übergeben.

Dr. Louis Cuisinier war in jeder Hinsicht ein außergewöhnlich fähiger Mann, dessen Ruf als "Typ" durch seine leichte Erregbarkeit und etwas Temperament noch verstärkt wurde. Er blieb bei der *Bremen*, solange sie in Kanada war, wurde aber in der Presse kaum erwähnt und selten fotografiert.

Als Junge hatte er in LaBrielle in Frankreich Louis Blériot beim Bauen und Fliegen des zerbrechlichen Flugzeugs gesehen. Sein Interesse an der Fliegerei war geweckt. Der junge Cuisinier entstammte der Bourgeoisie, wollte aber dennoch Mechaniker werden. Seine Eltern schickten ihn jedoch zum Medizinstudium nach Paris. Der Ausbruch des Krieges unterbrach seine Studien und er kam zunächst zur Infanterie. Später wurde er zur Fliegertruppe versetzt und wurde Flugzeugführer. 1918 griff man auf seine Kenntnisse als Arzt zurück und als solcher erlebte er das Ende des Krieges. Einmal blieb er ununterbrochen vier Einsatzzeiten an der Front und wurde wegen seiner Tapferkeit lobend erwähnt. Er wurde mit dem Croix de Guerre mit Palme und drei Sternen ausgezeichnet.

Er suchte das Abenteuer und ging in den frühen zwanziger Jahren nach Kanada. Seine Liebe zur Fliegerei war ungebrochen und geriet in Konflikt mit der Ausübung des Berufes als Arzt. Eine Gruppe von französischen Fliegern hatte in der Provinz Quebec die Compagnie Aérienne Franco-Canadienne gegründet und die Versuchung mitzumachen, muß wohl für den fliegenden Arzt zu groß gewesen sein. 1922 unternahm er den ersten Flug in die winzige Niederlassung Sept Îles. Ältere Einwohner erzählen noch immer von dem in Frankreich gebauten Schreck-Flugboot, das in der Bucht gelandet war und auf die See hinaustrieb, als der Motor abgestellt worden war. Als den Zuschauern bewußt geworden war, daß da irgend etwas nicht in Ordnung war, schritten sie zur Rettung des Flugzeugs. Das war Grund genug für eine tolle Feier am Abend.

Es wird berichtet, daß Cuisinier 30 Flüge nach Sept Îles gemacht hatte, ehe er und der Getreidehändler Fred Mahon in der Lage waren, den Aufbau einer Luftverkehrsgesellschaft auf dem St. Lawrence in Angriff zu nehmen. Beide wurden Direktoren der Canadian Transcontinental Airways Limited. Cuisinier war als Direktor für die Technik verantwortlich. Er reiste zu der Firma Fairchild nach Long Island und suchte selbst die beiden Flugzeuge für den neuen Postdienst aus.

Ein Foto des *Star* zeigt: (v.l.n.r.) Ami Thibeault, Duke Schiller, Freiherr von Hünefeld, Captain Fitzmaurice und Kapitän Köhl. (Foto: A. Cheesman durch K.M. Molson)

Schlagzeilen in der *Toronto Daily Star* vom 16. April 1928.

Kapitel 10

FITZ FLIEGT AUS

Am Montag um 10.00 Uhr war Schiller in der Luft. Fitzmaurice war sein Fluggast und sie flogen die Strecke vom Sonntag entlang der Küste von Quebec zurück. Das Wetter war beim Start einigermaßen, ein Rückenwind schob sie. Bald aber gerieten sie bei starken Westwinden mit tiefliegenden Wolken in Schneetreiben. Um 14.30 Uhr war es ihnen gelungen, Natashquan zu erreichen. Sie schickten eine Nachricht an den *Star* und beschlossen zu übernachten.

Für die kleine Gemeinde an der Mündung des Flusses Natashquan war es von großer Bedeutung, das erste Willkommen auf amerikanischen Boden zu entbieten, zumal ja auch ein Besatzungsmitglied der *Bremen* dabei war. Es folgten später dann noch viele Empfänge, aber der Empfang durch die Einwohner unter ihrem Bürgermeister, dem Pater Joseph Gallix, machte auf Fitzmaurice einen bleibenden Eindruck. Er erwähnte sein Versäumnis vor seinem Abflug aus Irland ein Visum beantragt zu haben und er hoffe nur, daß die kanadischen Behörden ihn nicht mit dem nächsten Schiff nach Hause schicken würden. Die Durchreisenden durften in dieser Nacht sogar im Haus des Bürgermeisters schlafen.

Die Nachricht von der Ankunft Fitzmaurices in Natashquan löste in Ste. Agnes eine neue Welle der Erregung aus. Dort hatten sich die Nachrichten- oder Fotoagenturen entweder zusammengerauft oder lagen in einem erbitterten Konkurrenzkampf. Die Amerikaner Fogg und Hogen bewachten ängstlich ihre *New Hampshire*, um Anschläge durch andere Besatzungen zu verhindern. Bald kam Fogg die Erkenntnis, daß er Kraftstoff brauchte, um aus dem feindlichen Lager wieder herauszukommen und wenn er es stehlen mußte. Beide standen um 2.30 Uhr am Dienstag auf, um diese Idee in die Tat umzusetzen. Sie bemerkten aber bald, daß vor dem Schuppen ein bewaffneter Posten stand. Eine kurze Unterhaltung mit dem schläfrigen Wachmann, nachdrücklich unterstützt durch ein paar nicht gerade kleine US-Dollarnoten, lösten das Problem aber rasch. Bei Tagesanbruch waren ihre Tanks voll, aber der kalte Motor wollte nicht anspringen.

Ein freundlicher Pilot kam ihnen bei ihren Bemühungen zu Hilfe und lieh ihnen ein Vorwärmgerät. Als der Motor endlich hüstelnd zum Leben erwachte, schoß es einem Mechaniker auf dem Platz durch den Kopf, daß die beiden starten wollten. Er rannte zu ihrem Flugzeug und verlangte eine Zollabfertigung vor dem Abflug. Der Zollbeamte, J.G. Matell sei bereits auf dem Weg. Aber auch hier rettete ein Gespräch die Situation. Fogg bat mit unschuldsvoller Miene um etwas Geduld, bis er seinen Probeflug beendet habe – er wolle nur das kalte Öl etwas anwärmen.

Die Methode war erfolgreich und als Fogg erst einmal in der Luft war, steuerte er die Waco in Richtung auf Sept Îles, einen Schritt näher an Greenly heran. Bei ihrer Ankunft entdeckten sie die in einer Bucht an der Fort River Brücke, drei Meilen außerhalb der Stadt, versteckte Fairchild von Vachon und legten sich daneben. Auch hier befanden sie sich auf feindlichem Gebiet, obwohl die Fotografen sich kannten. Fogg begann mit Vachon ein Fachgespräch unter Piloten, während Hogan sich mit seinem Freund Jackson unterhielt. Beide Gespräche trugen Früchte. Vachon wollte versuchen etwas Kraftstoff für die Waco zu besorgen und Hogan fand heraus, daß seine Firma irgendwie mit Pathé zusammenhing und er also eigentlich mit Jackson ein Team bildete.

Erst während dieser Unterhaltung erfuhr Hogan den Grund für die Geheimnistuerei in der Bucht. Schiller und Fitzmaurice sollten innerhalb der nächsten Stunde eintreffen und die Reporter erwarteten wie Jagdhunde ungeduldig ihr erstes Interview. Durch Zusammenarbeit beim Fotografieren konnten Fogg und Hogan die Bilder von Fitzmaurice in Sept Îles sehr schnell nach New York auf den Weg bringen, während Jackson wie geplant nach Greenly weiterreisen konnte.

Für die Besatzung der *New Hampshire* erschien nun alles in besserem Licht, aber ihr fluchtartiger Start in Ste. Agnes begann sie einzuholen. Zwei Telegramme trafen in Sept Îles ein. In dem einen wurde ihnen der Kraftstoff verweigert. In dem anderen drohte der Zoll mit Beschlagnahme der Waco und der Ausrüstung. Der Kampf um die Nachrichten wurde zur Schlammschlacht. Glücklicherweise waren sie ordnungsgemäß nach Kanada eingereist, so daß Bürgermeister Romerill sich der Sache annahm und Zollbürgschaft leistete. Er besorgte auch etwas Treibstoff. Bis aber alle Vorbereitungen getroffen waren, stand die Ankunft von Schiller unmittelbar bevor. Hogan baute die Kameras auf und als Fogg aus der Stadt zurückkam, war die Fairchild in Sicht.

Für die Ankunft von Fitzmaurice hatte sich in Sept Îles eine stattliche Menge versammelt. Es war ein Paradies für Fotografen mit Händeschütteln, sich in Positur stellen und Interviews. James Stanton von der Quebec *Chronicle Telegraph* führte ein ergiebiges Gespräch mit Fitzmaurice und gab es durch die Besatzung der Waco an die Kanadische Presse weiter. Vachon und seine Gruppe kehrten zur Nacht nach Sept Îles zurück. Schiller tankte die Fairchild auf. Hogan und Fogg verstauen ihr Gerät und die wertvollen Filme in der Waco und bereiteten sich für die Abreise vor. Duke war ihnen gefällig, half bei den Startvorbereitungen und drehte den Propeller durch. Einige Beobachter meinten, daß der Flug der beiden nach Greenly gehe, andere meinten das Ziel sei Ste. Agnes. Hogan und Fogg wären lieber nach Ste. Agnes geflogen, aber ihr Ziel mußte Quebec sein und ankommen mußte man vor der Dunkelheit.

Die Freunde von Duke Schiller aus Clarke City (einem kleinen Ort mit Papierherstellung, westlich von Sept Îles und 1925 von den Gebrüdern Clark gegründet) hatten sich während der Betankung eingefunden und legten größten Wert darauf, die Helden des Tages über Nacht zu Gast zu haben. Pat Collier, der Manager, war ein echter Ire und versprach die irische Flagge hoch oben am Haus solange wehen zu lassen, wie Fitzmaurice sich darin aufhielt. Nach der Betankung gingen Collier, Jim Stewart und der Reporter Leslie Roberts mit der Besatzung der Fairchild auf den kurzen Flug nach Clarke City, wo sie um 16.00 Uhr ankamen.

Zwischenzeitlich hatte Charles Bigoness den Auftrag bekommen, in Clarke City einen irischen Empfang vorzubereiten. Das Fest begann ohne die geringste Verzögerung sofort nach Ankunft der Gäste. Clarke City war 1928 für seine Gastfreundschaft bekannt und daß man dort verstand, Feste zu feiern. Bei diesem wurde alles geboten, vom volkstümlichen Squaredance bis zu den Reden. Am nächsten Morgen war das Wetter besser, aber die in der vergangenen Nacht gefeiert hatten, kamen für die noch verbliebene Strecke von 250 Meilen nach Lac Ste. Agnes nur sehr langsam auf die Beine. Tatsächlich verstrich darüber der ganze Vormittag.

Als tüchtiger Reporter hatte Leslie Roberts eine gute Nase. Er nahm an der Party teil und war auf einige Interviews aus. Er wurde besonders hellhörig, als sich Schiller nach einer Möglichkeit zur Entwicklung von Filmmaterial erkundigte. Bei all dem Spaß und Gelächter bei der Willkommensfeier war es nicht schwer, Informationen aus erster Hand über den Atlantikflug zu bekommen. Der Vertreter von Hearst blieb die ganze Nacht auf und schrieb drei lange Berichte, die er seiner Firma über Father Point telegrafisch zukommen ließ. Seine Arbeit an diesem Abend erwies sich als so ergiebig, daß er beschloß, am nächsten Tag nicht mit Vachon nach Greenly zu fliegen, sondern mit Schiller und Fitzmaurice nach Ste. Agnes zurückzukehren.

Ein anderer tüchtiger Reporter in Ste. Agnes hatte an diesem Morgen den Abflug der Waco *New Hampshire* beobachtet und war überrascht, daß der auffällige Doppeldecker am späten Nachmittag nach Quebec zurückflog. Er wußte vom Flug Schillers nach Sept Îles und wunderte sich völlig zu recht darüber, weil die Fairchild genau so gut nach Ste. Agnes hätte fliegen können. Er wußte aber nicht, daß der Reiz einer Party über einen Pressetermin gesiegt hatte. Einige der bedeutendsten Berichterstatter von Nordamerika warteten vergeblich in Ste. Agnes und schätzten die 24-stündige Verspätung überhaupt nicht.

Am Mittwoch Nachmittag ging in La Malbaie die Nachricht um, Schiller und Fitzmaurice seien endlich unterwegs. In einem Bericht wurde es als "unerklärliche Verspätung" bezeichnet, aber "Kater" wäre wohl die richtigere Bezeichnung gewesen. Während des Fluges war Leslie Roberts entsetzt, daß Schiller weiter trank, um so seinen "Kater" zu bekämpfen, als man der St. Lawrence Küste entlangflog. In einem Gespräch mit dem Autor beschrieb Roberts viele Jahre später, wie er Fitzmaurice ermuntert habe das Flugzeug eine Weile zu steuern, damit Duke schlafen könne.

Als um 16.00 Uhr die Fairchild in Sicht kam, lagen 12 Flugzeuge unten auf dem Wasser und am Landeplatz rannten 30 aufgeregte Fotografen herum. Duke versuchte durch einen Tiefflug über diese Leute sich eine Landegasse zu schaffen, konnte aber nicht verhindern, daß ein Ski den Schnee berührte. Er mußte schließlich die Maschine auf dem einzigen Fleck, wo sich niemand befand, mit Rückenwind aufsetzen. Sein Fliegen wurde als "unberechenbar" und "nicht gut" beschrieben. Bei einem Stop beim Rollen brach der Schwanzsporn im Eis ein und das Flugzeug war im Nu von Leuten umringt.

Die Hölle brach los als die Reporter wetteiferten, um Interviews und Bilder zu bekommen. Ein Berichterstatter schrieb sich seine Frustration von der Leber als er zu Papier brachte: "Es wurden mehr törichte Fragen gestellt und mehr fantastische Antworten allen Ernstes gegeben, als in einer Irrenanstalt."

Ein Reporter der *New York Times* schrieb: "Als erster stieg der Pilot Schiller aus dem Flugzeug. Er strotzte vor Überschwenglichkeit. Er schrie und fuchtelte mit den Armen wie besessen." Seine Fluggäste waren Fitzmaurice, Roberts, Jim Stewart und Josephine Mounier aus Clarke City. Die Menge quittierte mit Gelächter, daß Duke Fitzmaurice den Hut wegnahm und ihn Leslie Roberts aufsetzte.

Auch Fred Griffin, der Berichterstatter des *Toronto Daily Star* war unter den Wartenden, hatte aber mehr als nur ein Interview im Sinn. Man nahm an, Schiller trüge den Film von Cuisinier bei sich. Die Rolle mußte schnellstens nach Toronto. In dieser explosiven Athmosphäre, an der Grenze der Verzweiflung, mußte sich der Mann vom *Star* vorsichtig verhalten. Ein Interview mit dem Piloten hatte Zeit.

Um sich eine Telegrafieverbindung nach Toronto zu sichern, griffen die Leute vom *Star* auf einen uralten Trick der Journalisten zurück. Nach Fertigstellung seiner Bilder von der Ankunft fuhr Tom Wilson mit dem nächsten Schlitten in die Stadt. Er blockierte eine der drei Linien aus La Malbaie heraus, indem er pausenlos bedeutungslose Nachrichten seitenweise nach Toronto durchgab, um die Linie freizuhalten. *

---

* Im April 1928 gab es in La Malbaie nur eine Telefon- und eine Telegrafenlinie. Wegen der Ereignisse um die Bremen installierte Canadian National zwei weitere Telegrafenlinien.

Während der Tage des Wartens hatten die beiden Männer vom *Star* mit Frank Murtagh von der Newspaper Enterprises Association Freundschaft geschlossen. Weil dieser ein Flugzeug zu seiner Verfügung hatte, wurde er in ihre Pläne einbezogen. Ihr neuer Freund erwartete sie am See und nahm sich des wertvollen Films an, mit dem er unverzüglich die NEA Fairchild nach Montreal bestieg.

Schiller war von der Party in der vergangenen Nacht noch angeschlagen und wurde von der Menge der neuen Bewunderer mitgerissen. Griffin begann im Gewühl nach Duke zu rufen, aber Roberts meinte: "Laß doch. Er hat mir das für Dich gegeben," und gab ihm einen Umschlag. Er sah wie das Päckchen aus, das Griffin erwartete – aber nicht von einem konkurrierenden Zeitungsmann. Es war auch nur das Gekritzel drin, das Schiller unterwegs zu Papier gebracht und bereits an den *Star* geschickt hatte. Griffin entdeckte Schiller als dieser in ein nahegelegenes Bauernhaus gehen wollte und hatte erhebliche Mühe die Absperrung zu durchbrechen, um zu dem lieben Duke zu gelangen.

"Wo sind diese Bilder?" keuchte Griffin, "Du hast gesagt, sie seien im Flugzeug. Dort sind sie aber nicht."

"Oh, ich habe sie Roberts gegeben," kam die lässige Antwort von Duke. "Er hat gesagt, er würde sie Dir geben."

Das genügte Griffin. Mit glühenden Augen stürzte er sich auf Roberts, der instinktiv in seine Innentasche griff. In seinem Buch *"Variety Show"* erzählt Griffin: "Ich ergriff seine Hand und zog mit einem Ruck einen braunen Umschlag heraus - Filme - ich hielt sie gegen das schwindende Licht – die Bilder von der *Bremen*! Schnappschüsse von dem Transatlantik-Flugzeug auf Greenly Island; sieben Schnappschüsse, nur jewiels 2 1/4 x 2 1/4 Zoll groß, deren Wert aber mit Platin aufzuwiegen ist." Er gab sie rasch Murtagh, der damit zum bereits wartenden Flugzeug rannte.

Fred Griffin ging in das CTAL-Büro zurück, um zu seinem Interview mit Schiller zu kommen und traf dort auf tumultartige Zustände. Der Zutritt zu den kleinen Räumen war nur Befugten gestattet. Es war aber niemand da, der die lärmende Menge in Schach hielt. Vor der Ankunft des Flugzeugs hatten sich zwei entschlossene Reporter unter einem Bett verkrochen.So bekamen sie das Interview mit und zusätzlich etwas Staub, als Dank für ihre Bemühungen. Schiller sonnte ich im neugewonnenen Licht der Öffentlichkeit. Er erging sich in Schilderungen von der Zeit, als er in der Wiege gelegen hatte bis zum Flug nach Greenly und er konnte sich nicht im Zaume halten. Griffin faßte dann zusammen was er als "Gut gesponnenes Garn" bezeichnete und bestieg einen Schlitten zurück nach La Malbaie. Im Telegrafenamt war das Durcheinander noch größer. Aber Tom Wilson saß dort und hielt dieVerbindung nach Toronto, indem er 5000 sinnlose Worte aus Leitartikeln der *New Republic* telegrafierte. Innerhalb von fünf Minuten war die Geschichte von Schiller auf dem Draht nach Toronto, von wo aus sie dann an die *New York Times* und die *American Newspaper Alliance* ging.

Die Fotos des *Star* von der Ankunft Fitzmaurices in Ste. Agnes gelangten mit dem ersten Charterflug nach Montreal und wurden von einem anderen Mann des *Star*, Roy Greenaway, in Empfang genommen. Das Flugzeug von Murtagh mit dem Film aus Greenly kam aber nur bis Quebec. Das Durcheinander verursachte so viel Verspätung, bis das Wetter in Montreal unter den Grenzen für einen regulären Flugbetrieb war, als die Fairchild in Quebec eintraf. Die Straßen waren für eine rasche Beförderung nicht geeignet und man mußte einen Sonderzug mieten. Es waren nur Murtagh und ein Paket Film an Bord und der Lokführer legte die Strecke in guter Zeit zurück, verpaßte aber trotzdem den letzten Zug nach Toronto, obwohl dieser 15 Minuten gewartet hatte.

Diese Schwierigkeiten beleuchten nur das Drama rund um die Erstmeldung. Die elf Filmstücke wurden mit einem Taxi eiligst in die Dunkelkammer im Büro der *Dominion News* gebracht, wo Kopien hergestellt wurden. Einen Satz für Toronto und einen Satz für New York. Greenaway mietete für $ 200 einen schnellen Wagen und machte sich mit den Kopien für Toronto über die frühjahrsbedingt holperigen Straßen auf dem Weg. In Port Hope hatte der Fahrer einen kleinen Unfall mit einem anderen Wagen, aber dessen Eigentümer war zum Glück ein Freund des Herausgebers des *Star*, J.E. Atkinson und er drängte sie zur Weiterfahrt. Die Fahrt dauerte 9 Std und 55 Min, aber die Bilder waren am 19. April um 11.30 Uhr in der Redaktion, rechtzeitig für die Mittagsausgabe. Es waren weltweit die allerersten Bilder von der *Bremen* in Nordamerika. Ein Flugzeug mit dem bereits vorbereiteten zweiten Satz Bildern startete nach New York, hatte aber eine Panne, und sie wurden erst am nächsten Morgen veröffentlicht.

Ein Satz Kopien wurde von Montreal nach Ottawa gesandt und die Bilder erschienen am 20. April im *Citizen*. Einige Wochen später luden die Direktoren der North American Newspaper Alliance Griffin in das Waldorf-Astoria ein um ihn zu fragen, wie er die Erstmeldung zustande gebracht habe. "Es ist gelungen," sagte Griffin, "vielsagend und wahrheitsgemäß und diese amerikanischen Herausgeber waren so freundlich, einem kanadischen Reporter Beifall zu spenden."

Ein anderer Reporter, Harold A. Littledale von der *New York Times*, berichtete von seiner eigenen Enttäuschung. Nach vorheriger Vereinbarung mit der *Irish Times* war er Fitzmaurice als dessen Ghostwriter zugeordnet worden. Er sollte die künftigen Beiträge für die Verlegergruppe schreiben und hatte kurz und bündig den Auftrag bekommen: "Machen Sie sich auf den Weg zu Fitzmaurice." Da gab es nur eins: Koffer packen, er hatte kaum Zeit sich eine Handvoll Geld und einige Kleinigkeiten auf dem Bahnhof zu besorgen, und ab mit dem nächsten Zug nach Montreal.

Im Zug nach Quebec erkannte er Herta Junkers, stellte sich ihr vor und stand ihr für den Rest der Reise nach La Malbaie zur Seite. Durch diese Bekanntschaft hatte er den anderen Berichterstattern in Ste. Agnes gegenüber einen Vorteil. Trotzdem mußte er mit üblichen Schwierigkeiten kämpfen, um durch die nachrichtenhungrige Meute zu Fitzmaurice zu gelangen. Als er das endlich geschafft hatte, bat

Littledale Fitz um die exklusiven Aufzeichnungen und Fitz gab ihm gern das Ergebnis seiner bisherigen Bemühungen – ein paar Notizen, auf die Rückseite eines Briefumschlags gekritzelt.

Am gleichen Tag, an dem Schiller und Fitzmaurice nach Lac Ste. Agnes flogen, traf man auf der anderen Seite des Atlantiks Vorbereitungen, daß die Ehefrauen ihre heldenhaften Ehemänner in New York begrüßen konnten. Am Donnerstag dem 19. April verließ Frau Köhl Bremerhaven an Bord des Dampfers *Dresden* der außerplanmäßig Irland anlaufen sollte. Am Sonnabend bestiegen Frau Fitzmaurice und ihre sechsjährige Tochter Patricia das Schiff in Cork, von wo aus es nach New York weiterfuhr. Trotz der Bemühungen ihrer Ehemänner, eine rasche Flugverbindung nach Nordamerika zu errichten, war es eine schon ironisch anmutende Tatsache, daß die Frauen dennoch schneller als sie nach New York reisten.

Noch vor der Heldengeschichte des *Toronto Daily Star* bemühten sich Robert Fogg und Tom Hogan auf eigene Faust um die allererste Meldung von dem Ereignis. Ihre Blitzreise von Sept Îles mit dem Film von der Ankunft Fitzmaurices dort, verlief nicht ohne Zwischenfälle. Als sie Quebec erreicht hatten, überraschte sie die einbrechende Dämmerung und sie mußten in der Dunkelheit nach dem Platz suchen, wo sie das Fahrwerk gelassen hatten. Der Mechaniker Marston bekam zwei Aufträge: Einmal Austausch der Skier gegen die Räder und zum zweiten, die *New Hampshire* gegen nächtliche Sabotageakte zu schützen.

In gehobener Stimmung machten sich Fogg und Hogan auf den Weg zu ihren Zimmern im Chateau Frontenac. Aber es sollten noch weitere Probleme auf sie zukommen. Es erschien ein Zollinspektor mit dem Auftrag, das Flugzeug und die Ausrüstung zu beschlagnahmen. Grund war ihr eiliger Abflug aus La Malbaie. Vielleicht war das nur ein gescheiter Trick ihrer Rivalen, aber unsere Helden waren nach ordnungsgemäßer Zollabfertigung eingereist und wollten das Land auch so wieder verlassen. Sie erzählten ihre Geschichte dem Zollbeamten, wiesen ihre Papiere aus Sept Îles vor und die Sache war rasch beigelegt.

Bei der Vorbereitung ihres Abflugs am frühen nächsten Morgen verkündete Hogan lauthals nach Hadley Field, New York, fliegen zu wollen. Als sie in der Luft waren nahmen sie zwar Kurs auf New York, aber nicht nach Hadley Field. Um 8.10 Uhr landeten sie in Curtiss Field, Garden City, wo sie Ray Hall von Pathé und einige seiner Vizepräsidenten willkommen hießen. Um 11.00 Uhr lief in den New Yorker Kinos der Film, wie Fitzmaurice aus der Fairchild aussteigt und mit Bürgermeister Romerill von Sept Îles in einem Hundeschlitten fährt. In Chicago lief der Film am gleichen Abend an und in Los Angeles am nächsten Tag. Pathé waren wirklich die ersten auf der Leinwand und Fogg erhielt für seine Bemühungen die zugesagten $ 5000, obwohl er garnicht bis nach Greenly gekommen war. Die *New York Times* und die *Times* brachten als erste eigene Fotos, während die Bilder für den *Star* noch auf ihrem gefährlichen Weg nach Toronto waren.

Für das Ass von P&A, den Fotografen Edward Jackson, war es eine Zeit voller Frustration gewesen. Vier Tage waren vergangen, seitdem er New York verlassen hatte, um Bilder von der *Bremen* zu machen und er war erst in Sept Îles. Die Ankunft von Schiller und Fitzmaurice waren zwar auch von Interesse, aber seine echte Herausforderung lag 425 Meilen weiter östlich. Am Mittwoch dem 18. klarte es auf und Vachon startete mit dreien seiner vier Fluggästen, nachdem Leslie Roberts auf seinen Platz verzichtet hatte, um nach Ste. Agnes zurückzukehren.

Romeo Vachon hatte einen guten Flug nach Greenly und kam um 10.30 Uhr über der Insel an. Bis zu dieser Zeit hatten Cuisinier und Thibeault das Reservoir leerfließen lassen und die *Bremen* sicher auf Benzinfässern aufgebockt. Den Propeller hatten sie abgenommen. Die Reporter erfuhren, daß von Hünefeld hochfiebrig erkrankt gewesen und von Dr. Cuisinier wieder gesundgepflegt worden war. Die Erkrankung dauerte nur kurz, gab aber Grund zur Besorgnis, besonders weil der Freiherr Anweisungen für sein Begräbnis nach seinem Ableben gegeben hatte. Zum Glück war er wieder auf den Beinen und wohlauf, als die Reporter eintrafen. Sie konnten von ihm einige seiner Aufzeichnungen bekommen, darunter ein Gedicht aus Dankbarkeit, zu dem ihn ein Druck an seiner Schlafzimmerwand inspiriert hatte, der eine Kreuzigungsszene zeigte.

In diesem Gedicht dankt er dem Allmächtigen für seine Hilfe und Rettung aus Gefahr.

Das sonnige Wetter auf Greenly eignete sich vorzüglich zum Fotografieren. Köhl und von Hünefeld waren die am meisten abgebildeten: In ihren geborgten Fischerstiefeln, die bis an die Hüften reichten, beim Zeitungslesen und zusammen mit der Familie Letemplier und ihren Hunden. Jackson und Fernstom kamen zu allen Motiven, die sie wollten und drehten dazu noch tausend Fuß Film mit bewegten Bildern, wie man damals sagte. Stanton war unterdessen mit Interviews beschäftigt. Vachon lieferte die $ 500 ab, die ihm der Norddeutsche Lloyd mitgegeben hatte und war um 14.00 Uhr wieder auf dem Weg zurück nach Ste. Agnes – aber es gab weiterhin Verzögerungen.

Das Wetter verschlechterte sich und zwang zu einer Übernachtung in Natashquan. Aber am nächsten Morgen war es klar und sie waren früh unterwegs. Die Vier kamen in guter Verfassung in Sept Îles an und hielten sich nur solange auf, bis das Auftanken beendet war. Dann gingen sie auf die verbliebene Strecke von 250 Meilen. Das Pech, das Jackson verfolgte, schlug erneut zu. In der Nähe der kleinen Stadt Sacre Coeur-Saguenay, nur 25 Meilen von La Malbaie, gerieten sie in einen Schneesturm und waren gezwungen, den Film während einer weiteren Nacht nicht aus den Augen zu lassen. Endlich, am 20. April um 6.30 Uhr, war Jackson wieder in Ste. Agnes. Er stieg sofort in eine andere Fairchild um, zu einem Direktflug nach New York. Er kam in Governor`s Island um 13.15 Uhr an und der Film war 20 Minuten später im Büro. Das ganze Unternehmen hatte eine Woche gedauert, aber er und Fernstom ernteten für ihre Arbeit viel Beifall.

Mit dem ersten Erfolg war aber der Kampf um Bilder von der beschädigten

Bremen auf Greenly noch nicht zu Ende. Jackson bekam zwar einen gehörigen Teil des Lobes ab, aber bevor sein Film noch in New York ankam, war ein weiterer Kameramann von Pathé, Harry Smith, in einer gecharterten Fairchild Kabinenmaschine auf dem Weg von New York. Er flog am 19. in New York ab und erreichte Natashquan am Freitag, dem 20. Nach einem frühen Start am Sonnabend, kam er in Greenly an und hatte drei Stunden Zeit für die Aufnahmen, bevor er wieder abflog. Dem Nordufer des St. Lawrence entlang ging es nach Westen. Wegen schlechten Wetters mußte man in Quebec landen. Den Film brachte er aber am gleichen Abend noch zum Zug nach New York. Es war eine bemerkenswerte Leistung, die aber kaum Aufmerksamkeit fand, denn die Zeit der allerersten Bilder war vorbei und die Erregung begann sich zu legen. Noch weniger Anerkennung fand der Pilot dieses Fluges: Sein Name erschien nicht einmal in dem ohnehin mageren Bericht.

Das Leben auf Greenly lief mehr oder weniger wieder in den gewohnten Bahnen. Für die *Bremen* konnte man nichts mehr tun und man hatte Zeit zum Schreiben und zur Rekonstruktion der Einzelheiten des Fluges. Bei schönem Wetter machten die unfreiwilligen Gäste regelmäßig Ausflüge zum Festland und wurden ein Teil des öffentlichen Lebens dort. Sie waren vom Besuch eines deutschen Landsmannes namens Freitag angenehm überrascht. Er hatte, beladen mit Geschenken, Tabak und Zigaretten, eine lange Reise aus dem Inneren von Labrador hinter sich. An den warmen Tagen begann der Schnee zu schmelzen und im Eis zeigten sich Risse.

Der Name Jones ist in der Gegend von Blanc Sablon weitverbreitet und eine ganze Reihe von Familien mit diesem Namen hatten auf diese oder jene Weise mit der *Bremen* zu tun. John Jones war 1928 der Zollbeamte des Bon Esperance Gebietes und der Regierungsbeamte. Cuisinier wandte sich an ihn, als er die Rettungsaktion für die *Bremen* leitete. Als Leiter des Flugbetriebs der Canadian Transcontinental Airways hatte er zu Beginn damit überhaupt nichts zu tun, als jedoch die Aufgabe anstand, war es nur folgerichtig, daß er diesen Job übernahm. Das Neue und die damit verbundene Unruhe standen ihm perfekt. Er machte das Unmögliche möglich und bekam großes Lob von von Hünefeld als "der Gute Gott von Kanada, immer freundlich lächelnd, was diesem riesengroßen Mann einen besonderen Charme verlieh."

Die Einwohner von Long Point hatten in den ersten aufregenden Tagen freudig geholfen; schon aus reiner Neugierde. Das änderte sich aber später. Als es an die Arbeit gehen sollte, verlangten sie Bezahlung. Cuisinier versprach Zahlung zu gegebener Zeit, aber als kein Geld kam, begannen die Arbeiter sich zu beschweren. Es fielen auf beiden Seiten harte Worte und John Jones drohte das Flugzeug im Namen der Arbeiter zu beschlagnahmen, wenn nicht bald Geld käme. Die Entlohnung blieb ein Problem, solange die *Bremen* dort stand. Sowohl Junkers, wie auch der Norddeutsche Lloyd schickten Geld, aber die notwendigen Hilfeleistungen überstiegen alle Erwartungen.

Die Fairchild von Schiller im Landeanflug auf Ste. Agnes. Vorn Reporter und Fotografen. (Foto: G. Couture-Sammlung)

(Oben und unten) Fitzmaurice und Schiller steigen zu ihrer ersten Pressekonferenz in Sept Îles aus dem Flugzeug aus. (K.M. Molson-Sammlung)

Links: Duke Schiller steigt aus der Fairchild aus. V.r.n.l.: John Schröder, Norddeutscher Lloyd und Herta Junkers im Gespräch mit Robert Cannon. (Foto: A. Cheesman durch K.M. Molson)

Links unten: Fitzmaurice und Schiller stecken sich eine an. Sie sind gerade in Lac Ste. Agnes angekommen. (Foto: A. Cheesman durch K.M. Molson)

Unten: Herta Junkers im Gespräch mit Fitzmaurice, Robert Cannon spricht mit Schiller. (Foto: A. Cheesman durch K.M. Molson)

Antoine Letemplier auf der Einfassung des Reservoirs. V.l.n.r.: Romeo Vachon, Köhl, Thibeault und von Hünefeld besprechen die Reparaturarbeiten. (Foto: Public Archives Canada)

Die Fairchild von Romeo Vachon auf dem Eis in Greenly. Edward Jackson bereitet ein weiteres Bild vor. Der Mann mit Krawatte ist Johnny Letemplier, der Leuchtturmwärter. (Foto: R. Vachon-Sammlung)

Der Fotograf Edward Jackson nimmt die beiden Deutschen auf. Ami Thibeault steht daneben. Der Freiherr trägt noch einen Verband um sein Handgelenk. Eine Folge des Sturzes auf dem Eis. (Foto: durch La Société Historique du Saguenay)

Eins der ersten Bilder von den Instandsetzungsarbeiten. Der Propeller ist abgebaut und das Flugzeug im Reservoir neu aufgestellt worden. Einfassung und Abfluß sind deutlich zu sehen. (Foto: durch R. Cannon)

Der *Toronto Daily Star* trompetet am 20. April 1928 die Erstmeldung hinaus.

Postempfang in Lac Ste. Agnes. V.l.n.r.: Danielle Cuisinier, Mrs. Cuisinier, Louis Couture, Präsident, und Robert Cannon, Finanzchef der CTAL. Das junge Mädchen auf dem Schlitten ist Françoise Cuisinier. (Foto: G. Couture-Sammlung)

KAPITEL 11

EINE NEUE ENTWICKLUNG

Am Mittwoch dem 18. war der Eisbrecher *Montcalm* noch 50 Meilen von der Insel entfernt, als Kapitän Mercier den Versuch aufgab, die Durchfahrt nach Greenly zu erzwingen. In einem anderen Teil des Kontinents begann ein Rettungsversuch, der wesentlich eher durchführbar erschien. Er hatte wesentliche Auswirkungen auf die Nachrichtengestaltung der nächsten beiden Wochen. Die Idee stammte von C.B. Allen, dem Luftfahrtredakteur der *New York World*. Er erkannte das öffentliche Interesse, das entstanden war, während die Flieger sich wie Ausgesetzte auf Greenly befanden und ihm war klar, daß die kleinen einmotorigen Flugzeuge in ihrer Kapazität viel zu beschränkt waren, um der gestrandeten *Bremen* wirklich Hilfe bringen zu können. Er wandte sich an Herbert Bayard Swope, seinen geschäftsführenden Herausgeber, und beide arbeiteten zusammen mit der *North American Newspaper Alliance* einen Plan aus.

Sie baten Kommandeur Richard E. Byrd um die dreimotorige Ford, die gerade für seine Südpol-Expedition vorbereitet wurde. Der Kommandeur erkannte den Vorteil einer solchen Öffentlichkeitsarbeit für seine eigenen Pläne, aber in die Ford wurde gerade in Detroit ein größerer Mittelmotor eingebaut. Die Firma Ford hatte aber bald ein anderes dreimotoriges Flugzeug vom Typ 4AT Trimotor gefunden. Es stand in der Halle in Dearborn und gehörte den Sky View Lines Inc. aus Detroit und trug die Werknummer 10. Es war eingesetzt gewesen, um die Mutter von Charles Lindbergh zu Weihnachten 1927 nach Mexico zu fliegen und wurde jetzt für die Sky View Lines Inc. aus Chippawa, Ontario, in der Nähe der Niagarafälle, umgerüstet.

Es sollte bald die kanadische Registrierung G-CARC erhalten, zusätzlich zu seiner US-Immatrikulation C-1077, um dann Gäste über die Niagarafälle zu fliegen. Das Flugzeug war für den Greenly-Einsatz ideal. Seine Langstreckentanks gestatteten bis zu 20 Stunden Flugzeit. Eine Vercharterung an die *New York World* war bald unter Dach und Fach und der Versicherungswert des Flugzeugs wurde auf $ 70 000 festgelegt. In vielen späteren Berichten wurde davon gesprochen, daß die Ford von Byrd für den Flug eingesetzt worden sei und nach einigen soll sogar der Kommandeur selbst zur Besatzung gehört haben.

Man hatte Byrd´s Piloten, Floyd Bennett und Bernt Balchen, gebeten, die Trimotor zu fliegen und sie sollten am 18. mit dem Reporter Charles J.V. Murphy in einer Bellanca von New York nach Detroit fliegen. Dieses Flugzeug wurde gerade auf seine Eignung für die Atlantik-Expedition geprüft. Beide Piloten hatten sich kurz zuvor auf einem Flug nach Nordkanada eine Erkältung zugezogen, waren aber auf den vorgesehenen Flug erpicht. Bennett hatte seit seiner Rückkehr aus Winnipeg Ende März das Bett gehütet und sagte zu Balchen als sie nach Detroit flogen: "Wir sind genau das richtige Paar um jemanden zu retten."

Der Einsatz von Floyd Bennett, Bernt Balchen und der Ford waren ein wesentlicher Beitrag, der gestrandeten Besatzung zu Hilfe zu kommen. Da war nun ein ausreichend großes Flugzeug für die Aufgabe und die Piloten waren in Fachkreisen hochgeschätzt. Bennett hatte Byrd bei zwei seiner Abenteuer in der Arktis geflogen. Balchen, früher Offizier der Norwegischen Luftwaffe, hatte bei der Nordpolexpedition von Byrd 1926 unschätzbare Dienste geleistet. Auch beim Atlantikflug von Byrd, am 29. Juni 1927 mit der *America* hatte er eine bedeutende Rolle gespielt. Jetzt war er Testpilot bei der Fokker Aircraft Company in den USA.

Bei der Jagd, wer zuerst den Nordpol überfliegen würde, hatten sie sich als Rivalen in Spitzbergen kennengelernt. Bennett hatte Kommandeur Byrd auf der amerikanischen Seite in einer Fokker F.VII3m *Josephine Ford* geflogen. Balchen tat auf Spitzbergen Dienst und stand mit seiner Besatzung bereit dem italienischen Luftschiff *Norge* zu helfen, das bei der norwegischen Mission eingesetzt war. Byrd hatte mit den Skis unter seiner dreimotorigen Fokker Schwierigkeiten und zweimal reparierte die Besatzung von Balchen Schäden am Flugzeug der Konkurrenten. Durch diese Hilfe war das amerikanische Flugzeug am 9. Mai in der Luft, zwei Tage bevor die *Norge* in Spitzbergen ankam.

Hier herrschte noch Sportsgeist. Als aber Byrd und Bennett nach 15 1/2 Stunden von einem Flug zum Nordpol wieder zurück waren, einem Flug der auf 23 bis 24 Stunden geschätzt worden war, kamen in Oslo und in Rom Zweifel auf. Die amerikanische Presse sprach von den "sauren Trauben" bei den anderen. Der Leiter der norwegischen Expedition, Amundsen, beglückwünschte Byrd und startete mit der *Norge* am 11. Mai zu seiner eigenen Polüberquerung.

Kommandeur Byrd lud Bernt Balchen ein, sich seiner Forschungsmannschaft anzuschließen und alle zusammen kehrten mit dem U.S.-Forschungsschiff *Chantier* nach Amerika zurück. Nach den Feierlichkeiten aus Anlaß des Nordpolflugs schlossen sich die beiden Piloten zu einer Besatzung zusammen und flogen die dreimotorige *Josephine Ford* auf einem Werbeflug durch die Vereinigten Staaten. Sie landeten in 46 Städten und in den 48 Tagen in Hotels, auf Empfängen und Flugplätzen waren sie ein so gutes Team geworden, wie es sich Byrd nur wünschen konnte.

Bernt Balchen verbrachte den März 1927 im Norden von Kanada, wo er für die Western Canada Airways tätig war. Er war von der Firma Teterborough des Anthony Fokker ausgeliehen worden, um den Platz Churchill an der Hudson Bay auszubauen. In dieser Zeit konnte Bernt seine Kenntnisse im Fliegen bei kaltem Wetter vertiefen und entwickelte eine Vorliebe für das nördliche Kanada, das seiner Heimat Norwegen so ähnlich war. Bennett war schon oft während seiner Dienstzeit in der US Navy in Kanada gewesen. Neufundland hatte er während der MacMillan Expedition zur Insel Ellesmere umflogen, als er unter Byrd als Pilot tätig war. Bei dieser Gelegenheit hatte sein Schiff sogar einmal vor Greenly geankert und die Besatzung ging auch an Land – an dem Punkt, der nun ihr Bestimmungsort war.

Während Balchen Dienst in Kanada tat, ereilte Bennett im Frühjahr 1927 ein Schicksalsschlag. Tony Fokker hatte gerade Balchen beauftragt, die Reparatur von zwei beschädigten Flugzeugen zu überwachen, als H.A. "Doc" Oaks von Western Canada Airways ein Telegramm schickte, in dem er um eine Verlängerung der Abordnung von Balchen bat, damit er beim Fliegen einspringen könne. Bernt war mit den zusätzlichen Wochen einverstanden, fiel aber so für seine Arbeit als Testpilot für das vielbeschäftigte Werk von Fokker in New Jersey aus.

Die dreimotorige Fokker *America* von Rodman Wanamaker mußte einen Testflug machen. Weil aber Balchen in Kanada war, setzte sich Fokker selbst in den Pilotensitz und nahm Bennett an seine Seite. Der Funker George Noville wollte mitfliegen und Fokker, der nicht viel von Noville hielt, stimmte nur zögernd zu. Als Kommandeur Byrd ihre Startvorbereitungen bemerkte, rannte er hinzu und bat, ebenfalls mitkommen zu dürfen. Diese neue Entwicklung mitten in seinen Startvorbereitungen setzte Fokker unter einen gewissen Druck. Schließlich war Byrd für die Anmeldung Wanamakers zum Wettfliegen New York - Paris verantwortlich und stand bereits unter Hochspannung. In der Eile und wegen der beiden unerwünschten Gäste, die sich in den Führerraum drängten, dachte keiner daran, vor dem Start die Gewichts- und Schwerpunktberechnung zu prüfen.

Als Fokker die Landung einleitete, wurde er sich der Schwierigkeit bewußt. Das Zusammentreffen von einem Tragflügel mit starkem Auftrieb und einer geringen Treibstoffzuladung würde eine viel geringere Landegeschwindigkeit erfordern, als gewöhnlich. Das Flugzeug war deutlich kopflastig und er forderte die Fluggäste auf, sich in den hinteren Teil des Flugzeuges zu begeben. Jetzt erst bemerkte man, daß der Durchgang durch die Langstreckentanks blockiert war. Auch daran hatte man zuvor nicht gedacht. Bei der nachfolgenden Landung überschlug sich die

EINE NEUE ENTWICKLUNG

America trotz voll gezogenem Steuerknüppel und blieb schwerbeschädigt auf dem Rücken liegen.

Alle außer Fokker waren schwer verletzt. Byrd hatte sich das Schlüsselbein gebrochen und Noville erlitt erhebliche innere Verletzungen. Beim Aufschlag riß der Mittelpropeller den Motor nach rechts, wo Bennett saß und kopfüber in den Gurten hing. Sein rechter Oberschenkel war gebrochen und eine Lungenhälfte war durch einen Splitter vom Propeller durchbohrt. Alle wurden wieder gesund, aber Bennett war niemals mehr der alte. Er verpaßte den Transatlantikflug, der während der Zeit der Genesung stattfand, wurde aber auserwählt die Flieger bei der bevorstehenden Südpol-Expedition von Byrd zu befehligen. Hätten Balchen und Bennett an diesem Tag den Testflug mit der *America* gemacht, wie es normalerweise hätte sein müssen, dann wäre vieles in der Geschichte der Luftfahrt anders verlaufen – ganz besonders das letzte Kapitel in der Biografie von Floyd Bennett.

Der Unfall hatte auf die spätere Karriere von Balchen entscheidende Auswirkungen. Bert Acosta wurde als Ersatz für Bennett zum Piloten der America für die späteren Flüge ernannt. Er führte nach dem Unfall mit Balchen alle Testflüge durch. Bei einem Flug war Tony Fokker an Bord. Diese Geschichte erzählt Balchen in seinem Buch *"Come North With Me"*:

"Es herrscht dicker Nebel als wir Höhe gewinnen, aber darauf achte ich nicht. Acosta sitzt am Steuer und als wir durch eine dichte Wolkenbank fliegen, werde ich fest in meinen Sitz gedrückt. Ich sehe, daß der Wendezeiger ganz nach einer Seite ausgeschlagen hat und die Fahrt immer schneller wird. Ich ergreife rasch das Steuer und Acosta nimmt erleichtert die Hände von der Steuersäule." Fokker hatte alles genau beobachtet und war sehr erregt über das, was er da sah (den Beginn eines Spiralsturzes). Wenn der neue Pilot von Byrd das Flugzeug in den Wolken über New Jersey nicht unter Kontrolle halten konnte, was sollte erst über dem Atlantik werden?

Wieder auf dem Boden, explodierte Fokker in der ihm eigenen impulsiven Weise und bestand darauf, den jungen Norweger als zweiten Piloten mitzunehmen um beim Fliegen in Wolken keine Schwierigkeiten zu bekommen. Und so geschah es. Balchen steuerte schließlich das Flugzeug fast auf dem gesamten Transatlantikflug und Tony Fokker schreibt in seinem Buch *"Flying Dutchman"*: "Byrd war Balchen immer mehr zu Dank verpflichtet, weil er das Leben der Besatzung der *America* durch viele Stunden Blindflug rettete und eine bemerkenswerte Landung in der Brandung vor der felsigen Küste vor Ver-sur-Mer in Frankreich machte." Nach der Rückkehr der Besatzung der *America* nach New York besucht Balchen Bennett in dessen Wohnung in Brooklyn und in seinem Tagebuch schrieb er damals seine Eindrücke wie folgt nieder:

"Bennett ist noch immer nicht von dem Unfall genesen. Er ist schmal und blaß und zieht seinen Fuß etwas nach. Er scheint in keiner guten physischen Verfassung zu sein. Er hat sich angewöhnt, mit der Zunge seine Lippen anzufeuchten. Er scheint in einer gewissen Spannung zu leben.

Wenig später hatte ich Gelegenheit, ihn auf Flügen mitzunehmen und er fand so zu seiner gewohnten Ruhe zurück. Western Canada Airways kaufte noch eine Reihe von *Fokker Universals* und wir brachten einige davon von Teterborough nach Winnipeg, Manitoba. Bennett begleitete mich auf zwei dieser Flüge und machte später auch selbst einen. Bei diesen Flügen wurden Bennett und ich gute Freunde und wir kannten uns, wie sonst nur wenige Menschen.

In der zweiten Hälfte des Februar steuerte jeder von uns eine Fokker auf dem letzten Überführungsflug. Wir übernachteten in Chicago im Congress Hotel, hatten das Abendessen hinter uns und saßen oben in unserem Zimmer und unterhielten uns. Bennett hatte wohl etwas auf dem Herzen. Er wandte sich an mich, "Du weißt gar nicht was es für mich bedeutet wieder fliegen zu können. Ich werde niemals Deine Hilfe in diesen Tagen vergessen. Du hast von dem Atlantikflug kaum etwas gehabt (Balchen hatte von Byrd keinen Cent erhalten. Tony Fokker gab ihm für den Flug $ 500 und Rodman Wanamaker kleidete ihn in Paris neu ein). Es schaudert mich, wenn ich daran denke. Ich kenne die ganze Geschichte, aber das ist ja gar nichts gegenüber der Wahrheit über den Flug zum Nordpol. Ich muß Dir etwas sagen, das mir seit langer Zeit im Kopf herumgeht. Weißt Du, Byrd und ich haben nie den Nordpol erreicht."

"Dies bestätigte meinen Verdacht," fährt Balchen in seinem Tagebuch fort, "und meine Gedanken gingen zu Amundsen, Ellsworth und Nobile, die nach allem also doch als Erste den Nordpol auf dem Luftweg erreicht hatten. Zwischen uns bestand irgendeine stillschweigende Vereinbarung, darüber nicht mehr zu reden." In seinem Buch *"Oceans, Poles und Airmen"* gibt Richard Montague Einzelheiten zu dieser erstaunlichen Enthüllung.

Im Tagebuch der ersten Monate des Jahres 1928 dokumentiert Balchen die Versuchsflüge in Kanada mit der *Antartic Ford* bei kaltem Wetter, kurz bevor er nach Greenly Island gerufen wurde. Dies wird für die *Bremen* äußerst bedeutungsvoll, im Hinblick auf die nachfolgenden Ereignisse.

"Wir rollten unsere dreimotorige Ford NX 4542 aus der Halle in Detroit, um eine Reihe von Versuchsflügen in Kanada durchzuführen. Am nächsten Tag luden wir die Skier und weiteres Gerät ein und flogen nach Winnipeg und The Pas. In The Pas setzten wir das Flugzeug auf Skier und gingen auf Nordkurs nach Cold Lake, Reindeer Lake und Le Brochet. Wir gerieten in wirklich kaltes Wetter und blieben etwa eine Woche in der Wildnis. Wir wohnten in Zelten und flogen Charter für die Northern Aerial Minerals Exploration Company. Es war ein außergewöhnlich guter Test für unsere Ausrüstung und Bennett selbst konnte Erfahrungen für den Flugbetrieb in kaltem Wetter sammeln.

Die Skier bewährten sich, die Winterausstattung und die Heizung waren gut. Allerdings verringerten die Skier die Leistung, so daß man sich keine Chance ausrechnen konnte, zum Südpol und zurück zu fliegen, ohne zuvor neue und stärkere Motoren einzubauen. Während unseres Aufenthaltes in Reindeer Lake steckten wir einige Claims für Bodenschätze ab, die nach unserer Rückkehr für die Fordwerke registriert werden sollten."

Alle Besatzungsmitglieder der Versuchsflüge steckten in der Gegend von Rainbow Lake in Manitoba Claims ab. Bennett berichtete enthusiastisch der Presse, daß diese Claims in der Nähe einer Parzelle lägen, die beim Verkauf $ 20000 eingebracht hätte. Aus ihren Spekulationen wurde aber nichts. Während diese Wintertests stattfanden, wartete die Besatzung der *Bremen* in Baldonnel auf günstiges Wetter für ihren Flug nach New York. Das Schicksal ließ sich aber nicht aufhalten.

Bei der Ankunft von Floyd Bennett und Bernt Balchen in der Bellanca in Dearborn, bemerkte Edsel Ford, daß es den beiden gar nicht gut ging. Er schlug ihnen deshalb mit dem nötigen Feingefühl vor, sich den Tag über im Ford-Krankenhaus aufzuhalten, während man sich der Trimotor annehmen werde. Am 20. bestanden beide auf ihrem Abflug. Sie starteten bei Wolken und Nieselregen zu dem Non-Stop-Flug nach Lac Ste. Agnes. Charles Murphy, der Reporter der *New York World*, und Thomas Mulroy, der in der Antartik-Mannschaft von Byrd als Ingenieur für den Treibstoff verantwortlich war, flogen mit. Skier und Winterausrüstung waren in der Kabine verstaut und Carl Wenzel aus der Ford-Mannschaft war dabei, um das Auswechseln der Fahrwerksräder gegen die Skier zu überwachen.

Um aus den Wolken herauszubleiben, flog die Ford während der ersten Stunden des Flugs nach Ste. Agnes in etwa 3300 Metern Höhe. Die Heizung arbeitete nicht ordentlich und der Flug war unbequem, auch für die einigermaßen Gesunden an Bord. Während des gesamten Fluges hatte sich Bennett in die warme lederne Fliegerkleidung von Balchen eingewickelt und schlief. Mulroy versuchte es ihm bequem zu machen und schlug ihm sogar vor umzukehren, um ärztliche Hilfe aufzusuchen. In der Gegend von Montreal klärte es sich soweit auf, daß man auf eine etwas wärmere Flughöhe heruntergehen konnte. Um 15.45 Uhr setzte die große Ford im Schneeschauer in Ste. Agnes auf. Gegen sie erschienen die Flugzeuge der Presse, die nun in Reihen dort geparkt waren, wie Zwerge.

Mit der Landung der Trimotor begann eine neue Runde von Aktivitäten auf der Basis der Canadian Transcontinental Airways. Reporter und Fotografen aller Zeitungskartelle liefen zusammen. Zu dem Durcheinander trugen die Neugierigen aus der Gegend bei, die keinen Augenblick des sich entwickelnden Dramas verpassen wollten. Fitzmaurice und Schiller begrüßten die Ankommenden und Bennett tat sein bestes, um die Fotografen zufriedenzustellen, nachdem man ihm durch die Kabinentür geholfen hatte.

Murphy und Mulroy besorgen in dem gelben Schindelhaus von Madame Adéle Imbeau für Bennett ein Zimmer. Die hübsche, wohlproportionierte Dame steckte ihn sofort ins Bett. Dr. J.A. LaPointe aus La Malbaie besuchte ihn und veranlaßte das Notwendige für den Patienten. Nachdem er Wenzel bei den Skier geholfen hatte, suchte auch er die Ruhe. Als Dr. LaPointe am nächsten Morgen nach Bennett sah, hatte der sehr hohes Fieber und fiel in Bewußtlosigkeit. Er mußte nun in ein

Krankenhaus, aber die medizinische Versorgung in La Malbaie war äußerst beschränkt.

Zu dieser Zeit leitete Herta Junkers die Rettungsarbeiten und sie gab sofort einem der wartenden Flugzeuge den Auftrag, Bennett in das 75 Meilen entfernte Quebec zu fliegen. Bernt und Floyd besprachen die neue Lage, während Reporter und Fotografen Floyd wieder in die Lederkleidung halfen. Sie hoben ihn in den Schlitten von Cervier Martel und begleiteten ihn zu der wartenden Fairchild FC-2 G-CAHL. Der Flugzeugführer Geoffrey Dean und der Mechaniker Herbert Lovett von der Fairchild Aviation machten es ihm mit Kissen auf dem Kabinenboden bequem. Bei ihrer Ankunft auf den historischen Plains of Abraham wartete ein Krankenwagen und Bennett wurde schnellstens zu Dr. W.H. Delaney in das Jeffrey Hale Hospital gefahren.

In der Menschenmenge in Battlefields Park auf den Plain of Abraham stand an diesem Morgen auch der Teenager Maury Quinn. Sie erinnert sich 58 Jahre später noch daran. "Ich stand unmittelbar unter der Tragfläche des Sanitätsflugzeugs," erzählt Maury, "als Helfer Bennett zu einem wartenden Krankenwagen trugen. Die Trage wurde dicht an mir vorbeigetragen. Ich erinnere mich, daß er mit einer Decke zugedeckt war und den Helm noch aufhatte. Die Fliegerbrille war auf die Stirn hochgeschoben. Einer seiner Arme war ausgestreckt, mit der anderen Hand hielt er seinen Kopf. Er war blaß und in Schweiß gebadet. Man merkte ihm an, daß es ihm nicht gut ging."

Dr. Delaneys Diagnose lautete: Lungenentzündung. Mrs. Bennett wurde zuhause in Brooklyn verständigt und nahm, nach einer Beratung durch Ärzte in New York, den Zug am Montagmorgen nach Quebec. Sie wurde von Dr. Alvan L. Barach vom Presyterian Hospital in New York begleitet, der ein Sauerstoff-Beatmungsgerät und Ersatzflaschen mit Sauerstoff dabei hatte. Er galt als Spezialist für Krankheiten der Atemwege. Kommandeur Byrd wurde in Boston benachrichtigt und bereitete seine Abreise nach Quebec vor. Diese verhängnisvolle Entwicklung führte zu neuen Schlagzeilen und die Fotografen ließen keine Gelegenheit aus, jede Neuigkeit in Bildern festzuhalten.

Floyd Bennett (links) und Bernt Balchen in den Tagen ihrer Auslieferungsflüge nach Kanada. (Foto: Balchen-Sammlung)

Bernt Balchen beugt sich über den Skiern der Ford von Byrd in The Pas, Manitoba. Bennett steht am Ölfaß. (Foto: Balchen-Sammlung)

Das Team der *New York World*. V.l.n.r.: Balchen, Bennett und der Berichterstatter Charles Murphy bereiten sich auf den Flug von New York nach Detroit vor, um der *Bremen* zu Hilfe zu kommen. (Foto: Balchen-Sammlung)

Das letzte Foto von Floyd Bennett zusammen mit Fitzmaurice, Duke Schiller und Bernt Balchen. (Foto: Aer Lingus)

Floyd Bennett liegt auf dem Sitz des Schlittens, der ihn zum Flugzeug bringt. (Foto: P&A)

Die Fairchild 'AHL vor dem Start in Plains of Abraham, Quebec; sie hatte Floyd Bennett in das Krankenhaus gebracht. (Foto: K.M. Molson-Sammlung)

KAPITEL 12

ENDLICH KOMMT HILFE

Sobald die erste Meldung von der Landung der *Bremen* vorgelegen hatte, begann Otto Scherer, Chefingenieur der Junkers Corporation of America, Ersatzteile zusammenzustellen, die möglicherweise benötigt würden: Neue Fahrwerksräder, Fahrwerkstreben und, besonders wichtig, einen Propeller, der für die Luftschraubenwelle des L5-Motors passend gemacht wurde. Einer der Gründe für die Rückkehr von Melchior aus Montreal nach New York war die Anpassung dieser Spezialluftschraube an den Motor der Junkers F 13. Als man feststellte, daß der Ersatz nicht rechtzeitig zur Verfügung stehen konnte, wurde die F 13 unklar geschrieben und ihr Propeller für den Versand nach Greenly vorbereitet. In Begleitung des Firmenmechanikers Ernst Köppen, ging alles mit dem Zug über Montreal auf den Weg. Trotz einer Verzögerung wegen der Zollabfertigung kamen alle Ersatzteile so rechtzeitig in Ste. Agnes an, daß sie auf die Ford Trimotor umgeladen werden konnten.

Auf eine Anfrage aus Greenly wegen Skier kam die Antwort, solche seien nicht vorhanden. Man wollte aber Räder mit breiten Reifen schicken in der Hoffnung, diese seien bei Schnee geeignet. Duke Schiller hatte sich für Skier für die *Bremen* starkgemacht und hatte bei A.W. Cooper, dem Korrespondenten der *Montreal Gazette* ein offenes Ohr gefunden. Cooper hatte eindrucksvolle Berichte für seine Zeitung geschrieben und als er einen Satz Skier im Schnee hinter der Flugzeughalle fand, war es für ihn selbstverständlich, sie einfach nach Greenly zu schicken. Er schrieb in seinem Artikel, die Skier wären aus unerfindlichem Grund im Schnee versteckt gewesen und trug damit dazu bei, daß noch mehr Gerüchte in Ste. Agnes die Runde machten. In seinen Artikeln nennt er stets die dreimotorige Ford "Das Arktis-Flugzeug von Byrd", und hat damit den Grundstein gelegt, für spätere geschichtliche Ungenauigkeiten.

Um die *Bremen* zu bewegen, war es notwendig den besonderen Benzol-Treibstoff für den L5-Motor zu beschaffen. In der nordamerikanischen Luftfahrt war es kein gängiger Treibstoff und nur in sehr geringen Mengen vorhanden. Scherer suchte bei den kanadischen Ölfirmen und fand heraus, daß bei der Frontenac Oil Refineries in Montreal in Fässern ein Gemisch lagerte, das Cyclo genannt wurde und 80% Benzol enthielt. J.A. Jones aus Frontenac bereitete die Lieferung von 300 Gallonen Cyclo und 5 Gallonen Red Indian Motoröl nach Ste. Agnes vor, als sich Schwierigkeiten ergaben. Das Gesetz verbot den Transport sich verflüchtigender Treibstoffe in Personenzügen. Man schloß einen Kompromiß und die Fässer reisten in einem besonderen Eisenbahnwagen zusammen mit einer Anzahl leerer Fünf-Gallonen-Kanistern, die sich leicht in der Ford unterbringen ließen.

Als sie erfuhr, daß die gestrandete Besatzung keine Bekleidung zum Wechseln dabei hatte, ging Herta Junkers in La Malbaie ein paar notwendige Dinge einkaufen: Hemden und Socken. Sie hatte Schwierigkeiten für Köhl ein Hemd zu finden, es gab nirgends welche für seine Kragenweite.

Bernt Balchen litt immer noch unter seiner Erkältung, als er sich am Montag, dem 23. in Lac Ste. Agnes von Bennett verabschiedete. Der Rest des Tages ging mit der Änderung der Pläne zur Rettung der Leute von der *Bremen* drauf und einige Reporter beschwerten sich wegen der Verzögerung. Balchen ging früh zu Bett und stand im Morgengrauen auf, um mit der Ford und Fitzmaurice als Copilot zu starten. Der Reporter Charles Murphy war dabei, während Mulroy in Quebec nach Bennett sehen wollte. Ernst Köppen war ebenfalls dabei. Er sollte den Einbau der Ersatzteile und die Betankung mit dem wertvollen Benzol-Treibstoff überwachen.

Als Überraschung für die einsamen Flieger war auch ein Päckchen voller Luxus dabei – Tabak, Zigarren, Zigaretten, Hähnchen, Rindfleisch, Orangen, Äpfel, Käse, Bier, Ahornzucker aus Quebec und eine Flasche Chianti. Beim Beladen der Ford gab es zwei Zwischenfälle. Die stets anwesenden Reporter wiesen darauf hin, daß Öl auf den Käse getropft war. Köppen wischte es lachend ab und meinte, daß der Käse sein Öl verdorben hätte. Weitaus schwerwiegender war das Verschwinden des Chianti. Als Fitzmaurice von dem Verschwinden der wertvollen Flasche, die für den Freiherrn bestimmt war, erfuhr, knurrte er: "Ich möchte den Schuft, der sie geklaut hat, am liebsten umbringen."

In einem Zeitungsartikel vom 23. April berichtet der NANA-Reporter C.D. Allen von einem Kameramann, der vor dem Start im Heck der Ford aufgestöbert wurde. Er hätte in seinem Versteck dort einen schweren Unfall verursachen können. Nach dem Bericht wurde er "ohne Federlesens hinausgeworfen". Nun, es dauerte 52 Sekunden bis Balchen nach einer Meile die Ford beim Start aus dem Schnee von Ste. Agnes abheben konnte. Es war 6.10 Uhr morgens.

Er machte eine planmäßige Zwischenlandung in Sept Îles, mußte aber dort zur Beschaffung von Treibstoff eine gehörige Verspätung in Kauf nehmen. Danach ergab sich für die Piloten mit ihrem Flugzeug auf Skiern ein neues Problem – Pappschnee. Nach zwei vergeblichen Startversuchen stellte Balchen das schwerbeladene Flugzeug ab und wollte es am nächsten Morgen wieder versuchen.

Der Nachtfrost brachte bei Tagesanbruch bessere Bedingungen und die Ford war um 5.10 Uhr in der Luft, denn der Schnee war noch gefroren. 6 Std und 30 Min später landeten sie auf dem Eis in der Bucht unweit von Greenly. Rasch wurden die Ersatzteile und der Treibstoff ausgeladen. Die Besatzung der *Bremen* war wieder glücklich vereint und der Freiherr meinte: "Es war eine besondere Freude, Bernt Balchen kennenzulernen. Wer einmal in die leuchtenden blauen Augen dieses Mannes geschaut hat, Augen, die den Fjorden in seinem Vaterland gleichen, muß sich mit ihm für alle Zeit verbunden fühlen."

Die Mechaniker gingen an die Arbeit und brachten das neue Fahrwerk an. Köppen nahm sich des Propellers an. Er war gleichmäßig verbogen und zeigte keinerlei Schrammen oder Risse und nach seiner Erfahrung konnte man ihn richten. In der Werkstatt auf der Insel fand er eine Feldschmiede und ging an die Arbeit. Während die Mechaniker sich über die *Bremen* hermachten, nutzte Balchen die Gelegenheit, endlich seine Erkältung auszukurieren, die ihn seit New York geplagt hatte. Er fand eine sonnige Nische, wickelte sich in eine Persenning und fiel ermattet in den Schlaf. Beim Erwachen war die Erkältung auf wundersame Weise weg und er gesellte sich zu den anderen. Bis zum späten Nachmittag war die Arbeit am Fahrgestell getan. Das Flugzeug wurde nun langsam bergab auf das Eis der See geschoben. Köppen setzte den gerichteten Propeller auf die Welle und als die Nacht einbrach war man fertig. Um den bevorstehenden Start zu feiern, wurde im Eßzimmer des Leuchtturms am Abend eine kleine Abschiedsfeier inszeniert, auf der den kürzlich angekommenen Köstlichkeiten zugesprochen wurde.

Am nächsten Morgen wurde die *Bremen* von starken Männerarmen und mit Schlitten unter den Rädern über das holprige Eis geschoben, bis hinüber zum Festland. Das Flugzeug rutschte zwar dreimal von den Schlitten herunter, gelangte aber unversehrt in der Nähe der Küste auf einen hindernisfreien und ebenen Streifen Eis.

Unter den Beobachtern der Ankunft der Ford in Greenly waren auch der Flugzeugführer Bill Winston und der Pressefotograf Harry Cuthbertson, die am Tag zuvor gelandet waren. Beide beobachteten das Anbringen des neuen Fahrwerks und den Einbau des gerichteten Propellers und auch wie die *Bremen* aus dem Reservoir gebracht wurde. Der nächste Tag brachte gutes Wetter und sie machten ihr Flugzeug für einen frühen Start klar. Sie sahen, wie eine erregte Menge die *Bremen* über das Eis schob und sie starteten in der Überzeugung, daß die Ford und die Junkers ihnen bald nachfolgen würden.

Außergewöhnlich starke Rückenwinde trieben sie, gelegentlich durch tiefliegende Wolken, westwärts und um 12.15 Uhr landeten sie in Ste. Agnes. Winstons Nachricht, die *Bremen* und die Trimotor folgten in Kürze, trieb die wartenden Berichterstatter zu neuer Aktivität an. Er erstattete einen begeisterden Bericht von der Reparatur der *Bremen* und lobte Cuisinier und Köppen über alle Maßen. Die Begeisterung in Ste. Agnes steigerte sich immer mehr und erfindungsreiche Spekulationen verkürzten die Wartezeit. Die hereinbrechende Nacht ließ die Reporter erkennen, daß sie noch einen Tag länger warten mußten.

Als der Treibstoff in der *Bremen* war, war man an der Küste von Long Point voller Hoffnung, aber der Motor wollte nicht anspringen, obwohl so viele Experten dabeiwaren. Es schien überhaupt nicht zu funktionieren. Die Zündkerzen wurden geprüft und gereinigt, heißes Wasser wurde aus Kesseln in den Kühler gefüllt und der Motor wurde mit Lötlampen vorgewärmt. * Er patschte zwar einige Male, aber als der Tag sich neigte, wurde das Wetter schlechter. Dann platzte auch noch die Nachricht herein, sie kam von Tom Mulroy aus Quebec und war über Point Amour geleitet worden, daß Floyd Bennett am Morgen um 10.45 Uhr verstorben war.

Die traurige Botschaft beendete einen ohnehin erfolglosen Tag und kam zur unpassendsten Zeit. Ein Sturm drohte und die *Bremen* wurde aus Gründen der Sicherheit auf das Festland gebracht und festgezurrt. Es war eine düstere Zusammenkunft, die da am Abend im Haus des Funkers Cormier stattgefunden hat. Die Gruppe hatte die Bequemlichkeit ihrer Unterkunft im Leuchtturm aufgegeben mit der Aussicht zu den zahllosen Menschen nach New York zu fliegen, die ihnen alle die Daumen gedrückt hatten. Es war geplant, die *Bremen* der Ford nach Ste. Agnes folgen zu lassen. Sollten sich die Schneeverhältnisse dort aber ändern, dann war man darauf vorbereitet, notfalls nach Quebec oder Montreal weiterzufliegen. So stand ihnen aber eine weitere Nacht bevor. Köhl und der Freiherr schliefen im Haus von Cormier, während Fitzmaurice ein Bett beim Gemeindepfarrer bekam. Balchen und Murphy fanden im nahegelegenen Haus von John V. Legersley Unterschlupf.

Der Tod von Bennett lag wie ein Leichentuch über allem und die Zeit wurde immer mehr zu einem kritischen Faktor. Das Flugwetter war schlecht und der einzige Streifen klaren Eises, der für einen Start geeignet war, begann an der Oberfläche matschig zu werden. Die einhellige Meinung war, daß man zur Beerdigung von Bennett zurücksein müße. Balchen litt unter dem Verlust eines

---

* In einem interessanten Gespräch im Jahr 1970 mit dem Autor, hat Antoine Jones aus Blanc Sablon die Enttäuschung beschrieben, die aufkam, als an diesem Tag der Motor der Bremen nicht ansprang. Er sprach von der Aufregung und dem Interesse bei den Zuschauern, die nicht verstanden, warum man andauernd nach Eimern mit heißen Wasser rief.

engen Freundes. Er dachte fortwährend an Floyd und verbrachte eine schlaflose Nacht. Er dachte an ihre gemeinsamen Erlebnisse mit der *Josephine Ford* und an dieses sehr persönliche Gespräch im Congress Hotel in Chicago, nur wenige Wochen zuvor.

Als die Ford Ste. Agnes in Richtung Greenly verlassen hatte, wandte sich das Interesse der Presse dem Jeffrey Hale Hospital in Quebec zu. Mrs. Bennett kam dort am Montagmorgen mit Dr. Barach an, hatte selbst Fieber und litt unter dem Beginn einer Mandelentzündung. So wurde auch sie in einem anderen Krankenzimmer, Patientin von Dr. Delaney. Dr. Barach untersuchte die 37-jährige Mrs. Bennett und bat mit einem dringenden Anruf an die Rockefeller Stiftung in New York um schnellste Lieferung von Serum. John D. Rockefeller und Harry F. Guggenheim beschafften es sofort und suchten nach einer Möglichkeit, es auf dem Luftweg zu versenden. Charles A. Lindbergh war gerade mit seiner neuen Ryan B-1 (sie war der *Spirit of St. Louis* ähnlich) in New York angekommen und war im Haus Guggenheim zu Gast. Er sollte bei der Begrüßung der Flieger, welche die Ost-West-Atlantiküberquerung geschafft hatten, dabeisein und stellte sich sofort zur Verfügung das Serum nach Quebec zu fliegen, nachdem er von dem Hilferuf gehört hatte.

Die Betankung der Ryan von Lindbergh auf dem Flugplatz St. Hubert bei Montreal wurde vorbereitet, als die Pläne plötzlich umgeworfen wurden. Das US Army Air Corps bot eine Curtiss 01-B-5 Falcon an, die schneller war und Non-Stop nach Quebec fliegen konnte. Lindbergh schlüpfte prompt in die Armee-Fliegerkleidung, sogar mit Dienstpistole, und startete unverzüglich vom Curtiss Field, Long Island. Der Privatsekretär von Rockefeller, Thomas B. Appleget Jr., begleitete ihn und hatte zwei verschiedene Arten von Serum dabei und drei weiße Mäuse als Versuchstiere. Sie befanden sich in der Luft, während die Ford auf dem Weg nach Greenly war und um 18.40 Uhr in Battlefields Park auf den Plains of Abraham landete. Lindy schaffte die 470 Meilen in 3 Std und 40 Min.

In St. Hubert warteten der Tankwagen der Imperial Oil und der Bürgermeister von Montreal vergebens auf Lindbergh und auf den Plain of Abraham in Quebec hatte man alle Vorbereitungen getroffen. Commander Byrd war mit dem 13.45 Uhr Zug in Quebec eingetroffen und sah die Polizisten sich bemühen, die Menge zurückzudrängen. Wegen der fortgeschrittenen Tageszeit sorgte er auch für eine Notbefeuerung des Flugplatzes, falls sie erforderlich werden sollte. Er buchte für den berühmten Gast ein Hotelzimmer im Chateau Frontenac.

Die Anwesenheit des berühmten amerikanischen Helden brachte eine Menge Autogrammsammler auf die Beine. Lindbergh versuchte sie zufrieden zu stellen, entwischte aber bald, um Bennett im Krankenhaus zu besuchen. Es war ein kurzer Krankenbesuch, gerade so lange, daß der Patient seinen berühmten Gast erkennen konnte. Eine Bürgerin aus Quebec, Gertrude (Maltby) Kennedy war 1928 Krankenschwester im Jeffrey Hale und erinnert sich noch an die Aufregung als bekannt geworden war, daß sich Lindbergh im Haus befand. Die Mitarbeiter des Krankenhauses rannten durch die Flure um einen Blick auf den Atlantik-Helden werfen zu können, der mit gesenktem Haupt aus dem Zimmer von Bennett kam.

Am 23. April meldete das Bulletin des Hospitals: "Mr. Bennett leidet an einer Lungenentzündung, die einen großen Teil des linken Lungenflügels befallen hat. Auch am rechten Lungenflügel entwickelt sich eine Entzündung. Im linken Brustraum hat sich Flüssigkeit angesammelt. Er schläft ruhig, aber sein Zustand ist sehr bedenklich. – Dr. W.N. Delaney, Dr. A.L. Barach."

Charles Lindbergh wurde an diesem Abend zu einem Empfang in den renommierte Garrison Club geladen, um mit 25 Auserwählten der Stadt gemütlich zu speisen. Unter den gegebenen Umständen wurde es ein Abendessen in gedrückter Stimmung. Die wichtigsten Geschäftsleute und die ranghöchsten Offiziere nutzten die Gelegenheit, ihren berühmten Gast willkommen zu heißen. Ottawa war bislang die einzigste kanadische Stadt, die der amerikanische Flieger nach seinem Atlantikflug besucht hatte. Später am Abend kam auch der Premier von Quebec, Taschereau, auf die Party.

Im Chateau Frontenac hatte auch Robert Fogg in dieser Nacht ein Zimmer belegt. Der Pilot der *New Hampshire* hatte den Auftrag nach Greenly zu fliegen und bereits einen Tag in Quebec zugebracht. Er besprach sich kurz mit Lindbergh, schickte den Mechaniker Caleb Marston voraus, um die beiden Flugzeuge klar zu machen und um 10.30 Uhr am Morgen des 26. verließen beide Flieger das Chateau.

Fotografen und eine große Anzahl von Zuschauern begrüßten sie auf den Plains of Abraham, wo Lindbergh erneut von Autogrammjägern umlagert wurde. Er tat was er konnte, trotz aller Eile möglichst bald zu starten, mußte aber dennoch eine immer größer werdende Zahl von Bewunderern unzufrieden zurücklassen. Der neue Held erhielt einen Eindruck, was ihm noch bevorstand, als ein Mann im Interesse der Öffentlichkeit. Wie Maury Quinn erzählte, die auch diesesmal wieder in der Menge gestanden hatte, warf eine der nicht zum Zug gekommenen Autogrammjäger, die Tochter des Premier Taschereau, einen Schneeball nach dem Bezwinger des Atlantiks. In der Hektik der Vorbereitungen hatte man nicht einmal mitbekommen, daß Floyd Bennett seinen letzten Atemzug getan hatte. Lindbergh startete um 11.20 Uhr und flog langsam über die Stadt und das Hale Hospital, bevor er Kurs auf New York nahm. Fogg und ein Fotograf starteten später nach Greenly.

Jahre später hat Robert Fogg Unterricht über seine fliegerischen Erfahrungen gegeben. Ein Höhepunkt waren dabei stets die Flüge nach Greenly. "Ich habe zwei Flüge gemacht," pflegte er zu sagen, "den ersten nach Sept Îles, wo ich Duke Schiller und Major Fitzmaurice traf, deren Interviews und Bilder ich nach New York geflogen habe. Und danach einen zweiten Flug nach Greenly zu einem Interview und Filmaufnahmen mit den Deutschen. Dafür haben mir Pathé News und einige New Yorker Zeitungen $ 10000 gezahlt. Für Pathé News waren es weltweite Erstmeldungen."

Lindbergh erfuhr erst nach seiner Landung in Mitchel Field vom Tod Bennetts. Er sagte nur: "Es tut mir leid."

Eine eher unnötige Kontroverse entstand wegen des Fluges von Lindbergh mit dem Serum. Sie begann auf einer öffentlichen Versammlung, wo der hohe Provinzialbeamte, der Ehrenwerte L. Athanase David den Flug als "Bluff" brandmarkte, bei dem eine bekannte Persönlichkeit den Tod gefunden habe. Er rief aus: "Wir haben das Notwendige hier. Wir brauchen kein Serum aus den Vereinigten Staaten." Er rügte dann diejenigen, "die Lindbergh zur Reklame mißbraucht hätten." Premier Taschereau gab eine ähnlich unglückliche Erklärung ab. Es gab ein Protestgeheul offizieller Stellen der USA. Die Kommentare seien nicht gerechtfertigt und unverantwortlich.

Doktor Delaney beendete schließlich die Kontroverse durch eine diplomatische Pressemitteilung. Er erklärte mit großem Geschick, daß das immunisierende Serum gegen Pneumokokken des Types 2 nur in New York verfügbar war und der Flug deshalb gerechtfertigt gewesen sei. Er sagte, daß das Krankenhaus die Hilfe durch Dr. Barach begrüßt habe und beendet seinen Bericht mit der Feststellung: "Es handelte sich um eine ehrenwerte Bemühung in einer verzweifelten Situation zu Hilfe zu kommen und ich finde es höchst unwürdig, irgend eine andere Erklärung geben zu wollen."

Ernst Köppen überwacht die Beladung der Ford vor dem Flug nach Greenly Island. Man erkennt eine Luftschraube, zwei Räder und Benzolkanister. (Foto: G.Couture-Sammlung)

Herta Junkers verabschiedet sich von Fitzmaurice, Charles Murphy (mit Fliegerbrille) und Bernt Balchen stehen dabei. Der Junkers-Mechaniker Ernst Köppen an der Tür der beladenen Ford. (Foto: G. Couture-Sammlung)

Die Ford Trimotor in Greenly inmitten von Neugierigen und Schlittenhunden. (Foto: durch R. Cannon)

Die *Bremen* ohne Luftschraube aber mit neuen Rädern. Sie wird auf Schlitten aus dem Reservoir von Greenly auf das Eis der Bucht gebracht. (Foto: G. Couture-Sammlung)

Eine Menge einheimischer Helfer schieben die *Bremen* über das Eis auf das Festland. Foto: G. Couture-Sammlung)

Charles Lindbergh nach der Landung in Quebec am 25. April. Er bringt das Serum für Floyd Bennett. (Foto: J.M. Landry über K.M. Molson)

Oberst Charles Lindbergh und eine Gruppe von Geschäftsmänner aus Quebec essen im Garrison Club zu Abend nach seinem Flug von New York mit dem Serum für den leidenden Floyd Bennett. (Foto: über C.M. Quinn)

KAPITEL 13

WEG VON GREENLY

Man kann sich leicht die Stimmung vorstellen, die bei dem Treffen in Long Point in der Nacht des 25. herrschte, nachdem ein Tag unnütz durch die Versuche vertan worden war, den Motor der *Bremen* zu starten. Die Entscheidung war wohl die wichtigste seit der Ankunft; man stand unter emotionalem Druck und das Wetter wurde immer schlechter. Mulroy hatte von Ste. Agnes telegrafiert, daß der Schnee rasch schmelze und man "nicht länger warten" dürfe. Alles wurde aber von der Nachricht vom Tod Bennetts überschattet und dem einhelligen Wunsch, dem vestorbenen Kameraden die letzte Ehre zu erweisen. In einer Stunde der Besinnung schrieb der Freiherr wieder ein Gedicht über diesen Umschwung, von der Freude über den Erfolg zu der Trauer um den Verlust eines Kameraden.

Die beiden deutschen Besatzungmitglieder hatten nun 12 Tage die einfache aber doch bequeme Gastfreundschaft in Greenly Island und Long Point genossen. Ein wahrer Strom von Telegrammen kam und Flugzeuge brachten Reporter, die Interviews oder Bilder wollten. Das Trio wußte, daß sie in New York eine großartige Willkommensfeier erwartete und ungeduldig sehnte man die Abreise herbei.

Man weiß nicht, wer am nächsten Tag bei der Entscheidung, die *Bremen* zu verlassen und in die Zivilisation zurückzukehren, das letzte Wort gehabt hat. Es wird nie mehr festzustellen sein, ob nicht weitere Bemühungen um den störrischen Motor ihnen doch noch gestattet hätten, im Triumph nach New York zu fliegen, um damit einen ruhmreichen Abschlußpunkt unter das historische Wagnis zu setzen. Wie es auch sei, die *Bremen* wurde der Aufsicht von Dr. Cuisinier unterstellt und sollte später ausgeflogen werden. Die Örtlichkeiten wurden diskutiert und man einigte sich vorläufig darauf, von wo aus ein Start möglich sein könnte. Von Hünefeld beschreibt dies so: " Unter der Leitung von Dr. Cuisinier suchten wir nach einem Platz an den die *Bremen* gezogen werden mußte, um von Land aus starten zu können." Die drei wichtigsten Leute in dem immer weiter fortschreitenden Drama stiegen zusammen mit Murphy und Köppen in die Ford. Die Motoren heulten auf, die Ski klapperten über die Eisreste und Balchen hob in Richtung Ste. Agnes ab.

Als die Nachricht vom Tod Floyd Bennetts kam, wurden alle Flaggen in der Hauptstadt Quebec auf halbmast gesetzt. Dem amerikanischen Helden von der Marine standen militärische Ehren zu und Quebec ließ es an nichts fehlen. Die Rückkehr Bennetts aus Kanada begannn mit einer Trauerfeier in der kleinen Kapelle des Jeffrey Hale Hospital, am 25. kurz vor Mittag. Der anglikanische Gottesdienst wurde von Hochwürden Erzdiakon F.G. Scott gehalten, Reverend Dr. Gordon las das Bibelwort. Die Choräle 'Gott meine Zuversicht' und 'Näher mein Gott zu Dir' waren bis in die oberen Stockwerke des Krankenhauses zu hören. Der Sarg wurde auf eine Lafette der Royal Canadian Horse Artillery gestellt und ein eindrucksvoller Trauerzug formierte sich und ging gemessenen Schrittes zum Bahnhof. Eine Ehrenwache des Royal 22nd Regiment präsentierte die Gewehre und setzte sich an die Spitze des Zuges. Offiziere des Regimentes waren die Bahrtuchhalter und die Kapelle spielte einen Trauermarsch. Hinter der Lafette gingen Kommandeur Byrd in Marineuniform, US Generalkonsul Oberst E.H. Dennison, Vizekonsul George H. Barringer und Offiziere der königlichen kanadischen Luftwaffe. Frau Bennett folgte in einem Wagen.

Als Kommandeur Byrd langsam hinter dem Leichnam seines engen Freundes die lange Meile in der Kälte abschritt, mögen ihm tausend Gedanken durch den Kopf gegangen sein. 1925 waren sie bei der Expedition nach Ellesmere gute Kameraden. Dann ihr Kampf, die *Josephine Ford* 1926 in Spitzbergen von der verschneiten Startbahn freizubekommen und die nicht endenwollenden Gerüchte, sie hätten den Nordpol nie erreicht. War das Geheimnis um diesen angezweifelten Flug dort vorne in dem Sarg für immer eingeschlossen? Und da war auch noch der Unfall mit der *America*, nach dem sie beide im Krankenhaus lagen. Der Wind zerrte an der amerikanischen Flagge auf dem geschmückten Sarg; die Menge stand schweigend mit entblößtem Haupt entlang des Weges.

Der Trauerzug wand sich durch die Grand Allée zum St. Louis-Tor und schwenkte dann in südlicher Richtung zum Bahnhof. Bei der Ankunft dort um 13.30 Uhr wurde das Trompetensignal 'Last Post' geblasen, während aus Gewehren drei Salven Salut geschossen wurden. Der Sarg wurde in einen Sonderwagen des Montreal Express gehoben und nach New York und Washington gefahren.

Der ständig zunehmende Presserummel um die Ankunft der *Bremen* in Amerika erreichte mit dem Tod von Floyd Bennett einen Höhepunkt. Fette schwarze

Schlagzeilen in der *New York Times* lauteten: "Bennett stirbt als Märtyrer". Bei der Ankunft seines Leichnams in New York mit dem Nachtzug aus Montreal war die ganze Stadt in Trauer. Jahre später versucht Cora Bennett die Bedeutung des Ereignisses in einem Buch zu beschreiben, das sie ihrem Mann gewidmet hat: "Der Zug mit dem Sarg rollte am nächsten Morgen um 7.30 Uhr in die Grand Central Station. Was sich während unserer Ankunft und bei der Weiterfahrt ereignete ist ohnegleichen. Von der Grand Central Station bis zum Zeughaus des Seventy-First Regiments, wo mein Mann aufgebahrt werden sollte, standen Hunderttausende am Straßenrand.

Eine Eskorte von Polizeibeamten zu Pferd führte den Trauerzug an. Alle Fahnen in der Stadt trugen einen Trauerflor. Begleitet von dumpfem Trommelwirbel spielte eine Kapelle der Marine den Trauermarsch von Chopin. Tausende Polizisten versuchten, wenigstens etwas Ordnung zu schaffen. Als die große Uhr auf dem Metropolitan Tower acht schlug, wurde der Sarg abgesetzt. Die Ehrenwache trat an beiden Seiten zurück und die Türen wurden weit geöffnet. Obwohl sich die Menschenmenge recht rasch bewegte, wuchs sie ständig weiter an. Sie reichte von der 34. Straße hinein in die Park Avenue und bis hinunter zur Lexington Avenue. Als um 10.20 Uhr die Tore geschlossen wurden, warteten immer noch viele tausend, um den Verstorbenen zu sehen."

Die große Bedeutung des Todes von Floyd Bennett spiegelte sich in den Bemühungen wieder, die sowohl die US Navy, wie auch Präsident Coolidge unternahmen, um für den toten Helden ein "Admiralsbegräbnis" zu organisieren, obwohl er nur den Dienstgrad eines Feldwebelleutnants hatte. Er sollte mit allen militärischen Ehren auf dem Soldatenfriedhof Arlington beigesetzt werden, in der Nähe des Grabes von Admiral Peary. Der Zug mit dem Sarg verließ Pennsylvania Station kurz vor Mitternacht und die Beerdigung sollte am nächsten Tag stattfinden.

Der flaggenbedeckte Sarg traf um 15.00 Uhr ein und wurde sogleich zur Beisetzung nach Arlington gebracht. Etwa tausend Menschen warteten am Bahnhof von Washington und dreitausend nahmen an der Trauerfeier teil, die von 18 Radiostationen übertragen wurde. Kommandeur Byrd, Außenminister Hoover, sein Stellvertreter Warner, Konteradmiral William A. Moffett, Herr von Prittwitz, der deutsche Botschafter und Timothy A. Smiddy, Minister des Freistaates Irland standen Frau Bennett bei. Die Mutter von Floyd Bennett konnte nicht teilnehmen. Pfarrer L.E. Smith leitete den Trauergottesdienst. Er las den 23. Psalm und "Crossing the Bar" von Tennyson. Am Grab wurde aus Gewehren traditionsgemäß dreimal Salut geschossen und gleichzeitig auf einem Horn 'Last Post' geblasen.

Die Aktivitäten in Lac Ste. Agnes hielten unvermindert an, während die Ford in Greenly war. Das laute Geschnatter der wartenden Reporter wurde sogar noch lebhafter als das Gerücht aufkam, die *Bremen* könnte möglicherweise einen Zwischenstop einlegen, falls es die Schneeverhältnisse gestatten. Die einen kräftig durchschüttelnden Fahrten in den von Pferden gezogenen Schlitten über das Eis wurden unerträglich, als der Weg durch den zusätzlichen Verkehr aufgefahren und mit Schlaglöchern übersät war. Man suchte immer noch nach neuen Schlagzeilen, nach der Gelegenheit einen oder zwei Beiträge für die erste Seite unterzubringen um damit eine Gehaltserhöhung zu bekommen.

Zwischenzeitlich war der Atlantikflieger Clarence Chamberlin in einer anderen Fairchild von Hartford heraufgeflogen. Er war gerade auf einer Vortragsreise, als die Nachricht von der Landung der *Bremen* ihn erreichte. Er brach die Reise ab und kehrte wegen der Begrüßungsfeiern nach New York zurück. "Sie waren drüben in Deutschland alle so nett zu mir," sagte er, "ich mußte einfach hierherkommen, um sie zu begrüßen." Als es dann zu den Verzögerungen kam wurde er gebeten, im Auftrag des Empfangskomitees in New York nach Ste. Agnes zu fliegen. Mit ihm waren Edward B. Kelley, Linton Wells, ein Fairchild-Händler und Ralph Morgan, ein Fotograf von P & A, an Bord. Sie sollten die frischgebackenen Fliegerhelden nach New York begleiten.

Die Ford Trimotor kam auf dem Flug zurück nach Lac Ste. Agnes nur langsam voran und die drei Piloten wechselten sich am Steuer ab. Ihre Ankunft löste erneut ein Gedränge aus. Der Freiherr konnte seine Kenntnisse in der französischen Sprache gut gebrauchen, als Gruppen zu bilden waren für ein schnelles Foto und man versuchte Interviews zu bekommen. Als er Chamberlin in der Menge ausmachte, eilte er zu ihm und begrüßte ihn enthusiastisch. Fitzmaurice und von Hünefeld hatten bereits Verträge abgeschlossen, um ihre Berichte an verschiedene Verlegergruppen zu verkaufen. Fitz mit der *New York Times* und der *Irish Times* und der Freiherr mit seinen Freunden bei Hearst und King Features. Als Entschuldigung dafür, daß man keine Interviews mehr geben wollte, mußte die bevorstehende Beerdigung von Bennett herhalten. Dieser Standpunkt, keine Interviews mehr zu geben, wurde bis nach einem Besuch am Grab von Bennett beibehalten.

Der Reporter des *Toronto Daily Star*, Roy Greenaway, hatte die Stelle von Fred Griffin in Lac Ste. Agnes gerade so rechtzeitig eingenommen, daß er die Ford nach Greenly abfliegen sah. In seinem Buch "The News Game" beschreibt er gut die Situation: "Noch nie zuvor habe ich solch einen verwerflichen Zeitungkrieg erlebt. Der Flugplatz von Ste. Agnes war ein Tollhaus, ein Narrenhaus, eine Ränkeschmiede, eine Verschwörung." Er hatte tagelang damit zugebracht, die Gerüchte über das Eintreffen der Besatzung der *Bremen* richtig einzuordnen. Bis man dann meldete, die Ford sei auf dem Weg, war Roy mit den Angestellten der CTAL gut bekannt und weil der Star bei ihnen Kunde war, hatte er Zutritt zu den Büros. Eines der Bürofenster, hoch über dem Seeufer, wurde oft zur Beobachtung genutzt. Man konnte das Eis unten gut überblicken. Er hatte auch mit W.O. Tapp, dem Reporter der *New York World* Freundschaft geschlossen. Mit ihm schmiedete er Pläne, wie man den eigenen Zeitungen die allerersten Berichte zukommen lassen könnte, sobald sich etwas tat.

Greenaway "borgte" sich zusammen mit einem Angestellten den Schlüssel zum oberen Büro und die Besetzung sollte beginnen, sobald Nachrichten von der bevorstehenden Ankunft der Ford vorlagen. Auf die Nachricht, die Ford sei im Anflug, ging Greenaway am Beobachtungsfenster in Stellung und Tapp war im Telegrafenamt von La Malbaie und blockierte die einzige Leitung für den *Star* und die *World*. Als die Ford auf die wartende Menge am Ufer zurollte, gab Greenaway einen Bericht von den Ereignissen über Telefon an Tapp und dieser telegrafierte die Erstmeldung an ihre Redaktionen.

Als Fitzmaurice zum ersten Mal in Ste. Agnes war, gab es drei Telegrafenleitungen nach draußen. Dieses Mal war nur eine vorhanden und diese wurde durch sinnlose Worte aus den Leitartikeln der *New Republic* blockiert auch noch, als andere Berichterstatter sich im Büro stauten.

Das Narrenhaus La Malbaie und die Verwirrung ließen bald die Telefonleitungen zwischen New York und Toronto glühen. United Press in New York rief den *Star* an und beschwerte sich bei dem Herausgeber, H.C. Hindmarsh, daß seine Reporter die Leitungen blockierten. Hindmarsh handelte zum Preis von $ 15000 noch vor Ort die Vertriebsrechte an der Story aus, aber der Ärger war damit noch nicht zu Ende. Es war das letzte Mal, daß Reporter in Kanada eine Leitung mit sinnlosen Meldungen blockieren konnten. Die Telegrafengesellschaften beschlossen, daß in solchen Fällen die Leitungen nur für Nachrichten zur Verfügung stehen sollten. Als alles vorbei war, verdiente Tapp $ 15 pro Woche mehr und Greenaway fand $ 5 mehr in seiner nächsten Lohntüte.

Die Leute von der *Bremen* übernachteten in La Malbaie, denn es war spät geworden und die Skier mußten vom Flugzeug abgenommen werden. Die drei besprachen sich dort mit ihren Ghostwritern und der Manager der Canada Steamship Lines nahm sie in seinem Landhaus auf. Eine Willkommensfeier war für diesen Abend vorgesehen, wurde aber wegen Übermüdung aller Beteiligten abgesagt, die außerdem am nächsten Morgen früh auf den Beinen sein mußten. Köhl beschrieb die Straßenverhältnisse: "Die Schlittenfahrt ist anstrengender als mancher Flug."

Zur Freude der Fotografen schien am 27. die Sonne und es gab zahlreiche Gruppenbilder von der Startvorbereitung der Ford. Herta Junkers gesellte sich zu der Gruppe und erzählte den Berichterstattern von ihrer Absicht, unmittelbar nach Washington zu fliegen. Das gute Wetter beim Start verschlechterte sich allmählich als sie den Hudson River erreichten und sie kamen nur bis nach Curtiss Field, Long Island. Die Beerdigung von Floyd Bennett mußte ohne sie stattfinden.

Die Flieger von der *Bremen* stiegen in den ersten Zug nach Washington und hielten sich an ihre Abmachung, keine Interviews zu geben. Sie hatten die Absicht, Bennett die letzte Ehre zu erweisen. Am nächsten Morgen nahm eine kleine Gruppe auf dem Arlington Friedhof an einem Gedenkgottesdienst teil. Dabei wurde kein Wort gesprochen und Sprühregen aus tiefhängenden Wolken trug zu der beklemmenden Athmosphäre auf dieser Trauerfeier bei. Auf ein Zeichen verharrte die Gruppe um das frische Grab in Schweigen und Kapitän Köhl trat an das Grab, um einen Kranz von der Besatzung der *Bremen* niederzulegen. Der Freiherr folgte und drapierte die umstrittene Flagge von der *Bremen*. Fitzmaurice breitete die Flagge des Freistaates Irland aus und Major H.C. Davidson, Kommandeur von Bolling Field, folgte mit einer kleinen amerikanischen Flagge aus Seide, die ebenfalls von der *Bremen* stammte. Von Herta Junkers kam eine Kranz und dann ging die Gruppe zu den frischen Gräbern von Leutnant Kommandeur Noel Davis und Leutnant Stanton H. Wooster von der im vergangenen Jahr verunglückten *American Legion*. Die drei kehren dann nach Bolling Field zurück, um nach New York zu fliegen, aber die Ford Trimotor war noch nicht angekommen.

Bernt Balchen war an diesem Morgen von Roosevelt Field bei verhangenem Himmel gestartet. Auf halbem Weg nach Washington mußte er seinen Plan aufgeben und nach Miller Field, Staten Island, umkehren. Die Flieger von der *Bremen* wurden auf den Nachtzug nach New York gebucht. Sie nutzten den Nachmittag zur Beschaffung längst benötigter Kleidung, wobei es schwierig war, sich der Presseleute zu erwehren. Von Hünefeld brauchte nicht nur neue Bekleidung, er war auch seit vier Tagen unrasiert. Ein Rasierapparat war zwar bald beschafft, aber er mußte einsehen, daß er sich wegen seiner schlechten Augen nicht selbst rasieren konnte.

Der Trauerzug verlässt das Krankenhaus in Quebec. Kommandeur Richard E. Byrd, in dunkler Uniform hinter dem Sarg. (Foto: Archives National du Quebec)

Der Trauerzug von Floyd Bennett in den Straßen von Quebec. Sein Fliegerhelm und seine Brille oben auf dem Sarg. (Foto: Archives National du Quebec)

Herta Junkers bei der Besatzung der *Bremen* in Lac Ste. Agnes. (Foto: G. Couture-Sammlung)

Die drei Glücklichen begegnen Clarence Chamberlin in Ste. Agnes. Im Hintergrund die Ford. (Foto: A. Cheesman über K.M. Molson)

John Schröder vom Norddeutschen Lloyd, von Hünefeld, Köhl, Chamberlin, Fitzmaurice, Balchen und Schiller in Lac Ste. Agnes. (Foto: A. Cheesman über K.M. Molson)

Die Ford Trimotor ist aus Ste. Agnes in Curtiss Field angekommen und wird von zahlreichen Leuten begrüßt. Die Flugzeughallen an der Nordseite liegen an der Old Country Road. Garden City liegt im Westen. (Foto: durch E.J. Boss)

KAPITEL 14

NEW YORK

Für einen offiziellen Empfang in Washingon war keine Zeit; er sollte später folgen. Als die Flieger von der *Bremen* endlich in Manhattan ankamen stellten sie fest, daß sich ihre Unterkunft von der in Greenly Island doch deutlich unterschied. Im oberen Stockwerk des Ritz-Carlton Hotels war für sie eine Zimmerflucht bereitgestellt worden. Jeder hatte ein geräumiges Zimmer mit Bad. Alle Zimmer waren durch luxuriöse Salons verbunden, von denen man auf die Fifth Avenue und über New York blicken konnte. Das Schiff mit Frau Köhl und Frau Fitzmaurice sowie ihrer Tochter Patricia sollte am nächsten Morgen am Quarantäne Dock ankommen. Eine gewaltige Parade war geplant und mit etwas Unterstützung durch die Hafenbehörden würden die Damen sogar noch daran teilnehmen können.

Bürgermeister Jimmy Walker hatte für solche Paraden einen Ausschuß eingesetzt, dem der erfahrene Public Relations Mann Grover Whalen vorstand, der früher einmal Public Relations Manager für Rodman Wanamaker war. Im Jahr zuvor hatte er eine spektakuläre Konfettiparade für Charles Lindbergh in Szene gesetzt und hatte nun den Auftrag erhalten, gleiches für die Besatzung der *Bremen* zu organisieren. Infolge der vielen Verzögerungen in Greenly hatte Whalen viel Zeit, die Parade vorzubereiten. Er lud bedeutende deutsche Vertreter in seinen Ausschuß: Dr. G.A. Reichel vom Deutschen Konsulat, und E. Hennigan von der Deutsch-Amerikanischen Handelskammer. Die beiden deutschen Reedereien waren vertreten – die Hamburg Amerika Linie durch Julius P. Meyer, dem örtlichen Direktor , und der Norddeutsche Lloyd durch Heinz Schüngel, dem Generaldirektor. David Maier von der Steuben-Gesellschaft war ebenso geladen, wie August Joseph Köhl, ein Onkel von Hermann Köhl. Onkel August war Dirigent in Long Island und hatte aus Anlaß des Fluges einen Marsch komponiert "Mitchel Field oder Himmel". Auch George Mand, Leopold Philipp, T.R. Malone, Christy Bohnsack und Major Bill Deegan gehörten dem Ausschuß an.

Was bei Lindbergh 1927 gut geklappt hatte, war die Öffentlichkeitsarbeit. Die Wright Corporation, als Hersteller des Motors der *Spirit of St. Louis*, hatte Harry R. Bruno und Richard H. Blythe angeworben, um ihn vor Ausbeutung zu bewahren und um als Berater in allen Fragen der Öffentlichkeitsarbeit tätig zu sein. Dies bewies dann die Richtigkeit des alten Spruches, daß "man einen kennen muß, der einen kennt". Den PR-Leuten kam eine völlig neue Aufgabe zu, nämlich die Öffentlichkeit fernzuhalten, statt sie zu suchen. Das Team Bruno und Blythe waren bei der Ausrichtung der Empfänge für Lindbergh nach seinem Flug so erfolgreich gewesen, daß Wilhelm von Meister, der sich um die Einführung des Junkersmotors in Amerika große Vedienste erworben hatte, sie verpflichtete, alle Aktivitäten der *Bremen*-Besatzung in den Vereinigten Staaten zu koordinieren. Sie sollten eine Rundreise planen und als Mittelsleute für alle Kontakte zu den Medien tätig sein.

Nach dem beklemmenden Besuch des Arlington Friedhofs öffnete sich New York den neuen Bezwingern des Atlantiks. Der stets tadellos gekleidete Grover Whalen hatte gute Arbeit geleistet. Er war auf fast ebenso vielen Fotos zu sehen, wie Bürgermeister Walker. Er fuhr sogar in der Parade mit, die der für Lindbergh im Jahr zuvor gleichkam.

An diesen Montag erinnern sich die New Yorker, besonders die mit deutscher oder irischer Abstammung. Die Flieger wurden vom Ritz-Carlton Hotel um 10.30 Uhr am Montag, dem 30. April, abgeholt und durch die Menschenmenge zum Pier 84 am Ende der 44. Straße gefahren. Hier stiegen sie in die Barkasse Macom des Bürgermeisters um und machten einen Ausflug zur Freiheitsstatue. Um 10.00 Uhr waren die Ehefrauen und Töchterchen Patricia Fitzmaurice am Passagierdampfer *Dresden* aus der Quarantäne abgeholt worden. Das städtische Boot *Riverside* brachte sie zum Pier A an der Battery. Während beide Boote auf dem Hudson River waren, waren Flugzeuge am verhangenen Himmel. Feuerlöschboote zeigten Wasserspiele und im Umkreis von vielen Meilen ertönten die Nebelhörner der Schiffe. Für die Ehefrauen muß es eine Qual gewesen sein, ihre Männer irgendwo draußen auf dem Wasser zu wissen, ohne eine Möglichkeit zu haben, sie zu treffen oder auch nur ihnen zu winken. Sie und Patricia wurden in Begleitung von Frau Walker und Frau Chamberlin unmittelbar zur City Hall gefahren, um dort die Parade zu erwarten.

Als die Macom die Flieger am Pier A am Battery Park absetzte, wurde es Ernst mit der Parade. Am unteren Broadway, von der Battery bis zur 9. Straße, standen die Leute Kopf an Kopf. Eine Kapelle und 10000 Soldaten führten den riesigen Umzug an, der sich den Weg zur City Hall bahnen mußte. Hier standen Bürgermeister Walker und Mitglieder des Ausschusses, Beamte der Stadt und Würdenträger des Staates. Die Kapellen spielten "Wearing of the Green", "Die Wacht am Rhein" und "Star Spangled Banner". In einer Reihe weiter hinten hatten die Ehefrauen Platz genommen und Klein-Patsy drückte ihren goldfarbenen Teddybären fest an sich. Der große Augenblick kam, als die Ehrengäste den Laubengang vor der City Hall erreichten. Nach der formellen Begrüßung durch den Bürgermeister gab es Pergamenturkunden von der Stadt und Goldmedaillen vom Staat.

Jeder Flieger hielt eine Rede und Patsy Fitzmaurice, völlig außerhalb des Protokolls, drängte sich nach vorn auf das überfüllte Podest, um ihrem Papi um den Hals zu fallen. Die Ehefrauen litten nun wirklich Höllenqualen, ruhig auf ihren Plätzen bleiben zu müssen. Als sie aber formell vorgestellt wurden, nahm alles plötzlich einen ganz anderen Verlauf. Elfriede und Violet stürmten nach vorn, um ihre Männer nach Wochen der Angst zum ersten Mal wieder zu umarmen. Frau Köhl war zuerst am Ziel. Sie gab ihrem Mann nicht einen, sondern drei Küsse, und wandte sich dann Bürgermeister Walker zu, der auch noch einen abbekam. Die Fotografen waren begeistert und sogar der Bürgermeister lachte über das ganze Gesicht, hielt sich an seinem Zylinder fest und dachte an die nächste Wahl. Die Familie Fitzmaurice konnte ihr Wiedersehen etwas privater feiern, aber dann ging die Parade weiter.

Vom City Hall Park ging es weiter über die Lafayette Street zur Ewigen Flamme am Madison Square. Nach einer kurzen Feier dort setzte man den Weg über die Fifth Avenue fort, hin bis zum Central Park. Der Freiherr erinnert sich: "Kaum zu glauben, daß es auf der Welt solche Mengen Papier gibt, wie sie auf uns aus den Fenstern der Wolkenkratzer herabrieselten, in denen in der Zehnmillionenstadt fleißig gearbeitet wird."

An fünf Punkten entlang des Weges waren Mikrofone des Rundfunks aufgestellt und die Reporter der Stationen WOR und WNYC berichteten in allen Einzelheiten von der Parade. Die Feierlichkeiten endeten um 15.00 Uhr in der Mall im Central Park und die Gefeierten, es waren nun sechs geworden, zogen sich in das Ritz-Carlton zurück, um vor einer Theateraufführung, zu der der Bürgermeister geladen hatte, etwas zu ruhen.

Aus ihrem Hotel Ritz, mußten die Flieger von nun an zu einer endlosen Reihe von Feierlichkeiten kommen. Für alle waren weitere Kleidungsstücke zu besorgen. Eine Einladung zur Messe am vorhergegangenen Sonntag hatte Fitzmaurice völlig unvorbereitet getroffen. Nach Presseberichten trug er Gummistiefel, zu denen er auf Greenly Island gekommen war, als er in der St. Patrick`s Kathedrale eintraf.

Kapitän Köhl war am Morgen nach der Parade um 5.30 Uhr aufgestanden und nach Curtiss Field gefahren zum ersten Start in einem Junkers-Flugzeug nach dem in Irland. Er sollte die Vorführ-F 13 fliegen. Es war das gleiche Flugzeug, das seine Luftschraube für die Ersatzteillieferung nach Greenly geopfert hatte und das nun den Propeller der *Bremen* besaß. Der Mechaniker Ernst Köppen hatte den verbogenen Propeller in einer Werkstatt auf Greenly gerichtet und ihn in der Ford nach Roosevelt Field gebracht. Er war in der Junkerswerkstatt ausgewuchtet und betriebsfähig gemacht worden. Nun sollte ihn Köhl im Flug testen. Und so geschah es, daß, obwohl die *Bremen* nicht mit ihnen in New York war, die Lufttschraube, die sie sicher über den Atlantik gebracht hatte, 45 Minuten lang über Long Island flog.

Später an diesem Morgen, traf sich Köhl mit den anderen zum Mittagessen in Park Row. Danach folgte eine offizielle Zeremonie am Washington-Monument. Die Damen gingen am Abend mit Frau Walker ins Theater und die Herren trafen sich mit dem Bürgermeister im Madison Square Garden beim Boxkampf Sharkey - Delaney. Im Vorprogramm wurden die drei von Schiedsrichter Joe Humphries im Ring vorgestellt. Jack Sharkey gewann den Kampf durch k.o. in der ersten Runde und so waren die Männer bald wieder bei ihren Frauen.

Jeder wollte die Gäste unterhalten: Die Vereinigung der Kaufleute von New York, die Deutsch-Amerikanische Handelsgesellschaft und der Katholische Verein von New York. Sie waren an Bord der *Columbus* des Norddeutschen Lloyd und bei der Irischen Handelsgesellschaft, beim Club Katholischer Schauspieler und der Amerikanischen Schiedsrichtervereinigung. Sie wurden auf Theaterbühnen vorgestellt, wo sie kurze Reden hielten. Bei einem Nachmittagsspiel im Baseball zwischen den New York Yankees und den Boston Red Sox, machte Fitz den ersten Aufschlag und alle hatten Gelegenheit den berühmten Spider Babe Ruth zu treffen. Ein Kommentar des Freiherrn ging durch die Zeitungen und es war ebenso angebracht, wie zutreffend: "Der Freude wird man niemals überdrüssig und Glück ermüdet einen nie." Bei jeder Gelegenheit erläuterte er seine Gedanken zum Patriotismus und unterstrich die Notwendigkeit des Friedens zwischen den Ländern. Fitzmaurice wurde als Meister der schlagfertigen Antworten bald der Liebling der Presse, Kapitän Köhl lächelte dazu, war aber offensichtlich mangels englischer Sprachkenntnisse etwas gehemmt. Wenn er Gelegenheit hatte zu sprechen, dann gewann er seine Zuhörer durch seine Offenheit und seinen Humor.

Ein großartiges Bankett wurde von der Electrolux Inc. im Ritz-Carlton Hotel ausgerichtet, um den Fliegern einen Preis zu überreichen. A.L. Werner-Gren aus Stockholm hatte 50 000 Mark für den Konstrukteur des Flugzeuges ausgelobt, das als erstes den Atlantik von Ost nach West überqueren würde. Werner-Gren hatte versucht, das Geld Professor Junkers zu geben, der gerade auf dem Weg war, die Besatzung in New York zu treffen. Der Professor lehnte jedoch höflich ab und meinte, daß es der Besatzung gehören solle. Der Vizepräsident der Firma, Gustav Sahlin, versuchte nun, das Geld Freiherrn von Hünefeld zu überreichen.

Diese Aufgabe war aber gar nicht so einfach zu erledigen. Als die Zeit der Preisvergabe im Beisein von 30 Konsularvertretern gekommen war, war der Freiherr überhaupt nicht damit einverstanden. Er unterstrich die großen Verdienste von Junkers um die Luftfahrt und sagte: "Ich hoffe Electrolux gestattet meinen Kameraden und mir, diesen Preis Fräulein Herta Junkers zu geben und sie zu bitten, ihn ihrem Vater zu überbringen." Und dabei ließ man es bewenden.

Am gleichen Tag als die Ford mit der Besatzung der *Bremen* Ste. Agnes in Richtung Washington verließ, hatte Duke Schiller den Finanzchef der Canadian Transcontinental Airways, Robert Cannon und die Herren Victor Belanger und Ludwig Kempff nach Quebec geflogen. Kempff war der deutsche Generalkonsul in Kanada und hatte seine Landsleute in Ste. Agnes begrüßt. Schiller landete, wie auch die anderen, in Battlefield Park auf den Plains of Abraham. Er setzte um 13.00 Uhr auf und als man ihm sagte, daß er dabei beinahe einen Baum getroffen hatte, forderte er prompt einen besseren Flugplatz für Quebec.

An diesem Abend war Schiller Ehrengast der Royal Rifles im Garrison Club. Leutnant-Oberst W.H. Draper sprach die Begrüßungsworte und Duke erhielt ein signiertes Foto des Regimentes. In seiner Antwort brachte er einen Trinkspruch auf Floyd Bennett aus.

Es lag eine Einladung des Grover Whalen Ausschusses vor, an den Feierlichkeiten in Manhattan teilzunehmen. Duke nahm also den Nachtzug nach Montreal und New York und traf sich mit der Besatzung der *Bremen* beim Frühstück am Sonntagmorgen im Ritz. Im *Toronto Daily Star* konnte man später einmal über eines seiner Erlebnisse in der Stadt nachlesen: "Im Texas Guinan Nachtclub signierte ich gerade Karten und Speisekarten als ein angesäuselter Blonder mich bat, meine Unterschrift auf ein Hutband zu schreiben. Als ich dann später das Mädchen an der Garderobe um meinen Hut bat sagte sie, "Der ist weg, sie hatten ihn doch für ein Autogramm abholen lassen. "

Eine Unterbrechung der Non-Stop-Feiern in New York war ein offizieller Besuch in Washington am Mittwoch, dem 2. Mai. Die Besatzung der *Bremen* kam dort um 10.00 Uhr in der F 13 an und begab sich zum Mayflower Hotel. Wieder hatten sich Menschenmengen versammelt und man feierte die Flieger in den höchsten Tönen. Zuerst trafen sie sich mit Charles Lindbergh, dann im Weißen Haus mit Präsident Calvin Coolidge: Sie wurden im Repräsentatenhaus vorgestellt und nahmen an einer Kranzniederlegung am Ehrenmal teil.

Bei der Kranzniederlegung trugen alle das US Distinguished Flying Cross, mit dem sie gerade von Präsident Coolidge ausgezeichnet worden waren. Diese Ordensverleihung war bisher beispiellos und bei den Traditionalisten wurde manche Augenbraue noch in den folgenden Jahren hochgezogen. Der Antrag auf Verleihung dieser Medaillen war von den Repräsentanten Reed aus Pennsylvania und James aus Michigan gestellt worden. "Das DFC ist die höchste Auszeichnung in diesem Land und wird an Personen verliehen, die sich besondere Verdienste um die Luftfahrt erworben haben. Wird der Antrag gebilligt und die DFC werden an Köhl, Fitzmaurice und von Hünefeld verliehen, dann sind sie die ersten Flieger, die als Nichtamerikaner diese Ehrung erhalten," sagte James.

Der Freiherr meinte dazu: "Die Bestimmungen, welche in ihrer ursprünglichen Fassung die Verleihung dieser Kreuze an uns verboten hatten, waren geändert worden und machten es nun möglich. Der Himmel wollte wohl seine Zustimmung geben, denn die Sonne schien strahlend auf uns herab."

Die Frage des Weltfriedens stand wieder obenan, als Köhl und von Hünefeld in gebrochenem Englisch ihre Dankreden hielten, dann aber in das Deutsche verfielen, um ihren eigensten Gefühlen Ausdruck zu geben. Der Freiherr sagte später einmal, daß er wohl 6000 Hände geschüttelt habe und faßte seinen Eindruck von den beiden Städten, die man bisher besucht hatte, gegenüber der Presse kurz zusammen: "Washington inspiriert, New York drängt einen zu Taten."

Am nächsten Morgen um 11.30 Uhr flogen die drei nach New York, wo man ein Radio-Programm vorbereitete, das weltweit gesendet werden sollte. Sie wurden ausführlich interviewt und jeder gab einen Bericht, der in Irland und in Deutschland klar und deutlich empfangen werden konnte.

Der Bürgermeister von New York, James Walker, besucht die Besatzung der *Bremen* im Ritz-Carlton Hotel.
(Foto: K.M. Molson Sammlung)

Duke Schiller beteiligt sich am Anschneiden einer Torte im Ritz in New York. Fitzmaurice nimmt dazu seinen Säbel, den er aus Irland mitgebracht hatte. (Foto: G. Couture Sammlung)

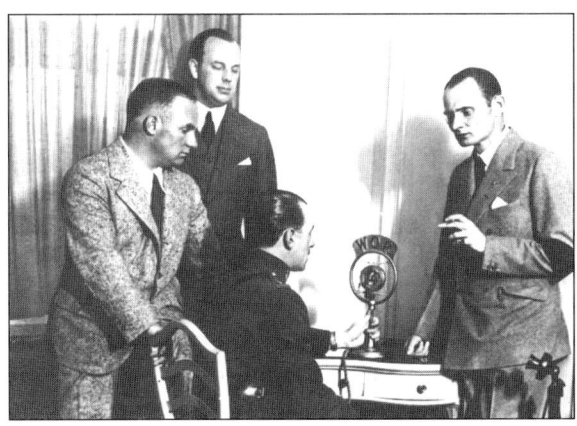

Am 3. Mai 1928 schicken die drei Helden Nachrichten über den Äther in einer speziellen Sendung nach Übersee. (Foto: Aer Lingus)

KAPITEL 15

AUF TOUR

Bis zum Wochenende hatten Bruno und Blythe die Planungen für eine Tour durch neun Städte abgeschlossen. Junkers hatte ihnen die F 13 Vorführmaschine zur Verfügung gestellt, um damit bis in den Mittelwesten zu fliegen, wo es eine starke deutschstämmige Bevölkerung gab, die nach einer Gelegenheit verlangte ihren wagemutigen Landsleuten zuzujubeln.

Am Mittwoch, dem 9. Mai, begann die Reise. Köhl und Fred Melchior saßen am Steuer der F 13. Sie verließen Curtiss Field, Long Island, morgens um 9.00 Uhr zu dem kurzen Flug nach Philadelphia. Zur Verabschiedung waren noch mehr Landsleute anwesend, die gerade aus Deutschland angekommen waren: Professor Junkers, seine Frau und Thea Rasche, die Fliegerin. Sie hielt sich gerade in New York auf, um ihre eigene Atlantiküberquerung vorzubereiten. Auf die Fragen von Reportern, ob er gegen diesen Flug sei, verneinte Professor Junkers dies und betonte, daß man in der Luftfahrt echte Pioniere benötigte.

In Philadelphia erhielten die drei "Poor Richard"-Medaillen und wurden auf einem Bankett gefeiert. Am nächsten Tag um 9.45 Uhr waren sie schon wieder zu einem Mittagessen nach Cleveland unterwegs. Dort erreichte sie die Nachricht, daß der Motor der *Bremen* wieder funktioniere. Auf die Frage von Reportern, wie man das Flugzeug wieder in die Luft bringen wolle antwortete Fitz: "Ich weiß nicht, wie wir das Flugzeug nach New York bringen werden."

Sie verließen Cleveland um 13.32 Uhr und waren beim Versuch, den städtischen Flugplatz von Chicago zu finden, gezwungen Gewitter am Ende des Michigan Sees zu umfliegen. Sie landeten auf dem kleinen Flugplatz Checker Board Field, südwestlich der Stadt und als sie von ihrem Irrtum erfuhren, starteten sie sofort wieder. Als sie dann in die Nähe der 63. Straße und der Cicero Straße kamen, waren alle Zweifel verflogen, denn mehr als 3000 Leute erwarteten sie schon auf dem Flugplatz. Seit mehr als drei Stunden hatte man trotz der Regenschauer ausgeharrt und war bereits ungeduldig geworden.

Als das Flugzeug zum Stillstand gekommen war, durchbrach die Menge die Absperrung der Polizei und der Chef des Empfangkomitees, George F. Getz, schwang seinen Spazierstock zum Schutz seiner Gäste. Die Ordnung konnte annähernd wieder hergestellt werden und die Wagen nahmen hinter denen von Bürgermeister "Big Bill" Thompson und des Gouverneurs Small Aufstellung.

Als sich die Kolonne langsam ihren Weg von den Flugzeughallen bahnten, bemerkte Köhl eine ältere Dame, die von einem anderen Wagen ihm heftig zuwinkte und etwas in Deutsch zurief. Der Kapitän ließ anhalten, wechselte zu ihr in den Wagen, wo eine lebhafte Unterhaltung begann. Es war die 71-jährige Elisabeth Köhl-Blum, eine Tante des Fliegers, die in einem offenen Flugzeug von Peoria heraufgeflogen war, um ihren Neffen zu treffen. Sie umarmten sich und sprachen eine Weile, sehr zur Freude der Menge und obgleich die Wagenkolonne aufgehalten wurde.

Langsam ordneten sich die Fahrzeuge in den Verkehr auf der Kedzie Avenue ein und fuhren dann über die Michigan Avenue zum Stephens Hotel. Sogar dort stand eine Menschenmenge und jubelte ihnen zu, als sie zum Aufzug gingen um in ihren Räumen im 16. Stock, mit Blick auf den Michigan See, Ruhe zu finden.

Es ist nur schwer möglich den rauschenden Empfang in New York mit dem feierlichen Empfang in Washington zu vergleichen, aber Chicago hatte seinen eigenen Stil. Die deutschstämmige Bevölkerung aus einem Umkreis von vielen Meilen kam in die Stadt um die nie dagewesene Gelegenheit wahrzunehmen, wie daheim in Deutschland zu feiern. Elfriede Köhl und Violet Fitzmaurice waren am Abend zuvor mit dem Zug angekommen und waren Gäste der Frau des Vertreters des Norddeutschen Lloyd, Ludwig Plate. Sie zeigte ihnen die Stadt und lud sie zum Essen im Edgewater Beach Hotel ein. Dort traf Frau Köhl einen Vetter, Walter Kerschbaum aus Milwaukee, der ihr vor Jahren einmal den jetzt so berühmten Flieger vorgestellt hatte. Die Begeisterung bei den Besuchen in den Orten mit deutscher Bevölkerung mitten in den Vereinigten Staaten, löste auch das Problem einer Mutter von Drillingsbuben in Chicago. Es wird berichtet, daß Frau Mary Plut ihre Söhne Ehrenfried, Hermann und James taufen ließ.

Am Freitag begannen die Feierlichkeiten um 13.00 Uhr mit einem Besuch im South Shore Country Club, als Gäste von Bürgermeister Thompson. Von dort fuhr man im offenen Wagen durch die Stadt und hielt am Washington Denkmal und beiden deutschen Festsälen an. Am Nachmittag sollte es dann eine ganze Reihe von Überraschungen geben. Ein früherer Kamerad von Köhl kam und es wurden Erinnerungen an die gemeinsame französische Kriegsgefangenschaft und die vielen Fluchtversuche ausgetauscht. Der Onkel eines Sponsors von Köhl erschien, um seine Glückwünsche loszuwerden.

Harry Bruno und Dick Blythe stellten wie üblich die Kontakte zur Presse her, wobei Fitzmaurice am meisten zu erzählen wußte. Köhl und der Freiherr hielten nur kurze Ansprachen in dem neu angeeigneten Englisch, waren aber sehr bald bei ihren Landsleuten wie zu Hause. In den deutschen Clubs nahm Fitz die Gelegenheit war, sich mit einigen Brocken im Deutschen zu versuchen, die er in den vergangenen Wochen aufgeschnappt hatte.

Freiherr von Hünefeld war von der Herzlichkeit überwältigt, aber auch etwas stolz, daß die deutsche Kultur auf ganz natürliche Weise Eingang in den amerikanischen Gemeinden des Mittelwestens gefunden hatte. Er hielt eine leidenschaftliche Ansprache über den Patriotismus an seine früheren Landsleute.

"Ich weiß, in Ihnen lebt die Vaterlandsliebe fort, aber nun sind Sie den Vereinigten Staaten eine noch größere Hingebung schuldig. Bleiben Sie ihrem Amerika treu, so wie wir unseren Ländern treu bleiben. Nur wer sein Vaterland liebt kann die verstehen, die ebenfalls ihr Vaterland lieben."

Als Gäste des Norddeutschen Lloyd verbrachten sie den Abend mit den Damen im Haus von Dr. Hugo Simon, dem deutschen Konsul. Dem Saal eines deutschen Vereins wurde ein Besuch abgestattet und dort unterhielt sie der Vereinigte Deutsche Sängerbund. Ihre drei verschiedenen Nationalitäten gaben Anlaß zu den Nationalhymnen und Volksliedern aus Amerika, Deutschland und Irland. In Chicago trafen sie Hugo Junkers, seine Frau und Tochter Herta, die sich immer noch eifrig um die Bergung der *Bremen* in Kanada bemühte, und nahmen gemeinsam an den offiziellen Empfängen teil.

Am Sonnabend begann das Programm um 13.15 Uhr mit einer groß aufgezogenen Fahrt über die Michigan Avenue, die Roosevelt Road und die Munroe Street zum Soldier's Field. Zwei Stunden dauerten dort die Vorstellung, Turnvorführungen und Reden. Dann ging es zurück in das Stephens Hotel zu einem abendlichen Bankett für 4500 Leute.

Der Sonntagmorgen zog klar und sonnig herauf und um 10.00 Uhr starteten sie nach Milwaukee mit Köhl am Steuer des Flugzeuges. Die Stadt ist für ihre deutsche Küche und Brauereien bekannt und hatte einen stürmischen Empfang unter starker deutscher Beteiligung vorbereitet. Beim Bankett an diesem Abend, überreichten Bürgermeister Hoan und Gouverneur Zimmermann ihren Ehrengästen einen Scheck über $1000 "zur Förderung der Luftfahrt".

Der nächste Stop auf der triumphalen Reise war St. Louis, nach einem kleinen Umweg über Springfield, Illinois. Hier warfen sie aus der Luft irische und deutsche Flaggen ab, um damit dem Grab von Abraham Lincoln Ehre zu erweisen. Den 15. verbrachten sie in St. Louis, wo zwar Regen und schlechtes Wetter die Reisepläne durcheinanderbrachten, nicht aber die schon gewohnte Begeisterung. Sie nahmen an einer Veranstaltung der deutschen Gemeinde teil, zur Feier des ersten Spatenstiches für ein $300000 Altenheim. 2500 Leute waren anwesend und von Hünefeld nutzte die Gelegenheit, wieder über den Frieden zu sprechen. "Meine nationale Zwietracht soll in dieser Erde begraben werden, die wir heute aufbrechen," sagte er.

Wegen einer außerplanmäßigen Landung in Indianapolis, infolge schlechten Wetters, kamen sie verspätet in Detroit an, besuchten aber dennoch die Industriewerke dort. Sie trafen die Mutter von Charles Lindbergh und einige andere Prominente der amerikanischen Luftfahrt: Brock, Schlee, Stinson, Haldeman und Rickenbacker.

Die Reisemarschälle Bruno und Blythe konnten in Detroit ihr diplomatisches Geschick beweisen, als die F 13 mit stehendem Motor auf einem verschlammten Feld landete. Das Flugzeug soll beschädigt worden sein, aber man las nur wenig darüber in den Zeitungen. Es muß so schwer beschädigt gewesen sein, daß es nicht mehr flugtüchtig war. Aber die Manager gaben einfach bekannt, das Flugzeug bliebe in Detroit und die Besatzung fahre mit dem Nachtzug nach Boston.

Am nächsten Morgen war Bürgermeister Malcolm Nickols in Boston am Bahnhof und eine weitere Runde von Empfängen begann. Sie bekamen eine weitere Auszeichnung, diesmal von der American Legion. Gouverneur Alvin T. Fuller steckte ihnen die Medaille des Staates Massachusetts an, als die Veranstaltung auf ihrem Höhepunkt angelangt war. T.C. Smiddy, Minister des Freistaates Irland, saß strahlend vor Freude unter den Zuschauern.

Bei der Abreise aus Boston sagte von Hünefeld: "Die Pflicht ruft uns nach Kanada. Wir sind den kanadischen Behörden großen Dank schuldig, für alles was man für uns getan hat." Ursprünglich sollten die drei unmittelbar nach Montreal reisen. Sie nahmen aber trotzdem eine Einladung des Gouverneurs von New York, Al Smith, an, einen Tag in Albany zu verbringen. Sie fuhren mit dem Nachtzug weiter und waren am nächsten Morgen wieder auf kanadischem Boden. Trotz des Umwegs waren sie pünktlich in Montreal. Der Zug aus Albany lief bei schönem Wetter um 8.45 Uhr in den Bahnhof Windsor ein, wo eine große Menge wartete. Bürgermeister Camillien Houde und Generalkonsul Kempff hießen sie willkommen, waren aber nur die Vorhut eines gut vorbereiteten kanadischen Empfangs. An dessen Spitze standen die deutschen Vereine Teutonia und Harmonia, die St. Patrick's Society und der Irisch-Protestantische Wohltätigkeitsverein.

Die Gäste wurden zunächst zu ihrer Unterkunft im achten Stock des Mount Royal Hotels gefahren und statteten dann am Morgen dem Vickers-Werk in Maisonneuve einen Besuch ab. Am Mittag gab das deutsche Konsulat ein Essen, auf dem der Ehrenwerte J.H. Dillon und der Ehrenwerte Athanase David sprachen. Die Reden enthielten die üblichen Willkommensgrüße. Nach dem Aufsehen, das die Kritik von David am Flug Lindberghs mit dem Serum erregte, blieb er jedoch sachlich. Am Abend ging man nach einem Bankett ins Theater.

Die Nachrichten vom Flug der *Bremen* veranlassten einige Kriegskameraden von Fitzmaurice zu einem Treffen nach Montreal zu reisen. Ein findiger Reporter hatte den Fluglehrer von Fitz aufgestöbert, Alex "Noisy" Knight, der jetzt Automobilverkäufer in Toronto war. Knight, in Owen Sound, Ontario, geboren, war Hauptmann beim königlichen Fliegerkorps in Eastbourne gewesen. Ebenfalls aus

Toronto stammte E.R. Grange, der Staffelführer von Fitzmaurice war.

Während des Aufenthalts in Montreal bekam von Hünefeld einen Anruf des Norddeutschen Lloyd aus New York, daß die Passagen für ihre Rückkehr nach Deutschland am 9. Juni auf dem Dampfer *Columbus* gebucht waren.

Die Fahrt mit dem Zug am Tag nach Quebec gab den Ermüdeten Gelegenheit, sich an der kanadischen Landschaft zu erfreuen. Dies sollte nun die letzte Stadt auf ihrer Tour sein - und der angemessene Höhepunkt. Hier war die Stadt, in der Floyd Bennett gestorben war und die bei den Rettungsaktionen eine so große Rolle gespielt hatte. An der Quebec Station begrüßte sie Bürgermeister Auger und Hector Lafert, der Sprecher der gesetzgebenden Versammlung von Quebec. Man brachte sie zur Feier des Tages des Baumes zur St. Sacrament Parish in der Ste. Foy Road. Frau Louis Cuisinier gesellte sich dort zu ihnen und sie pflanzten drei Bäume für die Nachwelt.

Sie erhielten eine Einladung zum Tee bei Leutnant Governor Narcisse Perideau und mußten sich auf ein weiteres Bankett am Abend vorbereiten. Dieses Mal war der Premier L.A. Taschereau Gastgeber. Am nächsten Tag aßen sie mit R.A. Benoit, dem Sekretär des Premiers Taschereau, und nahmen mit gemischten Gefühlen Abschied. Ihre Rundreise war zu Ende, nicht aber die Geschichte der *Bremen*. Während der vergangenen Tage hatten sie kurze, manchmal verstümmelte Berichte über den Zustand des Flugzeugs bekommen. In Long Point lief es gar nicht gut.

Obwohl sich das Interesse der Medien eher der Rundreise zugewandt hatte, ging die Arbeit in La Malbaie und Blanc Sablon weiter. Insgesamt acht Flüge waren nach Greenly Island gemacht worden, sieben davon mit den Fairchild-Flugzeugen (nach einer Zeitungsanzeige von Fairchild). Unter Leitung von Cuisinier und Thibeault schritt die Arbeit an der *Bremen* voran und man sah besorgt der weiteren Entwicklung entgegen. Dem Motor war gut zugeredet worden damit er lief und das Flugzeug war in mühsamer Arbeit auf den höchsten Punkt hinter Long Point, Cap Crow genannt, gebracht worden. Die Startstrecke hatten die Flieger vor ihrer Abreise festgelegt. Sie verlief von einem steilen Hügel hinab zum Wasser. Sie rechneten bestimmt damit, daß die Neigung die Startstrecke verkürzen würde. * Die beiden hatten nun wenig zu tun und warteten auf Weisungen. Jeden Abend stiegen sie auf den Hügel, um dem Motor laufen zu lassen.

Einmal kam sogar die Vermutung auf, daß die auf der Tour befindlichen Piloten die *Bremen* nach Deutschland zurückfliegen würden, um damit die erste Atlantiküberquerung in beiden Richtungen zu vollbringen. Herta Junkers trat solchen Berichten entgegen und konzentrierte sich darauf, das Flugzeug erst einmal aus seiner mißlichen Lage zu befreien. Bis jetzt waren die Arbeiten am Flugzeug ausschließ-

---

* Der Autor war in Cap Crow und ihm wurde die Stelle gezeigt an der das Flugzeug abgestellt war. Er schritt auch die Startstrecke ab bevor sie zu einer Kiesgrube wurde. Er fand, daß sie zum Starten völlig ungeeignet war.

lich durch den Einsatz der Canadian Transcontinental Airways möglich gewesen. Ihre Vertreter waren seit seiner Landung beim Flugzeug. Sie hielten sich auch jetzt in Long Point auf und erwarteten weitere Anweisungen. Der Freiherr und seine Besatzung waren vor dreizehn Tagen auf ihre Tour gegangen. Sie konnten inzwischen nur ihre "Prise" bewachen und regelmäßig ihrem Chef Robert Cannon in Quebec berichten.

Cannon hatte eigene Pläne über das weitere Vorgehen, die von denen der Herta Junkers abwichen, die das Flugzeug so bald als möglich nach New York geflogen haben wollte. Infolge der Rolle, die seine Firma gespielt hatte, fühlte Cannon eine gewisse Verpflichtung und wollte, daß die *Bremen* nach Quebec geflogen werde. Dort sollte sie ihre Besatzung am Ende der Rundreise übernehmen. Er rief am 9. Mai J.A. Wilson an, der leitender Angestellter der kanadischen Luftfahrtbehörde war, und legte auch in einem zusätzlichen Telegramm seine Ansichten dar. Am 10. diktierte Wilson mit dem ihm eigenen Takt und mit viel Sympathie:

"Ich beziehe mich auf Ihren Anruf gestern und Ihr Telegramm bezüglich des Flugs der *Bremen* nach New York. Wir kennen nicht die Pläne der Firma Junkers zu ihrer Bergung und haben auch keinerlei Informationen, wie es weitergehen soll. Ich könnte mir vorstellen, daß es große Schwierigkeiten gäbe, mit ihr in Greenly Island zu starten. Ich sehe wirklich keine andere Möglichkeit, als sie mit Schwimmern auszurüsten. Vielleicht arbeitet man daran, aber wir haben noch nichts davon gehört.

Ich hätte eher angenommen, daß die Firma sie abholen läßt. Da keine genauen Informationen vorliegen, ist es für uns schwierig etwas zu unternehmen. Nach allen Ihren Bemühungen sind auch wir dafür, daß sie über Quebec zurückkehren sollte."

Wilsons Beurteilung sie "abholen zu lassen" war im Hinblick auf die Jahreszeit richtig. Auch Ernst Köppen, der Junkers-Mechaniker, der vor Ort gewesen war, äußerte bei seiner Rückkehr nach New York bei der Befragung durch die Presse, daß man das Flugzeug wegschleppen sollte.

Herta Junkers nutzte das öffentliche Interesse am Schicksal des Flugzeuges um ihren Werkspiloten zur wartenden *Bremen* zu bringen. Schon am 3. Mai hatte man mitgeteilt, Melchior sei ausersehen worden, das Flugzeug herauszufliegen. In Telegrammen hatte man ihr mitgeteilt, man habe aus Schnee eine Startbahn in Long Point geschaufelt, deren Zustand sich aber rasch verschlechtere. Sie wandte sich in der Hoffnung, daß das US Army Air Corps einen Flug nach Greenly durchführen würden, an F. Trubee Davidson, den stellvertretenden Sekretär für die Militärluftfahrt. Die Aufgabe hatte gute Aussicht, eine militärische Operation mit viel Publizität zu werden und die Antwort war positiv. Cy Caldwell, der einflußreiche Mitherausgeber des *Aero Digest*, fand die Idee so gut, daß er sie in einem Leitartikel unterstützte.

Die Deutsche Botschaft in Washington bat die kanadische Vertretung um Genehmigung für einen solchen Flug nach Kanada. Der Bitte wurde formell entsprochen und das US State Department gab dem Air Corps die Genehmigung.

Der nächste Abschnitt im Leben der *Bremen* ist wohl der am wenigsten verständliche in der ganzen unglaublichen Geschichte ihrer "Bergung". Zeitweilig glich der Versuch das gestrandete Flugzeug auszufliegen einer Komödie von Mack Sennett. Wäre dies gelungen, dann hätte die Geschichte sicher die Einzelheiten vergessen lassen. Im blendenden Licht der Öffentlichkeitsarbeit leidet manchmal der gesunde Menschenverstand. Der Druck, der dabei ausgeübt wird, führt zu Entscheidungen, die einer Prüfung nicht standhalten.

Das Flugzeug, es hatte dem wilden Atlantik so hervorragend getrotzt und bei seiner ersten Landung nur geringe Beschädigungen davongetragen, wurde nun völlig unnötig zum Wrack und war kaum noch zu reparieren. Es ging zwar in die Unsterblichkeit ein, wie sie Museen nun einmal bieten, aber es ist nie mehr geflogen.

Die Tour erreicht Detroit. Berühmte Leute treffen sich: (v.l.n.r.) Köhl, Fitzmaurice, von Hünefeld, Henry Ford und Edsel Ford.

Die Flieger der *Bremen* nach der Verleihung des "Flying Cross" in Washington.

KAPITEL 16

DAS US ARMY AIR CORPS GREIFT EIN

Nicht eins, sondern zwei Loening OA-1 Amphibienflugzeuge wurden dieser quasi militärischen Aufgabe zugeteilt, die am 11. Mai in Bolling Field bei Washington begann. Eins davon wurde von Leutnant Ira C. Eaker gesteuert, das andere von Leutnant Muer S. Fairchild und keinem geringeren, als Major-General James E. Fechet, dem Chef des US Army Air Corps. Zunächst flogen sie nach Mitchel Field, um den Junkerspiloten Melchior aufzunehmen und am nächsten Tag weiter nach Boston und Saint John, New Brunswick.

Kaum war das Flugzeug in Saint John gelandet, als der Pilot Blinddarmschmerzen bekam und sich in ärztliche Behandlung begeben mußte. Ein neuer Pilot, Leutnant Elwood R. Quesada, wurde der Mission zugeteilt und in aller Eile von Major Howard A. Davidson nach Boston geflogen. Hier stieg er in ein Amphibium um und wurde von Leutnant Richard E. Cobb nach Saint John gebracht.

Die Nachricht von dieser Expedition erreichte bald auch die Canadian Transcontinental Airways und in einer Nachricht aus Quebec wurde behauptet, die Amphibienflugzeuge seien auf einer "sinnlosen Mission" und hätten "nicht alles benötigte an Bord". Dies führte zu einer scharfen Erwiderung durch Otto Scherer von der Firma Junkers in der nächsten Ausgabe der *New York Times*, daß "man Melchior nicht auf Gänsejagd schicke" und daß man zuversichtlich sei, er würde das Flugzeug ausfliegen. Weitere Schwierigkeiten standen aber an.

Am Nachmittag des 13. ließ Robert Cannon ein weiteres Telegramm nach Ottawa los – diesmal an keinen anderen, als den Premierminister Mackenzie King und an den Außenminister:

Canadian Transcontinental Airways hat die *Bremen* in Greenly Island geborgen und instandgesetzt. Unser technischer Direktor und der Chefmechaniker waren einen Monat vor Ort, um an dem Flugzeug zu arbeiten und sie befinden sich immer noch dort. Zu Beginn der vergangenen Woche haben wir mit Fräulein Junkers versucht, den Rückflug der *Bremen* nach Kanada in die Wege zu leiten, um in Quebec auf ihre Besatzung zu warten. Die kanadische Öffentlichkeit hat dies erwartet, weil eine kanadische Firma die Arbeit geleistet hat. Dies ist auch notwendig, weil wir tausende von Dollar in Greenly ausgegeben haben und bisher hat Fräulein Junkers sich noch nicht geäußert, wie sie für die Erstattung einstehen wird.
Am Freitag haben wir die Lage dem deutschen Konsul in Montreal geschildert. Er ist nach New York gereist, um sich der Sache anzunehmen. In Montreal wurde seine Reise unterbrochen als er erfuhr, daß die deutsche Botschaft in Washington und der kanadische Minister Massey die Angelegenheit beigelegt hätten und er sich nicht mehr zu bemühen brauche. Der kanadische Minister hat nicht mit uns verhandelt oder auch nur nachgefragt, ob unsere Interessen möglicherweise nicht gewahrt werden. Mir liegt die Nachricht vor, amerikanische Hilfsflugzeuge seien derzeit in Pictou und zu einem nutzlosen Weiterflug nach Greenly bereit, weil sie nichts an Bord haben, was die Bremen benötigt und alle Ratschläge über den einzuschlagenden Weg in den Wind schlagen. Bevor es so weitergeht und im Hinblick auf mögliche Schwierigkeiten möchten wir wissen, ob die einzige beteiligte kanadische Firma von ihrer eigenen Regierung die Wahrnehmung ihrer Interessen erwarten kann, sei es durch ihre Vertreter in Washington oder unmittelbar. Die Kosten und Unkosten aller Art für die *Bremen* belaufen sich auf fünfundzwanzigtausenddreihundertundsiebenunddreißig Dollar.
       Robert Cannon
       Canadian Transcontinental Airways

Die beiden Loenings waren um 9.45 Uhr am 13. nach Pictou, Nova Scotia, gestartet. Sie waren kaum in der Luft, als sie in einen heftigen Schneesturm gerieten. Anstelle die Cobequid Hills bei diesem Wetter zu überfliegen, landete man klugerweise in Cobequid Bay an der Mündung des Flusses Shubenecadie. Und nun sollte alles noch viel schwieriger werden. In der starken Frühjahrsströmung des Flusses und bei Ebbe in der Bay of Fundy, brach das Ankerseil des Flugzeugs von Leutnant Eaker und er mußte wieder starten, um nochmals zu versuchen, Pictou zu erreichen. Auch Quesada verlor seinen Anker und trieb auf eine Sandbank. Während Quesada auf die Flut wartete, ging Eaker 30 Minuten vor seinem Ziel der Treibstoff aus und er mußte auf einer Wiese bei Middleton landen, drei Meilen von Tatamagouche entfernt. Die Nacht deckte einen Schleier über diesen Tag voller Enttäuschungen. Es war noch ein weiter Weg bis Greenly.

Quesada bekam seine Loening mit der nächsten Flut wieder flott und erreichte am späten Dienstagnachmittag Pictou. Eaker verbrachte fast den ganzen Tag mit der Betankung. Es gelang ihm aber dennoch am 15. vor dem Einbruch der Dunkelheit bei den anderen zu sein. Am nächsten Tag flogen beide Flugzeuge nach St. George und Hawkes Bay, Neufundland, weiter, wo schlechtes Wetter sie zwei volle Tage festhielt.

Man mag sich fragen, was drei hohe Offiziere der US Army mit sich anfangen, wenn Nebel sie zwei Tage in einer Küstenstadt auf Neufundland nicht weiterfliegen läßt, ganz besonders, wenn sie von den Einwohnern kühl, ja fast feindlich behandelt werden. Viele Jahre später erinnert sich Quesada wie sehr sie durch diese scheinbare Feindschaft in Verlegenheit geraten waren, bis man ihnen schließlich von zwei Fliegern erzählte, die im vergangenen Jahr bei der Suche nach den vermißten Nungesser und Coli dagewesen waren und wonach ein einheimisches Mädchen schwanger war. Quesada zog die feindliche Haltung gegenüber den Amerikanern lachend in Zweifel, denn einer der Piloten im Jahr 1927 war Engländer und der andere war in New Brunswick, Kanada geboren.

Endlich, nach einer Woche, kreisten die beiden gelben Loenings über Greenly Island und Long Point und versetzten die Bewohner in große Aufregung. Die Besatzungen sahen die *Bremen* oben auf dem Hügel. Sie selbst aber sahen einem weiteren fliegerischen Dilemma entgegen. Obwohl man Amphibienflugzeuge eingesetzt hatte, um allen Landeverhältnissen gerecht zu werden, war der Ausbruch des Frühlings an diesem Maimorgen überhaupt nicht willkommen. Es gab nirgends eine freie Fläche, um auf den Rädern zu landen und die Bucht war voller Treibeis. Melchior hatte für einen solchen Notfall aber vorgesorgt und zwei Fallschirme angelegt. So bekamen die Zuschauer etwas für sie völlig Neues zu sehen, als der Schirm sich beim Absprung aus einer der Loenings entfaltete.

General Fechet beobachtete die sichere Landung von Melchior auf dem Strand am Fuß des Hügels und besprach sich mit Cuisinier und Thibeault. Die beiden Loening flogen dann nach St. George, wie ursprünglich geplant war, und wo sie 24 Stunden auf Melchior mit der *Bremen* warten sollten.

Man hatte beschlossen sofort mit der *Bremen* zu starten, aber, wie schon beim Start in Irland zum Atlantikflug, war kein Wind, der half. Zwei Leute, die lange in Long Point gelebt haben, erzählten später dem Autor von dem Start. Antoine Jones war auf den Hügel gegangen, um einige Kleider zu holen, die sich Thibeault ausgeliehen hatte. Als er oben ankam lief der Motor warm, Melchior saß am Steuer und Thibeault auf dem Sitz des Copiloten. Die *Bremen* begann ihr gefährliches Rollen den Hügel hinab, konnte aber auf dem unebenen und weichen Boden keine Fahrt aufnehmen. "Sie wollte einfach nicht abheben," sagte Jones, "und humpelte den Hügel hinunter, bis ein Tragflügel einen Busch traf. Sie machte einen vollständigen Ringelpietz und schlitterte zum Stillstand". Ein anderer Zeuge, Alexander Jones aus Long Point maß einer anderen Tatsache große Bedeutung bei: "Es war der falsche Propeller. Er konnte das Flugzeug nicht in die Luft bringen". Er hatte insoweit recht, als er erkannt hatte, daß es nicht die Originalluftschraube war, die ja Köppen nach New York mitgenommen hatte. Das Problem war aber eher der Zustand der Startbahn, als ein falscher Propeller.

Dieses Mal war das Flugzeug aber bestimmt ein Bruch. Das Fahrwerk war zerstört, ein Tragflügel schwer beschädigt und das ganze Heck war vor dem Seitenleitwerk abgebrochen. Melchior, Thibeault und Cuisinier hatten Quetschungen und einen Schock erlitten. Sie kletterten heraus und gesellten sich zu der immer stärker anwachsenden Menge unten am Hügel. Anstatt Kurs auf New York zu nehmen, wo sie ein ehrenvoller Empfang in den Vereinigten Staaten erwartet hätte, hatten sie nun Zeit darüber nachzudenken, warum sie überhaupt den Start gewagt hatten.

Die meisten Kommentare in den Zeitungen waren von General Fechet, der aussagte, daß beim Überfliegen von Long Point der Boden weder für einen Start, noch für eine Landung geeignet schien. Die ganze Episode läd zu Spekulationen ein ob es notwendig gewesen war, die *Bremen* in aller Eile nach New York zu bringen. Nach den vielen Schlagzeilen und dem Eingreifen des amerikanischen Militärs, muß der Druck auf Melchior gewaltig gewesen sein. Was hätten seine Vorgesetzten gesagt, hätte er es abgelehnt, das Flugzeug aufs Spiel zu setzten? Was hätte die Presse geschrieben? War es fair, dem Junkerspiloten eine solche Entscheidung aufzuzwingen, während der Kapitän und der Eigentümer viele Meilen entfernt Reden hielten und sich im Lob sonnten?

Durch seine Äußerungen in der Presse weiß man, daß Otto Scherer, der Präsident seiner Firma, hinter Melchior stand. Aber die Firma verließ sich auf seine Urteilsfähigkeit. Sie hatte ihm den Auftrag gegeben gegen den Rat ihres Chefmechanikers, der die *Bremen* zwei Wochen zuvor in Greenly repariert hatte. Die Verzögerungen und die Schneeschmelze brachten Melchior in Schwierigkeiten. Da er aber dann den Entschluß gefasst hatte, das Flugzeug mit geringstem Startgewicht auszufliegen, bleibt es um so unverständlicher, daß er zwei Fluggäste zugelassen hatte.

Die Loenings hatten Melchior am 19. abgesetzt und waren nach St. Georges Bay zurückgeflogen. Sie erreichten am 20. Pictou. General Fechet erhielt ein Telegramm mit der Nachricht vom Bruch der *Bremen* und mit der Bitte von Melchior zurückzukommen, um ihn abzuholen. Die Bitte wurde prompt abgelehnt und die amerikanischen Flieger wollten rasch nach Hause bevor sich weiteres ereignen konnte. Die Loenings bekamen noch einen Dämpfer bevor sie Washington erreichten. Wegen Regen und Nebel mußten sie in Eastport, Maine, landen.

Es ist interessant festzustellen, daß angesichts des Fluges der Armee und der Beschädigung der *Bremen* einen Tag nach dem Unfall endlich etwas auf das Telegramm von Cannon vom 13. Mai erfolgte. Eine Note wurde im Büro des Unterstaatssekretärs an den stellvertretenden Minister für die Nationale Verteidigung verfasst, die auszugsweise lautete: "Wir schlagen vor Herrn Cannon zu antworten, daß weder der kanadische Gesandte in Washington, noch irgend eine andere Abteilung der kanadischen Regierung, Schritte unternommen haben, damit Flugzeuge der Vereinigten Staaten Rettungsflüge unternehmen. Es wurde lediglich die übliche Genehmigung für ausländische Flugzeuge erteilt, in das Land einzufliegen. Ich wäre Ihnen für die Mitteilung dankbar, ob dem etwas hinzuzufügen ist."

Die kleine Telegrafenstation im Hause Cormier wurde noch einmal aktiv und sandte die Nachricht aus, daß die *Bremen* verunglückt sei und nicht mehr repariert werden könne. Die erste verstümmelte Nachricht erreichte Fitzmaurice, als sie sich zur Abreise aus Boston vorbereiteten. Er erzählte aber von Hünefeld erst beim Besuch in Albany davon. Eine erste offizielle Beschreibung des Hergangs erreichte die Zeitungen am 22. Mai aus Point Amour: "Wegen des unebenen Bodens neigte sich das Flugzeug auf die Seite, wobei ein Tragflügel zerschmettert wurde. Die Maschine drehte sich dann in einem Halbkreis und stürzte einen Damm hinunter. Teile wurden weggetragen was deutlich macht, daß das Flugzeug schwer beschädigt worden ist. Das ganze Ausmaß des Schadens ist in Point Amour nicht bekannt. Er soll aber beträchtlich sein." Die Besatzung erhielt bei ihrem Besuch in Montreal Gewißheit; die *Bremen* war zu "40 % zerstört". Die Nachricht dämpfte ihre Freude wieder in Kanada zu sein. Schweren Herzens machte sich das Trio am 24. Mai von Quebec aus auf den Weg zurück nach New York, um dort über die neue Lage nachzudenken.

Die damals führende amerikanische Luftfahrtzeitschrift "Aviation", die "älteste amerikanische Luftfahrtzeitschrift" stand der Beteiligung der Armee kritisch gegenüber. Im Leitartikel heißt es am 28. Mai: "Es ist aber überraschend, daß die Spitze des US Army Air Corps eine so wichtige Sache wie eine Rettungsmannschaft befehligen sollte. Natürlich weiß man, daß der Chef des Army Air Corps die Art von Mensch ist, der nicht an seinem Sessel klebt, sondern hinausgeht und selbst fliegt. Man weiß auch, daß er der Erste wäre, einem anderen Flieger zu helfen. Aber seine Stellung erfordert große Verantwortung und seine Teilnahme an einer solchen Unternehmung erscheint nicht erforderlich gewesen zu sein. Er führt zweifellos die Befehle seiner Vorgesetzten aus und wenn dem so ist, dann sind diese zu kritisieren. Zu helfen, die *Bremen* von Greenly Island wegzubekommen steht dem US Air Corps wohl an. Man fühlt sich aber hinters Licht geführt, wenn die Besatzung der *Bremen* ihre Tour fortsetzt und einem hochrangigen Offizier des Air Corps die Leitung der Expedition zur Bergung überlässt."

Nach dem Startversuch von Melchior. Das Wrack der *Bremen* an einem Hügel bei Blanc Sablon. (Foto: P & A)

KAPITEL 17

ENDE DES UNTERNEHMENS

Wenn man die erste Ankunft der Besatzung in New York als Höhepunkt des Unternehmens ansähe, dann müßte man die Rückkehr von Quebec am Morgen des 24. Mai bestimmt als dessen Tiefpunkt bezeichnen. Der Zug lief um 10.00 Uhr in die Pennsylvania Station ein und es gab ein glückliches Wiedersehen mit Elfriede, Violet und Patsy, aber keinen offiziellen Empfang. Andere Ereignisse gaben die Schlagzeilen ab, das Leben war weitergegangen.

Man hörte, daß die Flieger sich einige Tage völlig zurückgezogen hätten und bald erfuhr man von ihrer Mitarbeit an einem Buch für G.P. Putnam & Sons. Auf dem Flur ihres Hotels stand ein Posten und man ließ nur Reporter vor, die den neuen Autoren halfen. Ihre Beiträge in den Zeitungen der vergangenen Wochen stellten die Grundlage für das Buch dar, das in deutscher und englischer Sprache vorgesehen war. Der Dampfer *Columbus* sollte am 9. Juni abfahren und bis dahin wurden es für alle noch zwei arbeitsreiche Wochen.

Bei einem Zwischenstop in Albany, auf dem Weg nach Montreal, hatte von Hünefeld geäußert, er habe die *Europa II* gekauft, die in Dessau stand. Dieses Flugzeug, ebenfalls eine W 33 mit der Werknummer 2506, war 1927 als Ersatzflugzeug für den Versuch der Atlantiküberquerung bereit gehalten worden. Die *Europa I* war nach dem Bruch in Bremen wieder hergestellt und an eine persische Firma verkauft worden. Der Zeitpunkt des Kaufs war günstig im Hinblick auf die neuen finanziellen Verhältnisse des Freiherrn. Es gab zwar keinerlei Hinweise auf die Bezüge der Besatzungsmitglieder, aber man kann an denen von Lindbergh schätzen, was sie bekamen. Der "Einsame amerikanische Adler" hatte $ 60 000 für seine Artikel in der *New York Times* erhalten und $ 100 000 für sein Buch "*We*", das auch bei Putnams verlegt worden ist.

Als der Mai zu Ende ging wollte man zwei Millionen Dollar für das neue Gebäude des Museums der Stadt New York zur Verfügung haben und 1,5 Millionen waren es bereits. Der Betrag erhöhte sich rasch, als am 30. von Hünefeld ankündigte, daß er die Luftschraube der *Bremen* stiften wolle und Fitzmaurice den Säbel, den er während des Fluges getragen hatte. Dieser Säbel hat den Autor immer sehr interessiert, denn er wußte wie unbarmherzig Lindbergh war, um bei seiner *Spirit of St. Louis*' Gewicht zu sparen. Man weiß nichts von irgendwelchen Absprachen mit dem Kapitän des Flugzeuges über das Gepäck seiner Besatzung. Für die Zeremonien nach dem Flug war der Säbel aber sehr passend.

Köhl und Fitzmaurice machten einige Flüge auf Curtiss Field und alle zusammen besuchten sie Long Island, wo der Onkel von Köhl lebte. Kurz vor der Abfahrt der *Columbus* kam es noch zu Gegeneinladungen. Grover Whalen und sein Begrüßungskomitee des vergangenen Monats wurden zu einem Gala-Abschiedsessen auf das Schiff geladen: Köhl besuchte noch einmal seinen Onkel in Long Island und am letzten Nachmittag lud die Familie Junkers zum Tee im Sherry Netherland Hotel, bevor man an Bord ging. Um Mitternacht war man draußen auf dem Atlantik, ohne daß man sich um Wind, Wetter und Wolken kümmern mußte.

Die Heimreise war für die Drei die erste wirkliche Erholung nach den Tagen auf Greenly Island. Sie konnten schreiben, denn Putnam hatte es eilig mit der Herausgabe des Buches "*Unser Ozeanflug*" und verlangte unverzüglich das Manuskript. Der Freiherr hatte nun auch Zeit über Zukunftspläne nachzudenken. Er wußte um die Unerbittlichkeit seiner Krebskrankheit und daß sich bald ein Vorhang vor seine Absichten schieben würde.

Kaum jemand kannte die Wahrheiten von von Hünefelds Krankheit, außer Harry Bruno und Dick Blythe, mit denen er auf der Tour durch die Vereinigten Staaten darüber gesprochen hatte. Er hatte sie nicht verbergen können in jenen Tagen, an denen sie durch ihre Auftritte in der Öffentlichkeit und die Vorbereitung ihrer Reden erheblichem Streß ausgesetzt waren. Oft sahen die für die Öffentlichkeitsarbeit Verantwortlichen wie er sich vor Schmerzen krümmte, aber es gelang ihm stets ein Lächeln, wenn er vor die Leute trat. "Sein deutscher Patriotismus hielt ihn aufrecht," sagte Harry Bruno in seinem Buch "*Wings Over America*".

Für die erschöpften Drei von der *Bremen* war die Seereise nur ein kurzes Ausspannen. Kaum hatte die Columbus in Bremerhaven angelegt, begannen auch schon wieder die Huldigungen. Zufällig kamen sie am 18. Juni in Deutschland an, dem ersten Jahrestag ihres früheren Versuchs den Atlantik zu überfliegen. Der ganze erste Tag verging mit Empfängen an Bord des Schiffes. Ein Flugzeuggeschwader flog vorüber und die Helden winkten ihm lebhaft von der höchsten Stelle der Brücke des Schiffes zu.

Am zweiten Tag wurde das Trio in einem offenen Wagen durch die Straßen von Bremen gefahren und man bereitete ihnen einen überwältigenden Empfang. Man fühlte Nationalstolz und am Rathaus hing ein Spruchband "Wage und Gewinne".

Dann ging' es zu noch mehr Lob nach Berlin und die Stimmung war genau entgegengesetzt zu der beim Abflug im April. Es muß für Köhl und von Hünefeld eine große Genugtuung gewesen sein, Kommentare zu hören wie: "Was wir Diplomaten in zwei Jahren nicht erreicht haben, habt Ihr Flieger in wenigen Wochen geschafft."

Das Schwesterflugzeug der *Bremen*, die *Europa II* flog die Drei auf einer ausgedehnten Siegestour. Sie landeten in den wichtigsten Städten Deutschlands und bereisten England, Irland, Österreich und Ungarn. Ihr Empfang in Irland war überwältigend und der Hauptplatz in Dublin war voll von Menschen.

Es ist interessant festzustellen, welchen Eindruck die drei Männer auf Leute machten, denen sie auf ihrer Reise durch Europa begegneten. Charles Dixon schreibt in seinem Buch *"Conquest of the Atlantic by Air"* von ihrem Aufenthalt in London. "Von Hünefeld beeindruckte bei seinem Englandbesuch auf einem Fliegertreffen als Idealist und Intellektueller. Ein Mann voller Ideale zum Ruhm seines Vaterlandes. Köhl lächelte stets selbstzufrieden und glich eher einem Landwirt, als einem kühnen Flieger." Fitzmaurice wird als typischer unbekümmerter Ire beschrieben, der erzählte, daß man zum Atlantikflug drei Motoren benötige, sich aber nur einen hätte leisten können und das es der größte Fehler gewesen sei, kein Funkgerät mitgenommen zu haben.

Trotzdem man die Flieger feierte und lobte, war die deutsche Presse nicht ganz so freundlich. Es gab die Leistung schmälernde Karikaturen und die Beteiligten wurden "Schauspieler" genannt. Die Sticheleien richteten sich meist gegen von Hünefeld, wegen der Sache mit der Flagge, aber den Freiherrn ließ das kalt. Die erfolgreiche Besatzung reiste nach Doorn in Holland, um den früheren Hohenzollernkaiser Wilhelm im Exil zu besuchen. Die dabei gemachten Fotografien trugen nur noch mehr zur Kontroverse bei und als die *Europa II* wieder in Köln landete, fand kein offizieller Empfang statt. Fitzmaurice hatte die anderen in Doorn verlassen und war nach Irland zurückgekehrt.

Sogar in Dessau, wo die *Bremen* gebaut worden war, war die politische Reaktion gespalten. Eine Gruppe verurteilte den Besuch beim Kaiser, während eine andere meinte, daß sie als Privatleute besuchen könnten, wen sie wollten. Die Nationalsozialisten versuchten zunächst von Hünefeld zu einem der ihren zu machen in der Hoffnung, aus seiner Bekanntheit Kapital zu schlagen. Als man aber herausfand, daß seine Mutter Halbjüdin war, ließen sie ihn wieder fallen. Nach der Rundreise fuhren der Freiherr und Köhl nach Dessau, wo sie von Professor Junkers und seinen Mitarbeitern herzlich begrüßt wurden. Die Kirchenglocken läuteten, die Menge jubelte ihnen zu und es muß für beide ein erhebender Augenblick gewesen sein. Erstaunlich wenig wurde über ihre überstürzte Abreise aus Berlin im April gesagt und Köhl bekam seine frühere Anstellung bei der Lufthansa wieder, da diese auch an dem Ruhm teilhaben wollte.

Der Freiherr widmete sich wieder ganz dem, was ihm so sehr am Herzen lag - Weltfrieden und Luftfahrt. Er war mit seinen Finanzen beschäftigt, die durch Spenden und Tantieme für ihre schriftstellerischen Arbeiten angewachsen waren. Bald entwickelte von Hünefeld neue Pläne, um den deutschen Luftverkehr nach Ostasien auszudehnen und den Verkauf der Junkers W 33 zu fördern.

Nach dem Flug traten auch die literarischen Versuche von Hünefeld wieder zutage. Er hatte bisher Essays geschrieben, aber nun erweckte ein Drama in drei Akten von ihm, *"Die Furcht vor dem Glück"*, Aufmerksamkeit. Es wurde in Dresden Ende Juli aufgeführt. Der Freiherr erhielt Beifall, aber die Kritiker nannten das Werk schwach. Es gab keine Gelegenheit mehr zu weiteren Aufführungen, denn der Aristokrat mußte ins Krankenhaus zu einer Blinddarm-Notoperation. Wieder einmal schlitterte er am Tod vorbei, weil sein unbezwingbarer Lebensmut ihn wieder auf die Beine brachte.

Die drei Transatlantik-Flieger auf Tour durch Europa. (Foto: Lufthansa)

KAPITEL 18

WIEDERGEBURT DER BREMEN

Während der Reise durch Europa gingen in Kanada die Bemühungen weiter, die beschädigte *Bremen* aus ihrer unfreiwilligen Isolation zu befreien. Versicherungsleute wurden gerufen und die Nachricht von dem Flugzeugwrack zog Neugierige aus weitem Umkreis an, besonders nachdem Schiffe wieder fahren konnten. Drei Diebe aus Neufundland kamen über die Meerenge herüber und wollten das Flugzeug ausplündern. Thibeault mußte sie mit Gewehrschüssen vertreiben. Er telegrafierte der Staatsanwaltschaft um Hilfe zur Bewachung des Flugzeuges gegen Andenkenjäger und der Chefankläger William Amyot versprach eine Gruppe von Polizisten. Die Andenkenjäger gaben aber nicht auf und William Jones bezog Posten, um ein Ausschlachten des Flugzeuges zu verhindern.

Der Norddeutsche Lloyd bat die Direktion der Newfoundland Government Railway um Hilfe bei der Bergung des Flugzeuges in Long Point. Der Dampfer *SS Sagona* der Eisenbahnreederei lief in die Bradore Bay ein und der Kapitän ging an Land, um den Bruch zu inspizieren. Er teilte dem Norddeutschen Lloyd mit, daß die Tragflügel und der Motor ab- bzw. ausgebaut werden müßten. Die Genehmigung vorausgesetzt, wolle er seine Mechaniker das Flugzeug für das Verbringen zu der Bay of Islands vorbereiten lassen. Dort könne es auf ein Schiff geladen werden. Aus dem Vorschlag wurde nichts und man kann sich gut die Reaktion von Cuisinier und Thibeault vorstellen, als der Kapitän der *Sagona* seine Inspektion durchführte.

Die *Bremen* wurde unter der Leitung von Dr. Cuisinier abgebaut. Wegen der Größe der Teile und weil es in Long Point keinen Verladekai gab, war es schwierig, sie auf das Schiff zu bekommen. Man zog die Experten der Clarke Steamship Company zu Rate, die aber zunächst auch nicht weiterwußten. Die auf dem St. Lawrence regelmäßig verkehrenden Schiffe waren für Fahrgäste und kleine Frachtstücke eingerichtet, aber nicht für Ladungen von der Größe eines Flugzeugrumpfes, auch wenn er ohne Leitwerk war.

Die Teile wurden auf einen sicheren Platz an der Bradore Bay gekarrt und das Clarke-Schiff *North Shore* verließ am 25. Juli Quebec. Es sollte außerplanmäßig anlegen, um die Teile aufzunehmen. Es war ein hohes und schlankes Schiff mit Clipperbug und nach hinten geneigten Masten, die frühere *Olga Constantinova* der russischen Zarenfamilie. Kapitän J. Albini Brie befehligte es, Erster Offizier war Anatole Delage. Das Versorgungsschiff für Leuchttürme der kanadischen Regierung wurde hinzugezogen, um bei der Verladung zu helfen, da es über Ladegeschirr verfügte. Die Tragflügel wurden auf dem Hauptdeck untergebracht und hoch oben auf dem oberen Deck fand man einen Platz für den Rumpf. Das Unternehmen wurde mit großem Interesse verfolgt, besonders von den Passagieren, die sich auf der Rückreise nach Quebec an Bord befanden.

Besucher der Quebec Docks sahen am 4. August einen jämmerlichen Berg von Flugzeugteilen die, unter der Aufsicht von Dr. Cuisinier und Ami Thibeault, von der *North Shore* herabgelassen wurden. Das Flugzeug wurde sofort wieder zusammengebaut, damit man es auf dem Ausstellungsgelände präsentieren konnte in der Hoffnung, wenigstens etwas von den Kosten der CTAL wieder hereinzubekommen. Die 18. Jahresausstellung der Provinz stand im September bevor und die Aufstellung des bekanntesten Flugzeuges des Jahres gab eine vorzügliche Begründung ab für ein Thema zur Luftfahrt. Man beschloß mit der Ausstellung das "Jahr der Luftfahrt in Quebec" zu begehen.

Der einzigartige Dr. Cuisinier nahm sich der Luftfahrtausstellung an und reiste nach New York, um für eine Beteiligung von außerhalb die Werbetrommel zu rühren. Er setzte bei Junkers durch, daß der Pilot Melchior mit der Vorführ-F 13 kam und lud die Firma Sikorsky zur Teilnahme ein. Die Flugzeuge der Canadian Transcontinental Airways sollten Passagier-Rundflüge über dem Messegelände durchführen und auch die neugegründeten Sportfliegerclubs von Montreal und Quebec wurden eingeladen.

Zunächst war man der Meinung, das Messegelände als Landeplatz nutzen zu können. Aber die Behörden erklärten es als ungeeignet, auch nachdem man eine Reihe von Zäunen entfernt hatte. Für Flugzeuge mit Fahrwerken wurde ein schönes und ebenes Feld bei Ste. Foy zur Verfügung gestellt, das J.A. Corrigan gehörte. Ein geschützt liegender Teil von Wolfe's Cove wurde für Amphibienflugzeuge und Flugzeuge auf Schwimmern vorbereitet. Transcontinental hatte kürzlich ein Loening-Amphibium erworben, das der Stolz der Flotte war.

Als das große Ereignis näherrückte, nannten Werbefachleute den Flug der *Bremen* "die dramatischste Episode unserer Zeit - die größte Sensation des Jahres". Das Flugzeug wurde in seiner Bedeutung der Landwirtschaftsschau und der Industriemesse gleichgestellt. Bürgermeister Auger durchschnitt am 1. September das Band zur Eröffnung der acht Tage dauernden Ausstellung.

Die aus den Vereinigten Staaten zu Besuch kommenden Flugzeuge trafen am Montag ein. Die Zeitungen berichteten, daß Fred Melchior "die Berühmtheit von Greenly Island" über das Messegelände flog, gefolgt von Henry James White in einem Sikorsky Amphibium. Am Abend des 4. waren die Piloten Gäste von Cuisinier bei einem Galadiner mit dem berühmten Konstrukteur Igor Sikorsky als Redner. Sikorsky sprach von seiner Zukunftsvision, nach der künftig "riesige Flugzeuge in 10 000 Metern Höhe über den Atlantik fliegen und eine Mahlzeit in Paris oder London von New York aus in wenigen Stunden eine Realität ist".

Am Donnerstag brachte Cuisinier die zu Besuch angekommenen amerikanischen Piloten zu der ausgestellten *Bremen* und stellte sie den Zuschauern vor. Der Berichterstatter des *Chronicle* meinte: "Die berühmte *Bremen* sieht so aus, als ob sie nie mehr fliegen würde." Er fuhr fort, daß an guten Tagen mehr als 3 000 sich anstellten, um das Flugzeug zu sehen und fügte hinzu: "Es gibt Anzeichen dafür, daß die Ausstellung ein Fiasko wäre, gäbe es nicht die *Bremen*." In den Schiffahrtsnachrichten des gleichen Blattes stand, daß das Schiff Krefeld des Norddeutschen Lloyds in Quebec erwartet werde und sich gegenwärtig auf der Höhe von Greenly Island befände.

Über der Ausstellung flogen ständig Flugzeuge, die, wenn das Wetter es zuließ, 3 000 Gästen die Messe aus der Luft zeigten. Einmal flog die gesamte Flotte der Transcontinental in Formation darüber hinweg und am 7. überredete Robert Cannon seinen Bruder, den Kronanwalt Lucien Cannon, zu seinem ersten Flug in einem Amphibienflugzeug der Gesellschaft. Für Robert war es ein historischer Augenblick, als beide zusammen auf die markante Küstenlinie ihrer Lieblingsstadt hinabschauten. Nach der Ausstellung, als die Bilanz vorlag, stellte es sich heraus, daß sie ein Erfolg gewesen war. Der Überschuß von $ 20 000 hatte den des Vorjahres von $ 13 000 übertroffen und 20 000 Besucher hatten Eintrittsgeld bezahlt, um die *Bremen* zu sehen.

Alle Anzeichen sprachen dafür, daß die finanziellen Schwierigkeiten der Transcontinental geringer geworden waren. Der Eintritt zu dem Ausstellungsgelände hatte 25 Cents betragen und man darf wohl annehmen, daß für das Anschauen der *Bremen* ebensoviel verlangt worden ist. Auch daß das Flugzeug bereits drei Wochen vor Eröffnung der Ausstellung dort gestanden hatte, erwies sich als Vorteil.

Nach der Ausstellung wurde die *Bremen* abgerüstet und auf der Krefeld verladen, die nach den Schiffahrtsmeldungen des Chronicle am 17. September nach Deutschland auslief, vorbei an Greenly Island.

Das Errichten von Ehrenhainen und Denkmälern ist normalerweise Sache der Regierungen oder von Institutionen und erfolgt viele Jahre nach dem Ereignis. Im Falle der Landung der *Bremen* war dies nicht so. Die Begeisterung erregte das Interesse der Quebecer, insbesondere die von Desmond A. Clarke, dem Präsidenten der Clarke Steamship Company. Nur zehn Tage nach der Landung veranlasste er eine Anhäufung von Steinen genau an der Stelle, an der die *Bremen* aufgesetzt hatte und in das Reservoir gerollt war. Johnny Letemplier wurde angestellt und mußte aus rohen Granitsteinen aus dem Wasserbecken und der Umgebung einen rechteckigen Steinhaufen errichten. Eine Bronzetafel, 23 x 30 Inches groß, wurde von Henry Birks & Sons Ltd. in Montreal mit einer entsprechenden Inschrift angefertigt:

"Auf dieser Insel landete am Freitag, dem 13. April 1928, die *Bremen* nach dem ersten Non-Stop-Flug von Ost nach West über den Atlantik. Sie hat Irland am Donnerstag, dem 12. April im Morgengrauen verlassen. Die Besatzungsmitglieder waren Freiherr Günther von Hünefeld, Deutschland, Kapitän Hermann Köhl, Deutschland und Major James C. Fitzmaurice, Irland.

In Anerkennung dieser Heldentat errichtet von der Clarke Steamship Co. Ltd. Montreal Quebec."

Die Einweihung des Denkmals war in der Geschichte der Insel ein besonderes Ereignis, zumal sie so kurz nach der Landung erfolgte. Die *North Shore* lief am 14. August 1928 Long Point außerplanmäßig an und Passagiere und Besatzung wurden in kleinen Booten nach Greenly gebracht. Die Einwohner strömten aus weiter Umgebung in ihren besten Kleidern herbei und es wurde die größte Party gefeiert, die die Letempliers je auf der einsamen Insel erlebt hatten.

Die Gebrüder Clarke wurden vom Direktor Louis T. Blais und Captain J.A. Brie vertreten, der für den Transport des Flugzeuges nach Quebec, nur wenige Tage zuvor, verantwortlich gewesen war. Der religiöse Teil der Einweihung war von Hochwürden Leventeaux, römisch-katholischer Bischof der Nordküste, Pater François Hesry, der örtliche Pfarrer und Father Joseph Gallix, der Priester in Natashquan, übernommen worden. Der Hochwürdige Erzdiakon F.G. Scott vertrat die anglikanische Kirche. Es wurden Flaggen gehisst und Kameraleute hielten das Ereignis auf Filmen fest. Wenn er später darüber sprach, nannte Canon Scott den 14. einen ruhmreichen Tag. Es wurden Ansprachen in Englisch und Französisch gehalten und Kapitän Brie zog an der Schnur, um die Tafel zu enthüllen. Herr Blais schloß die Feier mit einer Dankesrede und alle zusammen sangen "leidenschaftlich" "O Canada" und "God save the King".

Am 27. September kam die *Bremen* wieder in Deutschland an. Sie wurde den Junkers-Werken zurückgegeben, wo sie bis in alle Einzelheiten wieder hergestellt wurde. Der Freiherr kümmerte sich um ihren künftigen Verbleib schon als das Flugzeug noch unterwegs war. Er hatte Anspruch auf das Flugzeug und vertrat die Meinung, die *Bremen* sollte nie mehr fliegen.

Bereits am 30. April hatte der Freiherr in New York den Flug zur internationalen Leistung erklärt: "Ich möchte die *Bremen* als Symbol für den ersten Atlantikflug in Ost-West-Richtung sicher in einem deutschen Museum wissen. Wenn ich Glück habe, wird es vielleicht irgendwann einmal dazu kommen."

In Deutschland zurück, muß etwas vorgefallen sein, was ihn seine Meinung ändern ließ. Vielleicht war es Politik oder die Inkompetenz, aber das Deutsche Museum in München zeigte kein Interesse an dem Flugzeug. Der Wunsch, die *Bremen* als eine Art Heiligtum zu verwahren, wurde wegen seiner angegriffenen Gesundheit immer heftiger und dringender. Die tiefe Freundschaft mit von Hünefeld, die er auf der Rundreise in den Vereinigten Staaten erfahren hatte, blieb bestehen und er wollte dafür etwas tun. Die vielen Reden in New York und Chicago von Frieden und Freundschaft waren ernst gemeint; er wollte etwas Greifbares und Langlebiges zur Erinnerung schaffen.

Schon am 13. August, die *Bremen* war noch im Laderaum der *Krefeld* auf dem Atlantik auf der Fahrt zurück nach Deutschland, begann von Hünefeld mit dem Botschafter der Vereinigten Staaten von Amerika, Herr Schurman, zu verhandeln. Er bot die *Bremen* den Einwohnern von New York zum Geschenk an in der Hoffnung, sie würde ein Symbol der Gefühle werden, welche die Deutschen gegenüber den Amerikanern hegen und zu einem Freundschaftsbündnis führen.

Nach weiterem Schriftwechsel mit Dr. F.C. Brown, dem Direktor des Museums of the Peaceful Arts, und Dr. Hardinge Scholle, Direktor des Museums der Stadt New York, kam man überein, daß das Museum der Stadt New York möglicherweise das historisch bedeutungsvolle Flugzeug übernehmen und das Museum of the Peacful Arts es für die Einwohner von New York ständig ausstellen würde. In einem Brief an Dr. Scholle vom 19. Dezember 1928 stimmte Freiherr von Hünefeld dieser Vereinbarung zu:

"Ich habe gerade Ihren freundlichen Brief vom 7. dieses Monats erhalten und danke Ihnen herzlich dafür. Ich bin überglücklich, daß Sie für unser Flugzeug *Bremen* im Museum of the Peaceful Arts einen geeigneten Platz gefunden haben. Ich werde die *Bremen* auf den Weg bringen, sobald alle Vorkehrungen getroffen worden sind, um mögliche Schäden am Flugzeug auszuschließen. Ich möchte zufügen, daß der Originalmotor nicht ersetzt worden ist und die *Bremen* in ihrem gegenwärtigen Zustand nicht flugfähig ist."

Das Museum hatte aber keinen Platz für eine passende Aufstellung des Flugzeugs und Dr. Brown mußte einen anderen Ort suchen, bis man einen Platz für die ständige Ausstellung hergerichtet hatte. Die New York Central Railroad bot großzügig die zeitweilige Unterbringung in der Ausstellung von Transportmitteln in der Grand Central Station an. Man plante, die *Bremen* an den Sparren im östlichen Gebäudeteil aufzuhängen, genau über einem anderen technischen Werk, dem ersten Eisenbahnzug des Staates New York.

Am 16. Mai 1929, mehr als dreizehn Monate nach ihrem Start in Baldonnel, kam die *Bremen* endlich in New York an – als Fracht an Bord des Norddeutschen Lloyd

Schiffes Columbus. Im Foyer des Grand Central fand am 21. Mai eine eindrucksvolle Feier statt. Sie begann mit einem Essen für die Würdenträger der Stadt und Persönlichkeiten aus der Luftfahrt im Hotel Commodore, gleich neben dem Bahnhof. Unter den Gästen waren Bürgermeister Walker und James Fitzmaurice, jetzt als Oberst, Clarence Chamberlin, Amelia Earhart, Harry F. Guggenheim, General Leslie Kinkaid und Professor Alexander Klemin. Um 14.30 Uhr begab die Gruppe sich auf den östlichen Balkon des Bahnhofs, unter dem sich 17 000 Leute versammelt hatten. Die *Bremen* hing hoch an der Decke und um sie war ein 40 Meter langer Schleier drapiert. Als der Schleier von Frederick B. Pratt von der Standard Oil und dem Museum of Peaceful Arts gelüftet wurde, spielte das Orchester "God save the King" zu Ehren von Fitzmaurice und danach die deutsche Nationalhymne. Der Hauptredner war Dr. Gustav Hauser, Deutscher Generalkonsul in New York. Er zollte Freiherrn von Hünefeld größten Tribut und Fitzmaurice fügte hinzu: "Er war ein außergewöhnlicher Mann, ein beispielhafter deutscher Aristokrat, voller Tatkraft, Selbstdisziplin und der Fähigkeit, Entscheidungen zu treffen."

Diese Würdigung hatte mehr als die herkömmliche Bedeutung. Denn der Mann, der alles möglich gemacht hatte, der Patriot, der von der Freundschaft zwischen den Völkern träumte, war tot.

Oben: Der Rumpf der *Bremen* an Deck der *North Shore* der Clarke Steamship auf dem Weg nach Quebec. (Foto: durch G. Blouin)
Rechts: Kapitän J.A. Brie von der *North Shore* inspiziert seine ungewöhnliche Fracht auf dem Weg nach Quebec. (Foto: J.A. Brie Sammlung)

WIEDERGEBURT DER BREMEN

Louis T. Blais, Direktor der Clarke Steamship Co. neben der *Bremen* an Bord der *North Shore*. (Foto: L.T. Blais Sammlung)

Ein stark retuschiertes Zeitungsbild der *Bremen* nach der Ausladung in Quebec. (Foto: Public Archives Canada)

Die Einweihung des *Bremen*-Denkmals auf Greenly Island in Anwesenheit von Einwohnern und Gästen von der *Nord Shore*. (Foto: L.T. Blais Sammlung)

Die Platte der Firma Clarke, von Birks & Sons Ltd. hergestellt und am Denkmal auf Greenly angebracht. (Foto: L.T. Blais Sammlung)

WIEDERGEBURT DER BREMEN

Nach vollständigem Wiederaufbau durch die Junkers Werke wurde die *Bremen* auf der Internationalen Luftfahrtschau in Berlin gezeigt. (Foto: Bundesarchiv)

Der Rumpf der *Bremen* auf dem Weg zum Dampfer *Colombus*, der sie in die USA bringt, wo sie als Ausstellungsstück blieb. (Foto: Bundesarchiv)

EPILOG

Trotz mancher Kritik und den Verlusten an Menschenleben ist erwiesen, daß diese frühen Flüge über den Atlantik wesentlich zum späteren Luftverkehr beigetragen haben. Die Bezwingung des Atlantiks von Ost nach West durch die *Bremen* ist aus vielen Gründen besonders bemerkenswert. Die Landung in der abgelegenen Gegend führte zu einer sich täglich steigernden Spannung, die Leben in jede Redaktion bringt. An 19 von 21 Tagen berichtete die *New York Times* in Schlagzeilen von der Landung der *Bremen*. Nur am 23. und 24. April löste der bewunderungswürdige Flug von Hubert Wilkins und Carl Ben Eilson von Alaska nach Spitzbergen sie dort in dieser der Luftfahrt so sehr verbundenen Tageszeitung ab.

Die internationalen Zusammenhänge erregten zwei Erdteile und bewegten tausende von Menschen. Die Ungewissheit um den Flug und die umfangreichen Rettungsaktionen führte die Berichterstattung von Ozeanflügen in eine völlig andere Dimension. Der Tod von Floyd Bennett erweckte ehrliche Trauer und steigerte die Dramatik der Ereignisse nur noch mehr.

Die Teilnehmer an der "Rettung" der *Bremen* setzten ihre Leben da fort, wo sie sie unterbrochen hatten und für die meisten von ihnen war das alles nur eine flüchtige Bekanntschaft mit der Berühmtheit. Einige kamen weiter nach oben, andere verschwanden wieder in der Versenkung.

Ein interessanter Beitrag in der *Ottawa Citizen* vom 20. April 1928 meint, daß die Bergung der *Bremen* noch in vielen Jahren den Kindern erzählt würde, wie "die

Legenden von den Helden von früher. Aber es ist eine wahre Begebenheit, die alle Legenden übertrifft." In den Dörfern am Nordufer des St. Lawrence sind die Landung der *Bremen* und die Rettung ihrer Besatzung tatsächlich zur Legende geworden mit allem, was man dazugedichtet hat. Nach 60 Jahren sind nur noch Zeitungsausschnitte übriggeblieben und oft gehörte Erzählungen. Die meisten davon sind als Legenden einzuordnen – "mit geschichtlichem Hintergrund, aber nicht überprüfbar."

Der *Literary Digest* von 1928 faßte die im ganzen Land über den Flug erschienenen Zeitungsartikel zusammen. Einige waren des Lobes voll. In anderen wird der Wert angezweifelt. Das einflußreiche britische Magazin *Flight* schrieb in einem Leitartikel: "Solche Flüge sind erst dann sinnvoll, wenn sie von Flugzeugen durchgeführt werden, die dafür geeignet sind." Der *Philadelphia Evening Public Ledger* setzte sich für Flugzeuge ein, die auf dem Ozean starten und landen können. Die *New York World* forderte, der Luftfahrttechnik die notwendige Aufmerksamkeit zu schenken. In der *Albany News* wird eine Kette von Seeflughäfen zwischen den Vereinigten Staaten und Europa beschrieben. Die *New York Evening World* schrieb: "Bei künftigen Flügen muß die Notwendigkeit des Mitführens von Funkgeräten ernsthafter überlegt werden. Diese Flüge sind noch gewagte Abenteuer." Die *Jersey City Journal* brachte den positivsten Beitrag: "Der Tag, an dem Transatlantikflüge Routine geworden sind, ist durch diesen Flug nähergerückt."

Der Flug hatte verbreitet Wohlwollen erzeugt, wie C.B. Collyer nach seinem Rund-um-die-Welt-Flug mit Henry Mears im Juli 1928 schrieb. Die beiden den Globus umfliegenden Piloten landeten zu einer Übernachtung in Königsberg, wo man ihnen jede nur erdenkliche Hilfe angedeihen ließ. Ihr Flugzeug wurde sogar in einer Halle untergestellt und vor dem Start am nächsten Morgen gewaschen. "Als wir versuchten für die Flugzeughalle und die Arbeiten zu zahlen," berichtet Collyer, "haben sich die Leute geweigert, auch nur einen Pfennig anzunehmen und meinten, es wäre eine Beleidigung Geld zu nehmen, nachdem die Amerikaner sich so sehr um die Flieger der *Bremen* gekümmert hätten."

Das Buch "*Unser Ozeanflug*" erschien 1928 bei G.P. Putnam's Sons mit der Widmung "Zur Erinnerung an Floyd Bennett und alle tapferen Pioniere der Luftfahrt, die ihre Leben gaben, damit wir überleben." George F. Dunay, Leutnant der Königlichen Ungarischen Marine, hat es in die deutsche Sprache übersetzt.

Das Buch hatte sich gut verkauft und wird heute von Sammlern hoch geschätzt. Es hat 330 Seiten, aber es mangelt an einem Sachverzeichnis, technischen Angaben und Karten. Es enthält 31 ausgezeichnete Fotos von Pacific & Atlantic, beweist aber auch, wie sehr man sich mit der Herausgabe beeilt hatte. 57 Seiten des Buches befassen sich mit den Biografien der drei Besatzungsmitglieder und viel vom Text ist einfach ein Nachdruck der von ihnen bereits veröffentlichten Zeitungsartikel.

Manchmal zeigt jeder Mensch Sinn für Humor und es gelingt ihm, seine Ansicht über die Zukunft des Transatlantikfluges zu äußern. Köhl schrieb gut, aber er gab kaum technische Informationen. Der Mangel an Einzelheiten zur Navigation und an Zeitangaben ist ärgerlich. Fitzmaurice verwendete die Umgangssprache und militärische Ausdrücke zur Abrundung seiner flotten und munteren Erzählung. Er verbreitete auf fünf Seiten seine Spekulationen, was geworden wäre, wäre man in der Einöde im Norden von Labrador gelandet. Von Hünefeld hatte einen literarischen Stil, der in seiner Struktur und Zusammensetzung einmalig ist. Er demonstrierte tiefgreifendes Verständnis und eine Aufrichtigkeit, die ihn in Amerika so populär werden ließ.

Nach ihrem berühmt gewordenen Flug war das Leben der *Bremen*-Besatzung eigentlich nur schwieriger geworden. Nach den Feiern trieb es den Freiherrn von Hünefeld verständlicherweise zu neuen Taten. Er war über alle Erwartungen hinaus berühmt geworden und besaß Geld. Was er aber am meisten begehrte, blieb ihm vesagt – Gesundheit. Der Krebs forderte seinen Tribut und er drängte zu weiteren Flügen in der Zeit, die ihm noch verblieben war. Die Siegestour durch Europa gab den Anstoß und er begann weitere abenteuerliche Flüge zu planen. Seine W 33, die *Euroa II*, war als Langstreckenflugzeug gebaut worden, bis hin zu besonderen Tragflügelenden, und war für weite Flüge somit ideal.

Diesesmal sollte es nach Ostasien gehen, wo man das bekannte Junkersflugzeug vorstellen wollte und, falls es die Umstände erlaubten, nochmals in die USA – aber über den Pazifischen Ozean. Es war ein wundervoller Traum, aber wieder einmal wurde die Zeit zum Feind. Die Vorbereitungen liefen mit dem schwedischen Piloten Lindner und dem Mechaniker Paul Lengerich, der mit der *Bremen* in Irland gewesen war, als Besatzung im Sommer 1928 weiter. Von Hünefeld erzählte Berichterstattern, daß er den Flug unternehmen wolle, um die Leistungsfähigkeit deutscher Flugzeuge zu beweisen. Als sie auf Einzelheiten drängten, wurde er sie durch seine meisterliche Wortwahl wieder los: "Meine Pläne nach Tokio zu fliegen habe ich noch nicht begraben. Weil ich aber abergläubisch bin, möchte ich nicht darüber sprechen."

Sie verließen Berlin am 18. September 1928 und landeten in Sofia, Bulgarien, elfeinhalb Stunden später. Der Flug nach Tokio dauerte 8 Tage und sie machten Zwischenlandungen in Teheran, Karachi, Delhi, Kalkutta, Hanoi, Shanghai und Nagasaki. In 90 Stunden Flugzeit bewältigten sie eine Strecke von 14 250 km. Alles verlief glatt und als die Zeit für den Flug über den Pazifik am 18. Oktober kam, war das Wetter für ein solch ehrgeiziges Unternehmen völlig ungeeignet. Eine Verlegung kam nicht in Frage. Es war bereits zu spät im Jahr und die Zeit war verstrichen.

Für den Freiherrn muß die Entscheidung, den Flug über den Pazifik nicht durchzuführen, ein arger Schlag gewesen sein, da er wußte, daß seine Tage gezählt waren. Sein nächster Schritt überraschte alle, die ihn gut gekannt haben. Er schenkte die *Europa II* dem Aero Club von Tokio und kehrte in aller Stille nach Deutschland zurück. Seine Krankheit schritt rasch fort. Man hörte noch von einer Vorlesung über die Luftfahrt im Januar 1929. Dann sucht er zu einer letzten Operation ein Krankenhaus in Berlin auf, wo er am 4. Februar gestorben ist. Später liefen im gleichen Jahr Gerüchte um, von Hünefeld habe den Freitod gewählt.

EPILOG

Angesichts einer Bemerkung, die er auf der Rundreise durch die USA gemacht hatte, erscheint dies aber eher unwahrscheinlich: "Laßt jeden, der dem Tod geweiht ist, in Würde sterben."

Nach seinem Tod wurde Freiherr Günther von Hünefeld hoch geehrt und man nannte die Straße, die zum Flughafen in Bremen führt, die Hünefeld-Straße. Eine Tafel im Rathaus wurde am 19. Juni 1933 von Rudolf Alexander Schröder enthüllt und erinnert an den schlanken, großgewachsenen Edelmann der ein Leben voller Schwierigkeiten überwunden hat, um in die Geschichte einzugehen.

Der etwas schwerfällige Kapitän Köhl muß mit gemischten Gefühlen an seinen alten Arbeitsplatz bei der Lufthansa zurückgekehrt sein. Der gerade errungene Ruhm ließ die Schwierigkeiten der Vergangenheit verblassen, aber er hatte bei seinen Vorgesetzten schon an Boden verloren, als er sich um eine Stelle als Direktor der Luftverkehrsgesellschaft bewarb. Er war Dr. Ing. geworden und Ehrenbürger seiner Geburtsstadt Neu-Ulm. Nach späteren Berichten ging er zu dem Flugzeugkonstruktuer Alexander Lippisch, wo man ein besonderes Flugzeug nach dem Nurflügelprinzip baute. Die Flugversuche waren zufriedenstellend, aber das Flugzeug wurde nie gebaut. 1933 hat er über seine Erfahrungen das Buch *"Bremsklötze weg!"* veröffentlicht.

In den Jahren 1934-1935 hielt er Vorlesungen über den Blindflug und die Navigation bei Nacht. Er geriet dabei in Gegesatz zum erstarkten Dritten Reich und dessen Pläne für die nationale Luftfahrt. Man sah diese Wissensgebiete als geheim an und unterband die Vorlesungen. Köhl hatte niemals seit dem Ersten Weltkrieg ein gutes Verhältnis zu Hermann Göring und ihre Meinungen über die Entwicklung neuer Flugzeuge gingen auseinander. Diese Meinungsverschiedenheit führte zu einem Krach zwischen den beiden und Köhl wurde von da an von der Politik mundtot gemacht. Er beschäftigte sich von nun an mit seinem Hobby, der Malerei.

Der amerikanische Schriftsteller William L. Shirer gibt in seinem Buch *"The Nightmare Years, 1939-40"* einen interessanten Einblick in die letzten Lebensjahre von Hermann Köhl. Als Freunde von Hubert R. Knickerbocker, dem Repräsentanten von Hearst, der mit den Flügen von 1927 zu tun gehabt hatte, hatten sich die Familien Shirer und Köhl kennengelernt und wurden Untermieter in Köhl's Wohnung in der Nähe des ständig wachsenden Flughafens Tempelhof in Berlin. Köhl zog sich auf einen Bauernhof bei Stuttgart zurück, kam aber gelegentlich nach Berlin und zwischen den beiden Familien entwickelte sich eine echte Freundschaft. Shirer beschreibt Köhl als einen etwas groben und derben Mann, aber warmherzig und in großer Sorge, daß Hitler Deutschland und ganz Europa in einen Krieg treiben würde.

Kapitän Hermann Köhl starb am 7. Oktober 1938 in München an Nierenversagen. Er wurde nur 50 Jahre alt, hatte aber ohne Zweifel ein aufregendes Leben gelebt. Trotz seiner Differenzen mit Göring wurde er mit allen militärischen Ehren auf dem Friedhof von Pfaffenhofen beigesetzt. Rudolf Hess, Hitlers Stellvertreter, nahm an der Trauerfeier teil und es kamen Kränze der Kommandeure von Heer und Luftwaffe. Das Bayerische Kadettenkorps, in dem Köhl von 1902-1906 gedient hatte, erwies ihm die letzte Ehre, wie auch die Stadt Neu-Ulm, die Firma Junkers und die Lufthansa. Nach dem traditionellen Gewehrsalut am Grab überflog eine Formation Jagdflugzeuge seine Ruhestätte.

Für den schneidigen James Fitzmaurice muß die Rückkehr in den militärischen Alltag ein Abstieg gewesen sein – auch wenn er nun zum Obersten befördert worden war. Nach den Wochen des Ruhmes und des Beifalls, den Empfängen und den Schlagzeilen, war das tägliche Leben in Baldonnel doch recht gleichförmig. Er versah seinen Dienst als Kommandant, aber er hatte doch zu sehr den Ruhm genossen, um glücklich zu sein. Er arbeitete am Aufbau der Verkehrsfliegerei in Irland und im August 1928 hieß es, der Norddeutsche Lloyd habe seine Einrichtungen in Galway hergerichtet, um Post und wichtige Persönlichkeiten zwischen Irland und Deutschland zu fliegen. Der Betrieb sollte im folgenden Frühjahr aufgenommen werden und Fitz der Manager für Irland sein, mit einem Gehalt von $ 100 000. Der Plan fiel ins Wasser und aus dem Gehalt für Fitzmaurice wurde nichts.

Die Begeisterung damals in New York zog ihn nach Amerika zurück, wo er immer herzlich willkommen war. Er verbrachte fast die ganzen 30-er Jahre in und um Manhattan, beteiligte sich an einem Werk für Flugzeugbau und besaß einen kleinen Flugplatz, der seinen Namen trug, in Massapequa, Long Island. Das Prestige des Atlantikfluges verschaffte Fitz Zugang zu dem gesellschaftlichen Leben von New York, was zum Scheitern seiner Ehe führte und 1930 zur Scheidung.

Als man 1986 Frau Patricia Selwyn-Jones, geborene Fitzmaurice, nach ihren Erinnerungen an diese Zeit fragte, antwortete sie, daß sie seit den 30-er Jahren in England gelebt habe und während der vergangenen Jahre ihren Vater kaum gesehen habe. "An Amerika habe ich recht verwirrte Erinnerungen," sagte sie, "ich war von den Ereignissen damals tief beeindruckt. Ich kam aus dem verschlafenen Baldonnel und war völlig unverhofft in die unglaublichen Begrüßungsfeiern geraten. Das war schon eine Erfahrung für eine Sechsjährige. Die Fahrt über den Ozean mit dem aufregenden Leben an Bord und dann die Wasserfontänen aus den Löschschläuchen der vielen kleinen Boote im Hafen. Die Fahrt im offenen Wagen durch Luftschlangen und Konfetti, bei der mich mein Vater hochhielt, um mir die Menschenmengen zu zeigen, sind lebhafte Erinnerungen an jene Tage."

Liam Byrne, der Autor der *"History of Aviation in Ireland"* beschreibt die letzten Jahre des, wie er von Harry Bruno genannt wurde, "quecksilbrigen Fitz" so:

"Bei dem Luftrennen England-Australien im Jahr 1934 sollte Fitzmaurice, zusammen mit Eric 'Jock' Bonar, ein besonders ausgerüstets Bellanca-Rennflugzeug fliegen, das den Namen *Irish Swoop* trug. Es kam zum Krach mit der Rennleitung über die Kraftstoffmenge, die das Flugzeug mitführen konnte. man beharrte auf den Zulassungsunterlagen und die Meldung wurde zurückgezogen. Fitzmaurice blieb nochmals einige Jahre in New York und kehrte während des

Krieges nach England zurück. Dort leitete er einen Club für Soldaten in London. Einem späteren Versuch, sich in Irland als Journalist zu betätigen war nur geringer Erfolg beschieden.

In den Jahren nach dem Krieg glitt er in die Rolle des vergessenen Helden ab und obwohl er Ehrengast der International Air Transprt Association Konferenz 1962 in Dublin war, blieb er ein verbitterter Mann. Er war mittlerweile fast erblindet, bei schlechter Gesundheit und wohnte in ärmlichen Verhältnissen in der Nähe der Harcort Street in Dublin. Er starb am 26. September 1965 und man gab ihm das Begräbnis eines Staatsmannes in dem Stil, den er einst gelebt hatte, unter Botschaftern und Würdenträger der Regierung.

Fitzmaurice wurde auf dem Friedhof von Glasnevin bei Dublin zu Grabe getragen. Eine bronzene Tafel an der Flugzeughalle in Baldonnel kündet von seiner geschichtlichen Tat. Heute tragen ein kleiner Ort nordwestlich von Yorkton, Saskatchewan, und eine Straße in Gander, Neufundland, den Namen des berühmten Iren.

Die Liebe zur Geschichte erlebt einen besonderen Höhepunkt, wenn alte Gebäude als Denkmäler der Vergangenheit noch immer stehen und unberührte Landschaften noch immer genau zu den Beschreibungen früherer Jahre passen. Genau so ist es in Baldonnel, wo die Jahrzehnte nach dem Flug der *Bremen* nur langsam vergingen. Die Gebäude dort erwiesen sich geeignet für den Film *The Blue Max* und sie stehen immer noch so dicht beisammen, wie 1928. Der neue Name, Casement Airport, nach Roger Casement, einem irischen Revolutionär zweifelhafter Herkunft, paßt vielen irischen Historikern überhaupt nicht. Die Flugzeughalle, in der die *Bremen* in den Apriltagen 1928 gestanden hatte, wird noch genutzt, hat aber ein neues Dach bekommen. Auch in kommenden Jahren werden Besucher auf dem Vorfeld die eingelassene Marmortafel vorfinden auf der steht "BREMEN 1928" und sie werden dabei an dem Ort sein, wo die erste Überquerung des Atlantiks in Ost-West-Richtung einmal begonnen hat. An einer Flugzeughalle, ganz in der Nähe, werden sie folgende Worte an die Nachwelt lesen:

"Der erste Non-Stop-Flug über den Atlantik von Ost nach West von Hermann Köhl, Oberst James Fitzmaurice, Offizier der Irischen Luftwaffe, und Freiherr von Hünefeld mit der Junkers *Bremen* startete am 12. April 1928 in Baldonnel."

Die *Bremen* selbst wurde zur Berühmtheit unter den geschichtsträchtigen Werken aus dem Bereich des Verkehrs und erfüllt den Wunsch, den der vom Tode gezeichnete Freiherr geäußert hatte – "ein Denkmal des ersten Ozeanfluges von Ost nach West." Sie ist seit ihrer Übergabe 1928 an die Einwohner der Stadt New York ausgestellt und hat einen Ehrenplatz in der Abteilung Verkehr des Henry Ford Museums in Dearborn, Michigan.

Ihr Platz von 1929, hoch an der Decke der Grand Central Station in New York aufgehängt, war zwar einzigartig gewesen, aber nur vorübergehend, bis das Museum of Peaceful Arts seine räumlichen Probleme gelöst hatte. Als man es 1931 auflöste, wurde die *Bremen* herausgeholt und mit einem Lastwagen in das Smithsonian Institute nach Washington D.C. gebracht. Sie machte dort der mit Flugzeugen vollgepackten Sammlung alle Ehre, bis sie 1936 vom Henry Ford Museum erworben wurde.

Ihr neuer Platz ist in einem der feinsten Museen der Welt, das Henry Fords Gedanken verwirklicht, die Frühzeit des Verkehrs darzustellen. Die *Bremen* ist in Gesellschaft anderer berühmter Flugzeuge aus der Pionierzeit der Luftfahrt, der Stinson *Pride of Detroit*, Kommandeur Byrds dreimotorige Fokker *Josephine Ford* und sehr passend, der dreimotorigen Antarktis Ford *Floyd Bennett*.

Jahrelang stand die *Bremen* auf dem glänzenden Parkettboden in Dearborn unter einem orangefarbenen Schutz, der von der Seereise 1929 stammte. Eine umfangreiche Umstellung der Exponate im Museum fiel 1978 mit dem 50. Jahrestag des historischen Fluges zusammen. Der Schmutz von Jahren wurde von der Wellblechbeplankung der *Bremen* entfernt und der Schimmer des Aluminiums trat zutage. Das Flugzeug erhielt einen in die Augen fallenden Platz auf einem roten Teppich, inmitten einer bunten Ausstellung von Flugzeugen und Motoren.

Am 19. April 1978 stellte während einer eindrucksvollen Feier der irische Verteidigungsminister Robert Mollay im Namen des Irish Air Corps eine Tafel aus Bronze und Marmor neben dem Flugzeug auf. Ansprachen hielten auch Frank Caddy, der Präsident des Henry Ford Museums und von Greenfield Village und der bekannteste Ire in Dearborn, Bürgermeister John O'Reilly.

Dearborn wird jährlich von einer Million Menschen besucht und sie gehen an der *Bremen* vorbei, die einmal Schlagzeilen in der ganzen Welt gemacht hat. Es wird in naher Zukunft eine Ausstellung mit dem Arbeitstitel "Die Grenzen von Zeit und Raum werden durchbrochen" geben, bei der auch die *Bremen* gezeigt werden soll.

Und was ist aus den Kanadiern geworden, in deren Leben die Landung der *Bremen* eingegriffen hat? Wie haben sie die unerwarteten Ereignisse und den ganzen Rummel überstanden?

Für Canadian Transcontinental Airways war es ein Ereignis, an das man sich mit gemischten Gefühlen erinnert. Zum Zeitpunkt höchster Aktivität hatte ihr Präsident Louis Couture ein Telegramm von Premierminister Mackenzie King erhalten, in dem er den Beitrag der Firma zu den Rettungsarbeiten lobte, die in der Öffentlichkeit so starke Beachtung gefunden hatte. Es lautete: "Gestatten Sie mir, Sie im Namen meiner Kollegen für die hervorragende Arbeit zu beglückwünschen, die Canadian Transcontinental Airways Ltd. für die furchtlosen Flieger geleistet hat, die auf Greenly Island gelandet sind. - W.L. Mackenzie King"

Aber Lob zahlt keine Rechnungen und so liefen bald Telegramme in die entgegengesetzte Richtung. Sie zeigten die entstandenen Kosten auf und fragten den Premierminister, wer der Firma die Kosten erstatten würde.

Andererseits hatte Transcontinental für sich unschätzbare Werbung gemacht und war in der günstigen Lage, erste Anleihen aufzulegen, um zu Kapital zu kommen. Während sich Robert Cannon um Kostenersatz für die Zeit sorgte, die seine Männer auf Greenly verbracht hatten, wurde das Postflugnetz erweitert. Die Aufregung um die *Bremen* war noch auf ihrem Höhepunkt, als am 28. April Romeo Vachon den ersten Postdienst von Montreal nach Rimouski eröffnete und im Mai und Juni 1928 kaufte die CTAL zwei Loening-Amphibien, da weitere Verträge zur Postbeförderung anstanden. Die vermehrten Flugbewegungen im Jahr 1928 machten deutlich, daß die Plains of Abraham für die Stadt Quebec kein geeigneter Flugplatz waren. Transcontinental baute auf eigene Kosten den Flugplatz St. Louis aus, nahe bei Ste. Foy an der St. Louis- und Gominstreet. Am 20. Juli gab Cannon den Bau einer Flugzeughalle für $ 100 000 bekannt und im Herbst 1928 wurde der Flugplatz offiziell in Betrieb genommen.

Das Geschäft der Canadian Transcontinental Airways entwickelte sich nur schleppend und die Firma ging 1929 in der Aviation Corporation of Canada auf. Der alte Firmenname wurde aber beibehalten, bis dann 1931 die Firma vollständig von der Canadian Airways Limited übernommen wurde. (Diese wurde dann, mit neun anderen Gesellschaften 1942 zur CP Airways, dem Vorläufer der heutigen Canadian Airlines.)

Ihr Chefpilot Romeo Vachon leitete den Flugbetrieb östlich von Montreal bis zur Übernahme durch Canadian Airways. 1937 wurde ihm die höchste Auszeichnung in der kanadischen Luftfahrt verliehen, die McKee Trans-Canada Trophy, als Anerkennung für die Einrichtung des Luftverkehrs zur Nordküste des St. Lawrence. Im Jahr danach wechselte er zu Trans Canada Air Lines und wurde im Zweiten Weltkrieg zur Dienststelle für Bewaffnung und Nachschub abgestellt. Er wurde Gründungsmitglied der Canadian Air Transport Board und starb im Dezember 1954. Romeo Vachon wurde 1973 zum Mitglied der kanadischen Aviation Hall of Fame ernannt.

Die Karriere von Clarence Alvin "Duke" Schiller erreichte nach dem *Bremen*-Abenteuer niemals mehr die früherer Jahre, obwohl er bekannt geworden war und weiterhin im öffentlichen Interesse stand. Er verließ Transcontinental im Juli 1928 und später in diesem Sommer, flog er in Nordamerika im Gebiet des Baker Lake in Nordkanada für Northern Aerial Minerals Exploration Limited. Ein enger Freund der Familie meinte, Duke habe wärend der *Bremen*-Affäre mehr im Licht der Öffentlichkeit gestanden als ihm gut getan habe und das habe ihm dann auch seine Karriere verbaut. Seine Fähigkeiten wurden nie angezweifelt, aber seine Angewohnheit beim Fliegen zu trinken, gefiel den Arbeitgebern überhaupt nicht. Bei Kriegsausbruch war er für ein Jahr ziviler Fluglehrer und kam dann zum Überführungskommando der RAF. Er brachte Flugzeuge in alle Himmelsrichtungen der Erde und kam bei der Auslieferung einer Catalina im März 1943 ums Leben. Mit nur einem Motor hatte er sich bei Nacht bis in die Nähe der Bermudas durchgeschlagen, wo es zur Bruchlandung kam.

Ein Name war völlig in Vergessenheit geraten, der von Dr. Louis Cuisinier. Es hat sich vieles ereignet, seit er Lac Ste. Agnes verlassen hatte und obwohl er Mitbegründer und Direktor war, mußte er bei seiner Rückkehr zahlreiche Fragen beantworten. Als die *Bremen* für die Landwirtschaftsausstellung in Quebec hergerichtet wurde, nannte ihn der *Chronicle* einen "Früheren technischen Experten der Transcontinental Airways". Als sich der Staub, den die Diskussionen mit der Firma und seiner Familie aufgewirbelt hat, sich wieder gelegt hatte, meinte er zur Medizin zurückkehren zu müssen, um ein ganz normales Leben mit seiner Frau und den beiden Töchtern zu führen. Sein Name erschien nie wieder im Zusammenhang mit der Luftfahrt. Er arbeitete als Mediziner zunächst in Quebec, dann in Montreal. In einem Verzeichnis der Mediziner ist sein Wohnsitz von 1937 bis zu seinem Ableben am 1. Januar 1950 im Alter von 61 Jahren mit 2075 Manshield in Montreal angegeben. Er hatte bestimmt einige seiner besten Fotos in seinem Sprechzimmer aufgehängt und zeigte sie seinen Patienten, wenn er ihnen von der *Bremen* erzählte.

Zwei Piloten des Army Air Corps, welche die Loenings geflogen haben, tauchten beim Weltrekord-Dauerflug der Fokker C-2 *Question Mark* wieder auf. Die Leutnante Ira Eaker und Elwood Quesada waren Mitglieder der Besatzung, die im Januar mit dem Flugzeug 150 Stunden in der Luft blieben und es dabei während des Fluges betanken ließen. Eaker war ein Wegbereiter der Betankung im Flug in den USA und wurde während des Zweiten Weltkriegs zum General befördert.

Von allen Piloten, die bei der Bergung der *Bremen* dabeiwaren, erreichte Bernt Balchen wohl die größte Berühmtheit. Mehr als die Hälfte seiner Biografie *"Come North With Me"* befaßt sich mit seinem Leben nach Greenly. Wie beabsichtigt, ging er mit Byrd in die Antarktis und er saß am Steuer der Ford Trimotor beim ersten Flug über den Südpol. Das Flugzeug trug bezeichnenderweise den Namen *Floyd Bennett*. In einer Geste, die niemand jemals in Frage gestellt hat, wickelte er einen Stein vom Grab Bennetts in eine US-Flagge und warf ihn über dem Südpol ab. Balchen kehrte nach Kanada zurück und leitete 1931 eine weitere Rettungsaktion, man suchte nach den Überlebenden eines leckgeschlagenen Fischereifahrzeugs. 1932 überwachte er von Harbour Grace aus die Vorbereitungen zum Alleinflug von Amelia Earhart über den Atlantik und ging noch zweimal mit Lincoln Ellsworth in die Antarktis.

Im Zweiten Weltkrieg wurden die fliegerischen Erfahrungen von Balchen gut genutzt. Er überführte Flugzeuge, öffnete Grönland für den kriegsbedingten Luftverkehr und war schließlich der Leiter einer sensationellen geheimen Nachschuborganisation für seine Landsleute in Norwegen. Als Oberst der USAF führte er gewagte Rettungsaktionen auf der Eiskappe von Grönland durch und leitete später den Ausbau des US Militärstützpunktes Thule auf Grönland. Trotz dieser Leistungen, seine Kollegen aus den 30-er Jahren stiegen zu Generälen auf, blieb er eigenartigerweise bis zu seiner Pensionierung von der USAF 1956 Oberst. Im Buch *"Ocean, Poles and Airman"* von Montague kann man nachlesen, wie der Lebenslauf von Balchen von den mächtigen Verwandten von Byrd beeinflußt worden ist. Sie verhinderten auch seine Beförderung zum General. Grund dafür war immer noch der angezweifelte Nordpolflug.

Bernt Balchen starb am 17. Oktober 1973 und ist in Arlington begraben, vom Grab von Floyd Bennett durch ein Tal getrennt. Beim Spaziergang über die stillen Hügel des berühmten Friedhofs findet man manchen Namen aus der Geschichte der Luftfahrt. Wer die Biografien von Balchen und Byrd studiert, findet es wohl passend, daß diese hervorragenden Männer, die so viel für die Fliegerei in den Polargebieten geleistet haben, nun Seite an Seite an einem der schönsten Abhänge von Arlington ruhen.

Die Junkers Flugzeug- und Motorenwerke wuchsen zum größten Luftfahrtwerk der Welt und hatten Ihren Firmensitz stets in Dessau. Professor Hugo Junkers beschreibt man wohl am besten als einen pazifistischen Wissenschaftler, dessen demokratische Ansichten der totalitären Regierung von 1933 überhaupt nicht passten. Im Oktober dieses Jahres wurde das Werk vom Staat übernommen und man zwang den 74-jährigen Junkers sich zurückzuziehen. Nach dem Februar 1934 wurde seine Isolation noch strenger und er stand bis zu seinem Tod am 3. Februar 1935 ständig unter polizeilicher Aufsicht.

Am Ende des Krieges lag Dessau in der Sowjetischen Besatzungszone und das gewaltige Unternehmen Junkers wurde abgebaut und abgefahren. 43 Jahre später stellte man dort in einigen Betrieben Gasgeräte für Wohnungen und die Industrie her und in dem größten ehemaligen Zweigwerk in Magdeburg baut man Dieselmotoren für höchste Ansprüche.

Es ist nur zu selbstverständlich, daß der Name von Hugo Junkers in einem Schrein in der Hall of Fame im Luftfahrtmuseum von San Diego eingraviert ist. Besucher können hier von seinen Verdiensten um die Luftfahrt erfahren. In der gleichen Hall of Fame begegnet man auch den Namen von vier weiteren Männern, die mit der *Bremen* zu tun hatten: Bernt Balchen, der auch in der Aviation Hall of Fame von Kanada geehrt wird, Charles Lindbergh, Richard E. Byrd und Ira C. Eaker.

Greenly Island geriet 1947 noch einmal in die Schlagzeilen, als der Leuchtturm in der Nacht des 7. November bis auf die Grundmauern niederbrannte. Das Feuer brach im Erdgeschoß des Gebäudes aus Holz aus und es wurde völlig zerstört, bevor Hilfe kam. Ein Besucher, Henry Babbit, der Schwager des verantwortlichen Leuchtturmwärters, kam in den Flammen um. Man suchte keinen Schuldigen, sondern vermutete, daß die Kohle im Erdgeschoß sich entzündet hatte. Heute steht dort ein Stahlturm von 15 Metern Höhe auf dem alten Fundament und in einem Schuppen sind der Dieselmotor für die Stromerzeugung und das Nebelhorn untergebracht. Zwischen dem Leuchtturm und dem Reservoir wurden drei Holzhäuser errichtet, in dem die Familien des Leuchtturmwärters und seiner Mitarbeiter wohnen.

Im Zuge der Modernisierung durch die Küstenwache Kanadas arbeitet Greenly heute automatisch. Der letzte einer langen Reihe von Leuchtturmwärtern, John Thomas, hat mit seiner Familie seine Sachen gepackt und ist in die kleine Gemeinde St. Paul's River gezogen. Wie vor 60 Jahren steht noch ein kleiner Schuppen, in dem Ölvorräte gelagert sind, und es gibt auch noch den Damm des Reservoirs. Das Denkmal dazwischen kündet von einer "Heldentat".

Antoine Letemplier 1970 in Blanc Sablon. Als Junge hatte er am 13. April 1928 als erster seine Familie alarmiert mit dem Ruf: "Da ist ein Fisch in der Luft". (Foto: F.W. Hotson)

1962. Oberst James Fitzmaurice, Träger des "Distinguished Flying Cross" bei Regen auf dem Flugplatz Baldonnel, den er einmal befehligte. (Foto: Irish Army Air Corps, L. Byrne)

EPILOG

60 Jahre nach dem Flug. Das Wasserreservoir und das Denkmal für die Besatzung der *Bremen*. (Foto: F.W. Hotson)

Die *Bremen* im Henry Ford Museum, Dearborn, USA.

ANHANG

WÜRDIGUNG DES FLUGES

Von dem Augenblick an, an dem die *Bremen* Slyne Head verlassen hat, gibt es keinerlei Nachweis über ihren Flugweg über See, bis die Besatzung Landmarken in Nordamerika identifizieren konnte. Daß diese Landmarken in 60 Grad nördlicher Breite lagen, beweist eine beachtliche Abdrift nach rechts vom geplanten Kurs. In den Wochen nach der Landung versuchten Experten den Grund herauszufinden, wozu ihnen aber nur spärliche Unterlagen zur Verfügung standen. Schon am 20. April hatte der *Toronto Daily Star* eine sehr genaue Analyse des Flugs der *Bremen* über Kanada veröffentlicht. Ohne in Einzelheiten zu gehen, hatte man den Grund richtg erkannt:

"Das Flugzeug muß sieben oder acht Stunden lang über Labrador gewesen sein und hat dabei viele hundert Meilen zurückgelegt. Hätten sie ihren Kurs beibehalten, anstatt in einem Bogen zurück zum Atlantik zu fliegen, dann hätten sie wahrscheinlich die Hudson Bay erreicht."

Ein Experte für Luftfahrt-Navigation, Leutnant Kommandeur Fitzhugh Green, ein pensionierter Marineoffizier, machte die "ständige und erhebliche Kompaßvariation verantwortlich. Wird sie nicht beachtet, dann wird das Flugzeug nordwärts nach Labrador fliegen." Kommandeur Byrd konnte sich mit der Theorie der Kompaßabweichung nicht anfreunden. Er glaubte an Irrtümer wegen "Nebel und Wind". Fitzmaurice hatte geäußert: "Unser Kompaß spielte verrückt", und in einem Gespräch mit Reportern hatte Köhl gemeint: "Die Kompasse der *Bremen* haben gut gearbeitet, bis wir auf der Höhe von Labrador waren. Dort wirkten magnetische Störungen auf sie ein und wir gerieten weit ab von unserem Kurs."

Die magnetische Variation wird jungen Piloten schon ganz am Anfang ihres Navigationsunterrichtes gelehrt. Sie müssen lernen, ihren Weg nach einem Instrument zu finden, das nach dem Magnetfeld der Erde arbeitet. Sie lernen schon bald den Unterschied zwischen *rechtweisendem* und *mißweisendem* Kurs. Der Unterschied heißt Ortsmißweisung und ist der Winkel zwischen dem rechtweisenden Kurs und dem mißweisenden Kurs. Auf Luftfahrtkarten sind die Punkte gleicher Ortsmißweisung durch Linien verbunden, den Isogonen. Der Flugzeugführer muß diese von seinem rechtweisenden Kurs abziehen oder zuzählen je nachdem er sich östlich oder westlich der Nullinie befindet.

Diese Tatsache spielt bei der *Bremen* eher wegen des Verlaufs der Isogonen eine Rolle, als wegen der widrigen "magnetischen Störungen". Die Nullinie verlief in diesem Fall in Nord-Süd-Richtung durch die Großen Seen. Deshalb war die Mißweisung westlich und war dem rechtweisenden Kurs zuzuzählen. Wären sie auf ihrem Kurs geblieben dann hätten sich die Werte zwischen 20 Grad, beim Abflug aus Irland, und 30 Grad auf der Höhe von Neufundland und 25 Grad in New York bewegt. Sie bekamen den Sternenhimmel zu Gesicht, als sie sich auf 50 Grad west befanden, aber das war ihnen zu diesem Zeitpunkt nicht bekannt genau so wenig, wie ihr Standort. Die 20 Grad Differentiale hat wohl auch zu ihrem Irrtum beigetragen, als sie aus den Wolken stießen. Ihre Kursänderung um 40 Grad nachdem der Polarstern gesichtet war, war eine Ermessensfrage um zu überleben, wie auch alle Entscheidungen an diesem Morgen, bis sie in Greenly ankamen.

Der Autor hat bei seiner Suche nach Antworten einfach unterstellt, daß wenn die *Bremen* den ganzen Morgen lang mit Südkurs geflogen ist, sie in der Nacht eine ähnliche Strecke nach Norden geflogen war. Der Leser wird mit Recht feststellen,daß die größten Kursabweichungen in den schwierigen Nachtstunden erfolgten, als das Überleben an erster Stelle gestanden hatte. Die Kursänderung nach Norden als Folge der letzten Abdriftbestimmung und die zusätzliche Kurve nach Norden, beim Schreck wegen des Öls, waren Entscheidungen auf Grund der Koppelnavigaion. Die wechselnden Winde über dem Atlantik haben das langsame Flugzeug zusätzlich gnadenlos nach Norden versetzt.

Wenn man den Punkt bestimmen will, an dem das Flugzeug aus den Wolken kam, muß man den Flug von bekannten Punkten aus zurückverfolgen, Greenly, North West River und das Torngat-Gebirge. Der Kapitän berichtet von einem Flug in 1500 Metern zwischen Berggipfeln hindurch, kurz nach dem Morgengrauen. Fitzmaurice sagte, man habe die Sterne zwei Stunden vor dem Morgengrauen sehen können.

Diese Tatsachen bilden die Grundlage zur Mitkoppelung des Flugwegs der *Bremen* über See und über Land. Außerdem ist die Zeit des Überfliegens der irischen Galway-Küste bekannt und die von Sonnenuntergang und Sonnenaufgang in den entsprechenden Breiten.

Es darf folglich angenommen werden:

- Ein planmäßiger Flug während der ersten 20 Stunden am Tag über dem Ozean.
- Die Instrumente arbeiteten einwandfrei und die Abdrift wurde korrigiert.
- Die während des Tages festgestellte Geschwindigkeit über Grund entsprach der normalen Reisegeschwindigkeit des Flugzeugs.
- Während der Nacht, bei schlechten Wetter und beim Instrumentenflug, drehte der starke Wind von Nord auf Süd.

Diese Annahmen liefern die Daten für ein Mitkoppeln unter Berücksichtigung folgender Tatsachen:

- Geschätzter Punkt, an dem man aus der Wolkendecke kam, zwei Stunden vor der Küste von Labrador, 62 Grad Nord, 63 Grad West.
- Sonnenuntergang in 55 Grad Nord, 42 Grad West am 12. April um 18.55 Uhr Ortszeit, 21.55 Uhr GMT.
- Sonnenaufgang in 60 Grad Nord, 64 Grad West am 13. April um 4.50 Uhr Ortszeit, 8.50 GMT.

Vereinfachend kann man den Flug in drei Abschnitte unterteilen:

Abschnitt 1: Routineflug vom Start bis zum Sonnenuntergang am 12. April.
Abschnitt 2: Kampf ums Überleben auf einer Strecke von 1000 Meilen als die Naturgewalten gegen sie waren.
Abschnitt 3: Sie kamen aus dem Wetter heraus und flogen nach Greenly, wo man eine sichere Landung machte.

Abschnitt	Strecke	Geschwindigkeit über Grund	Zeit
1	2389 km	146 km/h	16.22
2	1789 km	166 km/h	10.50
3	1112 km	119 km/h	9.18
Gesamt	5290 km		36.30

Die Durchschnittsgeschwindigkeit über Grund - bei Tag und Nacht, gutem und schlechten Wetter - muß trotz des Windes knapp 145 km/h betragen haben. Hätte die *Bremen* diese Geschwindigkeit wie geplant auf dem gesamten Flug auf dem Großkreis beibehalten, wäre sie um 16.08 Uhr GMT oder 11.08 Uhr Eastern Standard Time über dem Mitchell Field in New York gewesen.

Es wurde oft die Frage laut: "Wieviel Treibstoff waren nach der Landung in Greenly noch in den Tanks der *Bremen*?" Jahre später schreibt Köhl in seinem Buch *"Bremsklötze weg!"*, daß noch Kraftstoff für neun Stunden Flugzeit vorhanden war.

Unter Berücksichtigung der Angaben zum Flugzeug und seinem Motor, ist dies höchst unwahrscheinlich. Bei Langstreckenflügen dieser Art entspricht der Kraftstoffverbrauch gewöhnlich den Angaben der Hersteller, in diesem Fall also 50 kg/h.

Nach zuverlässigen Berichten aus Deutschland hatte die *Bremen* 1932 kg Treibstoff an Bord, also ausreichend für eine Flugzeit von 38 Std und 30 Min. Sie waren 36 Std und 30 Min in der Luft und nach der Landung in Greenly war also nur noch Kraftstoff für zwei Stunden in den Tanks. Die Entscheidung von Köhl zu diesem Zeitpunkt zu landen, war also vernünftig.

Das Wetter

Die Wetterkarte zeigt die synoptische Analyse des Wetters über dem Nordatlantik und die angrenzenden Gebiete um 13.00 Uhr GMT am 12. April 1928. T. Keane vom Irischen Wetterdienst hat freundlicherweise die synopische Karte auf Seehöhe des US Wetterbüros zur Verfügung gestellt. Die Karte zeigt die Bedingungen am Vormittag über dem Atlantik. A und B zeigen, wohin die beiden Hauptsysteme A und B am 13. bis 13.00 Uhr GMT gewandert waren.

Als die *Bremen* zur Bezwingung des Atlantiks ansetzte, begegnete sie nicht den so oft zitierten "vorherrschenden westlichen Strömung", sondern nördlichen Winden, die ebenfalls typisch sind. Eine Anzahl der von Keane zur Verfügung gestellten Karten zeigen ein schwächer werdendes Tiefdruckgebiet südlich von Island und ein sich verstärkendes Tief nördlich der Azoren. So wurde die Luftzufuhr von Grönland verstärkt, was sich auf 45 Grad West besonders auswirkte. Man kann sich gut vorstellen, wie die kalte Luft aus Grönland nach Süden strömte und auf das warme Wasser des Golfstroms traf, während die *Bremen* in die Dunkelheit flog. Die heftigen Wellen der See und die hohen Wolken "wie Gebirge", denen man in der ersten Hälfte der Nacht begegnet war, sind für eine solche Wetterlage typisch und waren für Flugzeug und Besatzung eine harte Prüfung. Die Presse zollte dem Tiefdruckgebiet große Aufmerksamkeit, das sich der Ostküste der Vereinigten Staaten entlang bewegte und dem man Einfluß auf den Flug zuschrieb. Es war wirksam, solange es mit Warmluft des Golfstromes versorgt worden war. Es blieb aber über Land liegen und wurde bei seiner Abkühlung sehr rasch schwächer.

Die kanadischen Wetterberichte für diese Zeit, sie stammten aus einer der Marine und der Fischerei zugehörigen Dienststelle, sind recht vollständig erhalten und zeigen, wie das Tief über dem St. Lawrence Golf sein Leben aushauchte. Dabei leistete es zum Flug der *Bremen* zweifach einen Beitrag. Es schob ein Zwischenhoch in die Gegend zwischen Labrador und Grönland und brachte das gute Wetter, dessen sich die Flieger am Morgen des 13. erfreuten. Es sorgte aber auch für die starken Südwinde entlang der Küste von Labrador, die den Flug während seiner letzten zehn Stunden nachhaltig beeinflußt haben. Wo der Wind draußen über dem Atlantik seine Richtung geändert hat, kann man nur vermuten. Es schien sich alles gegen die *Bremen* verschworen zu haben und das zum ungünstigsten Zeitpunkt. Aber das Schicksal meinte es dann doch noch gut mit den Fliegern, gerade so, als ob es sie für ihre Beharrlichkeit belohnen wollte.

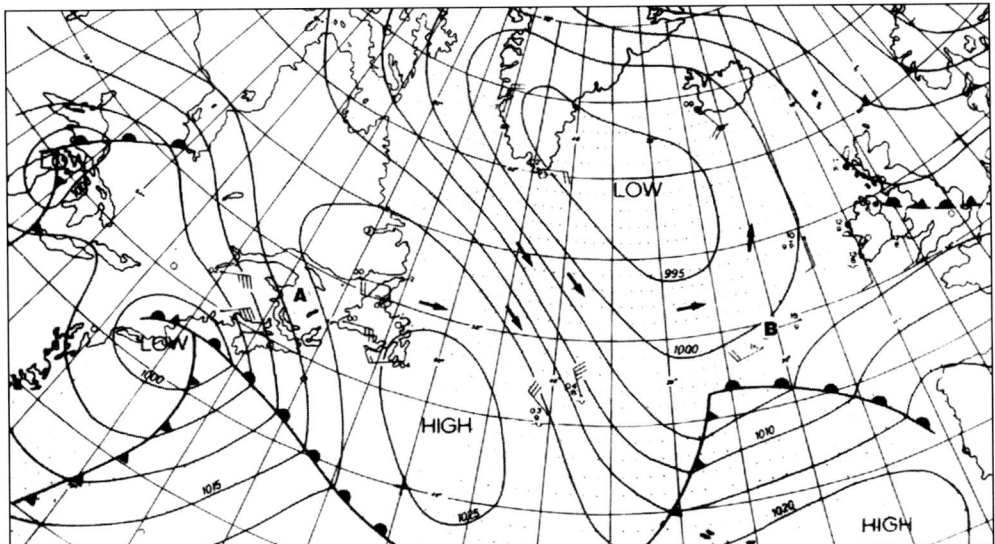

Die synoptische Wetteranalyse für denNordatlantik und die angrenzenden Gebiete am 12. April 1928 um 13.00 Uhr GMT. A und B zeigen die zwei Hauptsysteme zur selben Zeit am folgenden Tag.

Ein Blick in das Cockpit der *Bremen* durch das offene Verdeck. Die links-rechts Anzeige des entfernten Kompaßes und der Neigungsmesser sind gut sichtbar hinter der Piloten-Steuersäule. Auf jeder Seite des Cockpits ist ein Askania Bowl-Kompaß. (Nationales Luft- und Raumfahrtmuseum, Washington)

DIE BREMEN

Technische Angaben zum Flugzeug und dem Motor

Hersteller: Junkers Flugzeug- und Motorenwerke AG Dessau.

Vergleich der Standard-Ausführung der W 33 mit der *Bremen* (1928)

	W 33	*Bremen*
SPANNWEITE	17,75 m	18,38 m
LÄNGE	10,50 m	10,50 m
HÖHE	3,50 m	3,50 m
LEERGEWICHT	1220 kg	1350 kg
ZULADUNG	1280 kg	2335 kg*
FLUGMASSE	2500 kg	3700 kg*
FLÜGELFLÄCHE	43 m^2	46 m^2
FLÄCHENBELASTUNG	58 kg/m^2	85,5 kg/m^2
LEISTUNGSBELASTUNG	8,5 kg/PS	12,2 kg/PS
HÖCHSTGESCHWINDIGKEIT	195 km/h	195 km/h
REISEGESCHWINDIGKEIT	150 km/h	150 km/h
LANDEGESCHWINDIGKEIT	95 km/h	95 km/h
Gipfelhöhe	4300 m	4300 m
REICHWEITE	1000 km	7700 km
KRAFTSTOFFVERBRAUCH	50 kg/h	50 kg/h
ÖLVERBRAUCH	3 kg/h	3 kg/h

MOTOR: Junkers L5, Wassergekühlter Sechszylinder Reihenmotor

	W 33	*Bremen*
LEISTUNG PS	280/310	280/360
GEWICHT	325 kg	325 kg
UMDREHUNGEN	1500 min	1500 min
BOHRUNG	160 mm	160 mm
HUB	190 mm	190 mm
VERDICHTUNG	1:5,5	1:7

* Nur beim Transatlantikflug.

Dreiseitenansicht der Bremen

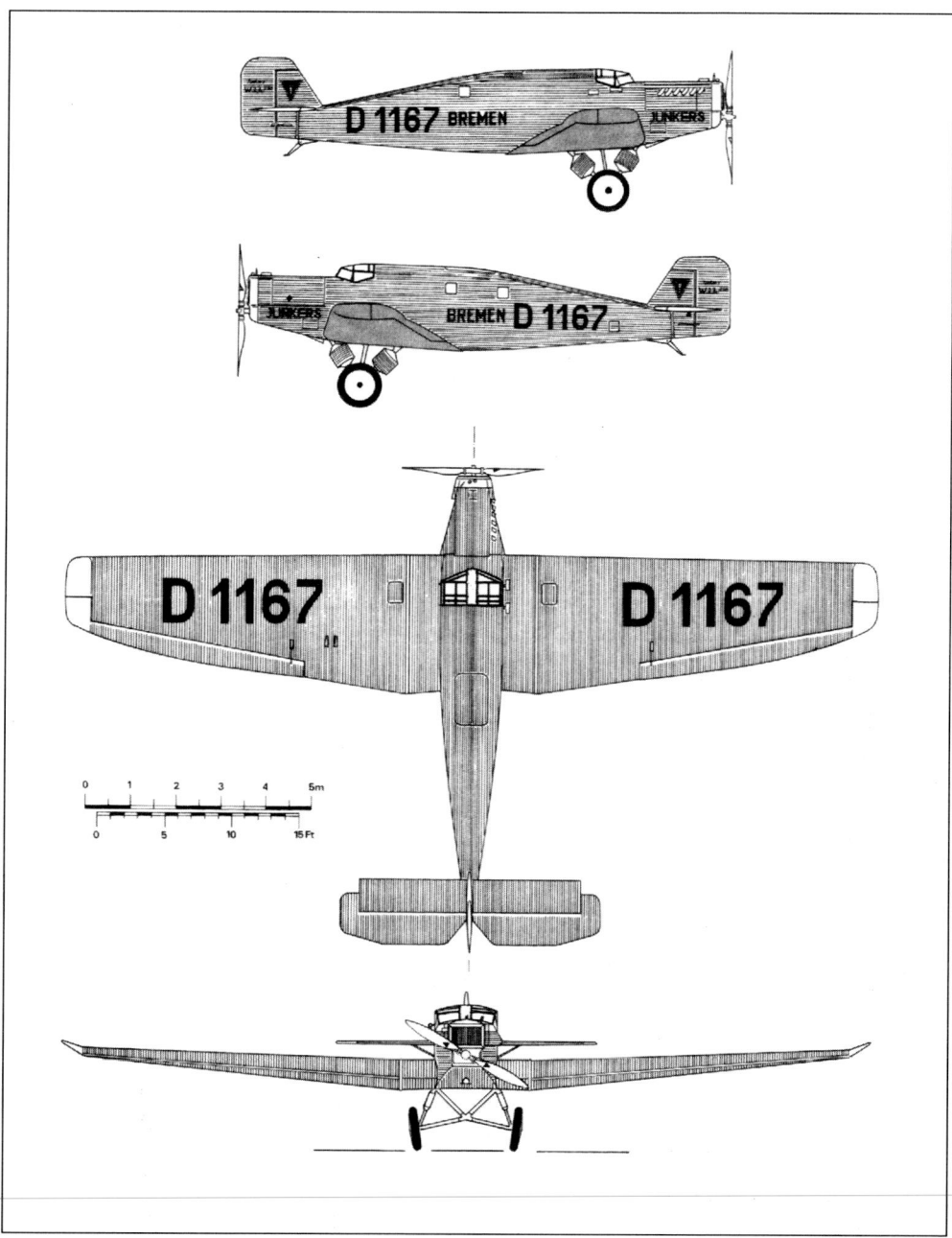

Tankanlage

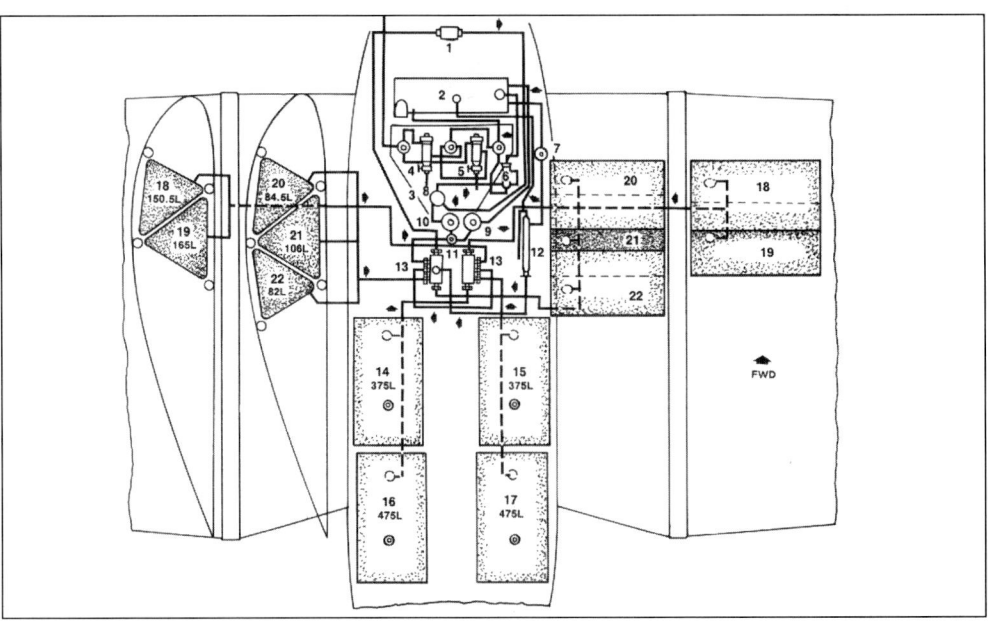

1 Vom Motor angetriebene Kraftstoffpumpe
2 Sammeltank
3 Instrumentenbrett
4 Kraftstoffilter Nr. 1
5 Kraftstoffilter Nr. 2
6 Druckregler
7 Schauglas
8 Kraftstoffstandglas
9 Taumelscheibenpumpe
10 Handpumpe
11 Absperrhahn
12 Entlüftung
13 Tank-Auswahlhahn
14 Kraftstofftank Kabine, vorne links
15 Kraftstofftank Kabine, vorn rechts
16 Kraftstofftank Kabine, hinten links
17 Kraftstofftank Kabine, hinten rechts
18 Kraftstofftank Fläche, außen vorn
19 Kraftstofftank Fläche, außen hinten
20 Kraftstofftank Fläche, innen vorn
21 Kraftstofftank Fläche, innen mitte
22 Kraftstofftank Fläche, innen hinten

Die Unterlagen für die Zeichnung von Norm Merrin wurden dankenswerterweise vom Deutschen Museum, München, zur Verfügung gestellt.

Ein interessanter Gegenstand, der sich noch in Kanada befindet ist ein Bleistift mit Kerben, den Kapitän Köhl bei seinen Kraftstoffberechnungen gegen das Kraftstoffstandrohr hielt. Die Familie von Kapitän Albini Brie in Quebec besitzt diesen Bleistift und eine Verpflegungstüte sowie zwei unterschriebene irische Pfundnoten, alles von Bord der *Bremen*.

ANHANG

Führerraum der Bremen

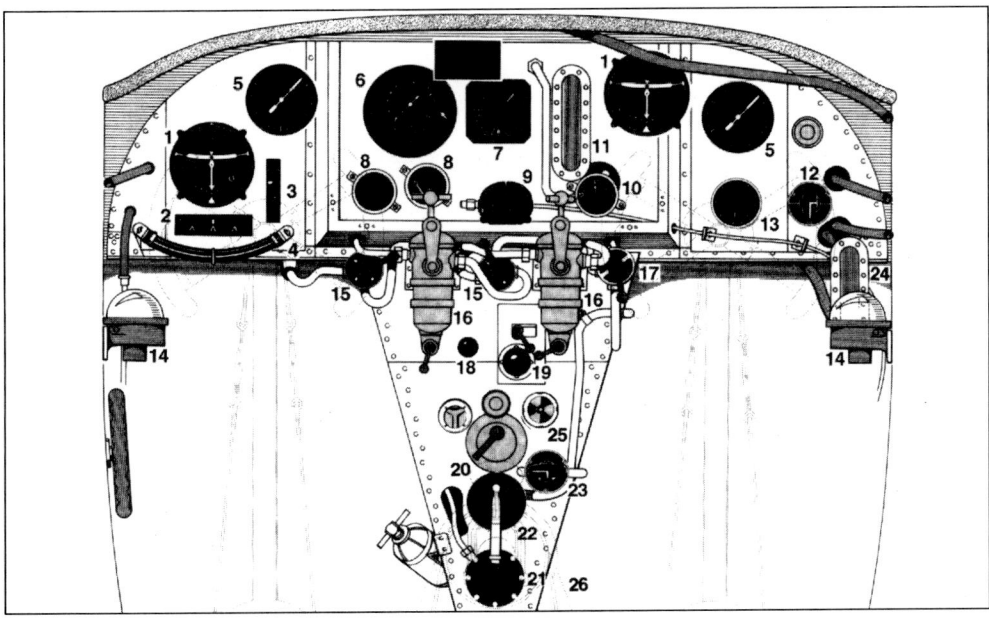

1 Askania Wendezeiger
2 Askania Pneumatischer Fernkompaß
3 Variometer
4 Askania Neigungsmesser
5 Geschwindigkeitsanzeige
6 Höhenmesser (Bomberg 0-500 m; Görz 0-8000 m)
7 Drehzahlmesser
8 Druckmesser
9 Askania Kurskreiselbediengerät
10 Thermometer für Motor Kühlmittel
11 Kraftstoffanzeige - Schauglas
12 Kraftstofftank - Wahlschalter
13 Kraftstoffvorratsanzeige
14 Askania Kompaß
15 Kraftstoffilter - Wahlschalter
16 Kraftstoffilter - Kraftstoffentnahme aus dem linken oder rechten Tank durch einen oder beide Filter
17 Tankwahlschalter beim Anlassen
18 Gemischregler
19 Gashebel
20 Magnetschalter, Bedienung durch Schlüssel
21 Kraftstoff-Transferpumpe. Kraftstofftransfer von einem zum anderen Flügel zur Querstabilität.
22 Kraftstoff-Vorratsanzeige, 280 Liter. Zeigt die in jedem Flügeltank verfügbare Menge an.
23 Kraftstoff-Tankschalter. Für die Anzeige 22
24 Ölstandanzeige
25 Kraftstoff-Durchflußanzeige
26 Wobbelpumpe, um im Notfall Kraftstoff in den Fallbenzintank zu pumpen.

Die obenstehende Zeichnung verdanken wir Randy Mason und Otto Renz vom Henry Ford Museum. Norm Merrin hat nach einer Anzahl von Fotos des Autors diese angefertigt.

BIBLIOGRAPHIE

Atlantikflug der "Bremen" 1928, Dokumentation zum 50. Jahrestag der ersten Ost-West Überquerung des Nordatlantik, 1978.
Balchen, Bernt: *Come North With Me*, E.P. Dutton & Co. Inc., New York, 1958.
Bélanger, Msgr. René: *Conquering the North Shore By Air*, Les Éditions La Liberté, Quebec City, 1978.
Bennett, Cora: *Floyd Bennett*, Farquhar Poyson, New York, 1932.
Benton William (Herausgeber): *Encyclopedia Britannica*, Toronto.
Bruno, Harry: *Wings over America*, Robert M. McBride & Co., New York, 1942
Byrd, Richard E.: *Skyward*, Blue Ribbon Books, New York, 1928.
Byrne, Liam: *History of Aviation in Ireland*, Blackwater, Dublin, 1980.
Collinson, Clifford, und McDermott, Capt. F.: *Through Atlantic Clouds*, Hutchinson & Co. Ltd., London, 1934.
Croix, Robert de la: *They Flew the Atlantic*, W.W. Norton & Company Inc., New York, 1959.
Delear, Frank J: *Famous Firsts Across the Atlantic*, Dodd Mead & Company, New York, 1979.
Dixon, Charles: *Conquests of the Atlantic by Air*, Sampson, Low, Marston & Co. Ltd., London, 1931.
Ellis, F.H. & E.M.: *Atlantic Air Conquest*, The Ryerson Press, Toronto, 1963.
Ellis, Frank H: *Canada's Flying Heritage*, University of Toronto Press, 1954.
Ellis, Frank H: *In Canadian Skies*, The Ryerson Press, Toronto, 1959.

BIBLIOGRAPHIE

Festschrift - zum 50. Jahrestag des ersten Ozeanfluges von Ost nach West, April 1928, durch Hermann Köhl.
Fitzmaurice, Col. James C: *Ireland - America 1928*, Parkside Press Limited, Dublin, 1953.
Fokker, Anthony H.G. & Gould, Bruce: *Flying Dutchman*, Henry Holt & Company, New York, 1931.
Greenaway, Roy: *The News Game*, Clarke, Irwin & Company, Toronto, 1966.
Griffin, Fred: *Variety Show*, The Macmillan Co., Toronto, 1936.
Hamlen, Joseph: *Flight Fever*, Doubleday & Company Inc., Garden City, N. Y.,1971.
Harkness, Ross: *J.E. Atkinson of the Star*, University of Toronto Press, 1967.
Hatch, Alden: *The Byrds of Virginia*, Holt, Rinehart and Winston, New York, 1969.
Jablonski, Edward: *Atlantic Fever*, The Macmillan Company, New York, 1972.
Knight, Clayton, and Durham, Robert C.: *Hitch Your Wagon*, Bell Publlishing Company, Drexel Hill, Penn., 1950.
Köhl, Hermann, Fitzmaurice, James C., and Von Hünefeld, Baron Günther: *The Three Musketeers of the Air*, G.P. Putnam's Sons, London & New York, 1928.
Köhl, Hermann: *Airman's Escape*, John Lane The Bodley Head, London, 1933.
Lindbergh, Charles A.: *The Spirit of St. Louis*, Charles Scribner's Sons, New York, 1953.
Lindbergh, Charles A.: *We*, G.P. Putnam's Sons, London & New York, 1927.
McDonough, Kenneth: *Atlantic Wings 1919-39*, Garden City Press, 1966.
Milberry, Larry: *Aviation in Canada*, McGraw-Hill Ryerson Limited, Toronto, 1979.
Molson, K.M.: *Pioneering in Canadian Air Transport*, D.W. Friesen & Sons, Abtona, Man., 1974.
Montague, Richard: *Oceans, Poles and Airmen*, Random House, New York, 1971.
Niven, David: *The Pathfinders*, Time-Life Books, Alexandria, Va., 1980.
Parsons, W.E. and Bowman, W.: *The Challenge of the Atlantic*, Blackmore, Nfld., 1983.
Rowe, Percy: *The Great Atlantic Air Race*, McClelland and Stewart Limited, Toronto, 1977.
Shepherd, Edwin Colston: *Great Flights*, A & C Black, London, 1939.
Shirer, William L.: *The Nightmare Years, 1930-40*, Little, Brown & Co., Boston, 1984.
Smith, Dean C.: *By the Seat of My Pants*, Little, Brown and Company, Boston, 1961.
Smith, Richard K.: *First Across*, Naval Institute Press, Annapolis, 1973.
Sprigg, C. St. John: *Great Flights*, Thomas Nelson & Sons Ltd., London, 1975.
Sutherland, Alice Gibson: *Canada's Aviation Pioneers*, McGraw-Hill Ryerson Limited, Toronto, 1978.
Tapper, Oliver: *Great Pioneer Flights*, The Bodley Head, London, 1975.
Thomas, Lowell Sr. & Jr: *Famous First Flights That Changed History*, Doubleday, New York, 1968.
Turner, P. St. John, and Nowarra, Heinz J.: *Junkers*, Arco Publishing Co., New York, 1971.

Vachon, Georgette: *Images de Romeo Vachon*, La Société Historique du Saguenay, 1975.
Vachon, Georgette: *Goggles, Helmets and Airmail Stamps*, Clarke, Irwin & Company Limited, Toronto, 1974.

Zeitungen

Toronto Daily Star, New York Times, Chicago Daily Tribune, Chronicle Telegraph (Quebec), Ottawa Citizen, Toronto Globe, Detroit Free Press, Montreal Star.

Artikel, Magazine und Dokumente

Collyer C.B.: "Thrills of a Round the World Flight," *CAHS Journal*, 1970.
Fitzmaurice, James C.: "Bremen, Ireland-America 1928," The Parkside Press Limited, Dublin, 1953.
Fitzmaurice, James C.: "The Luck of the Irish," *Flying*, November 1961.
Fogg, Robert S.: "Ferry Flight," CAHS Journal, 1970.
Gallico, Paul: "Get Them Pictures," *True Magazine*, Mai 1950.
Hotson, F.W.: "A Year in the Life of Duke Schiller," CAHS Journal, 1976.
Keane, T.: "The Weather and the First Successful Non-Stop East to West Transatlantic Flight of 1928," Irish Meterological Service, Glasnevin, Dublin, 1978.
Quigley, Capt. Aidan: "Fitzmaurice and the Flight of the *Bremen*," *Irish Times*, 3. Dezember 1977.
Raff, Sylvia: "It Happened on Greenly Island," *Montreal Star*, 13. Mai 1978.
Walters, Brian: "Bremen Conquers the Atlantic," World Airways, Mai 1977.
The Fairchild Aerogram, Mai 1928.
"The Early Days at Dublin," *The Irish Air Letter*, No. 111, 1984.
The Pratt & Whitney *Bee-Hive*, Juni 1928.

Besichtigung der historischen Stätten

Nachforschungen beinhalten auch Besuche auf Greenly Island, Sept Îles, Natashquan, Blanc Sablon, La Malbaie, Lac Ste. Agnes und New York, ebenso drei Fahrten zum Henry Ford Museum in Dearborn, eine Gelegenheit, Details der *Bremen* zu fotografieren und zu vermessen. Der Autor besuchte in Irland die Hangars und Gebäude von Baldonnel (der heutige Casement Airport). Zuzüglich der oben aufgeführten Quellen führte der Autor zahlreiche Interviews und erhielt von Luftfahrtexperten und Augenzeugen von Greenly Island, welche in den Abschnitt Danksagung Anerkennung finden, wertvolles Material.